环境司法文库　　　　　　　　　　王树义　王旭光 ◎ 主编

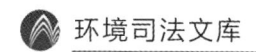

国家2011计划司法文明协同创新中心
最高人民法院环境资源司法理论研究基地（武汉大学）

印度环境司法：
国家绿色法庭

ENVIRONMENTAL JUSTICE IN INDIA:
THE NATIONAL GREEN TRIBUNAL

[英] 吉檀迦利·纳因·吉尔
Gitanjali Nain Gill 著
李华琪等 译　王树义 审订

中国社会科学出版社

图字：01-2017-7018号

图书在版编目(CIP)数据

印度环境司法：国家绿色法庭／（英）吉檀迦利·纳因·吉尔著；李华琪等译. —北京：中国社会科学出版社，2019.5

（环境司法文库）

书名原文：Environmental Justice in India：The National Green Tribunal

ISBN 978-7-5203-4374-9

Ⅰ.①印… Ⅱ.①吉…②李… Ⅲ.①环境保护法-研究-印度 Ⅳ.①D935.126

中国版本图书馆CIP数据核字（2019）第077345号

出 版 人	赵剑英
责任编辑	梁剑琴
责任校对	闫 萃
责任印制	郝美娜

出　　版	中国社会科学出版社
社　　址	北京鼓楼西大街甲158号
邮　　编	100720
网　　址	http：//www.csspw.cn
发 行 部	010-84083685
门 市 部	010-84029450
经　　销	新华书店及其他书店
印刷装订	北京君升印刷有限公司
版　　次	2019年5月第1版
印　　次	2019年5月第1次印刷
开　　本	710×1000　1/16
印　　张	19.5
插　　页	2
字　　数	320千字
定　　价	80.00元

凡购买中国社会科学出版社图书，如有质量问题请与本社营销中心联系调换

电话：010-84083683

版权所有　侵权必究

Environmental Justice in India: The National Green Tribunal, By Gitanjali Nain Gill / 978-1138921108

Copyright © 2017 Gitanjali Nain Gill

Authorized translation from the English language edition published by Routledge, a member of the Taylor & Francis Group.

All Rights Reserved.

本书原版由 Taylor & Francis 出版集团旗下 Routledge 出版公司出版，并经其授权翻译出版。版权所有，侵权必究。

China Social Sciences Press is authorized to publish and distribute exclusively the Chinese (Simplified Characters) language edition. This edition is authorized for sale throughout Mainland of China. No part of the publication may be reproduced or distributed by any means, or stored in a database or retrieval system, without the prior written permission of the publisher.

本书中文简体翻译版授权由中国社会科学出版社独家出版并限在中国大陆地区销售。未经出版者书面许可，不得以任何方式复制或发行本书的任何部分。

Copies of this book sold without a Taylor & Francis sticker on the coverareunauthorized and illegal.

本书封面贴有 Taylor & Francis 公司防伪标签，无标签者不得销售。

献给我亲爱的父母，Narinder Singh 和 Sawinder Kaur Nain

中文版序

很高兴有机会见证吉檀迦利·纳因·吉尔（Gitanjali Nain Gill）博士关于印度国家绿色法庭这一杰出研究成果中文版本的诞生。近几年来，我一直对世界各地专门环境审判机构的发展有着极大的兴趣。我曾有幸参加印度国家绿色法庭组织的会议，并有机会了解有关第一手工作。自其2010年依法成立以来，尤其是在刚刚卸任主席职务的斯瓦坦特·库马尔（Swatanter Kumar）法官精悍而有魄力的领导下，印度国家绿色法庭已成为同类法庭中的典范。印度国家绿色法庭援用了印度最高法院在特定时期逐步形成的富有前瞻性的审判规则。印度最高法院将《宪法》中的"生命权"解释为"在健康环境中生活的权利"，据此，1992年《里约宣言》等国际条约中有关环境司法的基本原则被纳入印度的相关法律之中。这些原则包括了代际公平原则、可持续发展原则、污染者付费原则以及风险预防原则等。正如吉尔博士在本书第四章中提到的，这些在2010年《国家绿色法庭法》序言中确认的"规范性"原则，为印度国家绿色法庭的工作提供了重要的基础。而这些原则对于中国来说同样意义重大。

在梅塔诉印度联邦案（1986年）等案件中，印度最高法院要求自身拥有能够应对环境案件中科学证据的复杂性和不确定性的专业法官，而《国家绿色法庭法》在某种程度上可以说是对印度最高法院这一自我要求的延迟回应。印度每年的环境案件数量从2011年的15件增至2015年的1100多件，环境案件数量的急剧增加充分证明了设立这种专门环境法庭的需要。正如吉尔博士的研究表明的那样，试图解决这些案例中显而易见的、普遍存在且根深蒂固的环境冲突和挑战，是充满活力和法律想象力的，这同样令人印象深刻。

中国经济的高速发展、基数庞大且不断增加的人口所造成的压力使中国也面临着许多类似的问题。武汉大学的两位学者针对吉尔博士的著作发表了一篇具有启发性的评论，[①] 这篇评论比较了印度和中国不同的环境案件审判模式。在印度，最高法院扮演了引领角色。而中国却恰恰相反，"最高人民法院环境资源审判庭是在首个地方环保法庭建立七年之后才最终成立的"。但自此之后，最高人民法院付出了很大的努力来作后续补充。我本人在 2014 年访问了中国最高人民法院，后来又在伦敦与中国最高人民法院高级法官进行过交流，这两次经历让我对此有了亲身的体验。毫无疑问，法院作出了坚定的承诺，将加强专门法庭的作用，使之成为对抗污染和环境退化的关键部门。

正如吉尔博士批判性研究所表明的那样，从印度的司法实践中，我们可以学到很多经验，既有积极方面的，也有消极方面的。出自武汉大学的书评文章着重强调了一点，即印度国家绿色法庭聘用技术专家，使之与法律工作者一同参与法庭的审判活动，协助技术争议之解决，这也是中国目前正在探索的一个设想。文章还提到，中国面对的另一个棘手的问题是缺乏适用于环境案件审判的原则和程序规则，在这一方面同样有许多需要从国家绿色法庭的程序创新中学习的地方。文章还讨论了起诉资格、非政府组织参与以及公众参与等其他重要议题。吉尔博士基于现今印度国家绿色法庭大量的审判规则和实践，以及与世界其他国家环保法庭的对比研究，为所有这些问题的解决提供了宝贵的资料。

我对吉尔博士和所有负责翻译与出版中文版本的工作人员表示祝贺。我期待看到这两个伟大的国家未来环境司法的发展。印度、中国之间的经验共享将在应对两国共同面对的艰巨挑战方面发挥重要作用，而两国最终也将与整个国际社会一道在应对气候变化和环境退化问题上进行经验分享。

英国最高法院大法官

联合国环境规划署国际环境司法咨询委员会成员

卡恩沃斯

于英国最高法院

2018 年 2 月

[①] 王树义、周迪：《在绿色法庭与环境正义之间——评〈印度环境正义：国家绿色法庭〉》，《世界环境》2017 年第 1 期。

案例一览表①

除非另有声明，此处所引判决都是由国家绿色法庭作出的。

来自尼鲁尔（Nerul）村巴尔大兹—果阿邦（Bardez-Goa）的相关村民诉果阿邦案 2014 年 9 月 19 日

卡吉里（A G Kajale）诉高德哈瓦里（Godhavari）生物燃料有限公司案 2015 年 5 月 19 日

高坦大拉曼（A Gothandaraman）诉专员案 2015 年 3 月 17 日

阿阿迪（Aadi）物业诉邦级环境影响评价委员会案 2014 年 4 月 25 日

阿阿迪（Aadi）物业诉邦级环境影响评价委员会案 2013 年 9 月 26 日

阿达世（Adarsh）合作住房协会有限公司诉印度联邦案 2014 年 3 月 10 日

阿迪瓦西·马兹多（Adivasi Mazdoor）柯桑·埃克塔·桑贾（Kisan Ekta Sangathan）诉环境和森林部案 2012 年 4 月 20 日

阿杰·伊库马尔·内吉（Ajay Kumar Negi）诉印度联邦案 2015 年 7 月 7 日

阿克希尔·哈提亚·苏切特·卡拉卡里·桑格（Akhil Bhartiya Soshit Karamchari Sangh）铁路委员会诉印度联邦（1981）1 最高法院案 246

MTM 阿西克区（Ashik）的阿尔·哈吉（Al Haj）诉班杜拉（Bandula）区的普雷玛德沙国际板球体育场（RPS）与韦利格默（Weligama）区的伊斯兰合作组织（噪声污染案）最高法院文件 2005 年第 38

---

① （1）每个案例的排序大致遵循原告诉被告+判决时间+页码的规律。（2）案例翻译中的人名以及缩略词的英文全部保留，用括号标注在译后。（3）几个关键词的翻译需注意：①Order 翻译为判令、案令、命令；②Judgment 翻译为判决；③SCC 翻译为最高法院；④SC 翻译为高等法院；⑤WP（C）翻译为令状呈请（民事诉讼）。

号 2007 年 11 月 9 日

阿米特·马提（Amit Marti）诉环境和森林部案 2014 年 10 月 1 日

阿尔米特拉·帕特尔（Almitra H Patel）诉印度联邦令状呈请（民事）1996 年第 888 号 2015 年 1 月 15 日

阿莫尔（Amol）诉马哈拉施特拉邦案 2015 年 2 月 17 日

阿尼尔·浩博（Anil Hoble）诉卡西纳斯贾拉姆·佘泰（Kashinathjairam Shetye）（2015）最高法院在线案（孟买 3699）

阿尼尔·亚达夫（Anil Yadav）诉比哈尔邦（1981）1 最高法院案 622

阿尼鲁德·库玛尔（Anirudh Kumar）诉少数民族集中区（MCD）（2015）7 最高法院案 779

安得拉邦污染控制委员会诉纳尤都（V Nayudu）教授（一）（1999）2 最高法院案 718

安得拉邦污染控制委员会诉纳尤都（V Nayudu）教授（二）（2001）2 最高法院案 62

阿希奇·拉贾白·沙阿（Ashish Rajanbhai Shah）诉印度联邦案 2013 年 7 月 11 日

阿绍克·伽巴基·卡吉里（Ashok Gabaji Kajale）诉高德哈瓦里（Godhavari）生物燃料有限公司案 2015 年 5 月 19 日

阿西姆·萨罗达（Asim Sarode）诉马哈拉施特拉邦污染控制委员会案 2014 年 9 月 6 日

帕帖尔（B K Patel）诉环境和森林部案 2013 年 12 月 13 日

伽珍德来格卡尔（B S Gajendragadkar）诉斯里（Sri）电影院案 2015 年 7 月 22 日

巴吉纳斯·谱拉贾帕提（Baijnath Prajapati）诉环境和森林部案 2012 年 1 月 20 日

巴鲁特（Bharat）铝业公司员工组织诉印度联邦（2002）2 最高法院案 333

巴旺特·辛格（已去世）（Balwant Singh）诉贾地许·辛格（jagdish Singh）（2010）8 最高法院案 685

班德华·穆克提·默尔卡（Bandhua Mukti Morcha）诉印度联邦（1984）3 最高法院案 161

班瓦西·塞华·阿什拉姆（Banwasi Seva Ashram）诉北方邦 全印广播电台 1987 高等法院案 374

马哈拉施特拉邦律师委员会诉大什毫卡尔（MV Dasholkar）（1976）1 高等法院案 306

贝替·阿尔瓦雷斯（Betty C Alvares）诉果阿邦案 2014 年 2 月 14 日

包萨赫伯（Bhausaheb）诉马哈拉施特拉邦案 2014 年 11 月 5 日

博帕尔（Bhopal）天然气公司的皮帝斯·玛西拉·尤迪格·桑贾汉（Peedith Mahila Udyog Sangathan）诉印度联邦（2012）8 最高法院案 326

比哈尔邦法律支持协会诉印度首席法官 全印广播电台 1987 高等法院案 38

布拉吉（Braj）基金会诉北方邦政府 国家绿色法庭案 2014 年 8 月 5 日

布兰库拉米（Bulankulame）诉工业发展部秘书长（2000）3 斯里（Sri）法律报 243

拉维强德拉·阿耶尔（C Ravichandran Iyer）诉法官哈塔洽坚（A M Bhattacharjee）（1995）5 最高法院案 457

乌拉圭河纸浆厂案（阿根廷诉乌拉圭）国际法院案 2010 年 4 月 20 日

卡维尔罗希姆（Cavelossim）村庄论坛诉潘卡亚特·卡维尔罗希姆村庄（Village Panchayat Cavelossim）案 2015 年 4 月 8 日

世界自然基金会环境法中心诉印度联邦 令状呈请 1995 年第 337 号

卡木里·辛格（Chameli Singh）诉北方邦 全印广播电台 1984 最高法院案 802

沙兰莎·萨胡诉印度联邦（1990）1 最高法院案 613

卡鲁杜特·考利（Charudutt P Koli）诉海主集装箱公司（Sea Lord Containers）案 2015 年 2 月 3 日

卡迪斯夏赫（Chhattisgarh）环境保护委员会诉曼贾拉·依斯帕特（Mangala Ispat）有限公司 2013 年 最高法院在线案 国家绿色法庭 3035

切赫特里亚雅·普拉都尚·穆克提·桑格哈希·撒米提（Chhetriya Pradushan Mukti Sangharsh Samiti）诉北方邦 全印广播电台 1990 高等法院案 2060

民主公民诉阿萨姆邦（1995）3 最高法院案 743

收藏家，征地，阿南特纳格（Anantnag）诉咖提吉（Katiji）全印广

播电台 1987 高等法院案 1335

消费者教育与研究中心诉印度联邦（1995）3 最高法院案 42

法院基于主动审判权诉喜马偕尔邦案 2014 年 2 月 6 日

法院基于主动审判权诉印度国家公路管理局（2015）最高法院在线案 孟买 6353

法院基于主动审判权诉喜马偕尔邦案 2014 年 2 月 4 日

讷瓦提亚（D B Nevatia）诉马哈拉施特拉邦案 2013 年 1 月 9 日

吉里西（D V Girish）诉班加罗尔环境局秘书长案 2015 年 4 月 9 日

达利普（Dalip）诉印度联邦案 2014 年 4 月 29 日

达马利亚水泥巴拉特（Dalmia Cement Bharat）有限公司诉印度联邦（1996）10 最高法院案 104

道波特（Daubert）诉梅雷尔陶氏（Merrel Dow）制药公司 509 美国 579（1993）

新德里开发局诉拉金德拉·辛格（Rajendra Singh）全印广播电台 2010 最高法院案 2516（德里联邦运动会案）

迪帕克·库玛尔·拉伊（Deepak Kumar Rai）诉普拉赫·纳斯·拉伊·尤道格（Prabhu Nath Rai Udyog）有限公司案 2011 年 7 月 7 日

迪帕克·尼特拉特（Deepak Nitrate）诉古吉拉特邦（2004）6 最高法院案 402

德里贾尔委员会诉全国排污和专职工人的尊严和权利运动（2011）8 最高法院案 574

喀拉拉邦环境署诉 K·萨瓦德案 2015 年 5 月 18 日

德西潘德·J·N·撒米提（Deshpande J N Samiti）诉马哈拉施特拉邦案 2014 年 4 月 22 日

德温德·库玛尔（Devender Kumar）诉印度联邦案 2013 年 3 月 14 日

杜尔迦·达特（Durga Dutt）诉喜马偕尔邦案 2014 年 2 月 6 日

环保组织诉印度联邦案 2014 年 8 月 27 日（阿姆里特·马哈儿·卡瓦尔 Amrit Mahal Kaval 案）

肥料公司卡马戛尔联盟（Kamagar）诉印度联邦 全印广播电台 1981 高等法院案 344

先锋基金会诉卡纳塔克邦案 2015 年 5 月 7 日

先锋基金会诉卡纳塔克邦案 2015 年 9 月 10 日

法兰西斯·考拉列（Francis Coralie）诉德里 全印广播电台 1981 最高法院案 746

戛德巴德（Gadbad）诉拉姆佬（Ramrao）2013 最高法院在线案 孟买 82

吉萨尼·维杰辛格（Geethani Wijesinghe）诉帕塔里·卡拇皮卡·拉纳瓦克（Patali Champika Ranawake），环境与自然资源部部长 最高法院文件报告 2007 年第 87 号

科瓦拉（Khewra）与基赫拉姆（Jehlum）区西巴基斯坦盐矿总工会（CBA）秘书长诉遮普邦拉哈尔（Punjab, Lahore）工业和矿产开发总监 1994 最高法院每月评论 2061

果阿邦基金会诉环境和森林部案 2016 年 2 月 3 日

果阿邦基金会诉印度联邦案 2013 年 7 月 18 日

果阿邦帕雅瓦兰·萨夫拉克尚·桑格哈希·撒米提（Paryavaran Savrakshan Sangharsh Samitee）诉学会 天普乐兄弟（Timblo Irmaos）有限公司案 2015 年 1 月 13 日

果阿邦帕雅瓦兰·萨夫拉克尚·桑格哈希·撒米提诉塞萨果阿案 2014 年 10 月 20 日

格拉姆·托图村委员马伊斋（Gram Panchayat Totu Majthai）诉喜马偕尔邦案 2011 年 10 月 11 日

古佩特·辛格·巴戈（Gurpreet Singh Bagga）诉环境和森林部（2016）最高法院在线案 国家绿色法庭 第 92 号

哈阿特最高沃斯技术有限公司（Haat Supreme Wastech Ltd）诉哈玛拉雅邦案 2013 年 11 月 28 日

哈兹拉·曼切·斯特齐阿尔委员会（Hazira Macchimar Samiti）诉印度联邦案 2016 年 1 月 8 日

赫贾尔拉奇齐格·东·克利山·普里亚丹沙纳·维杰瓦迪纳（Hejiarachchige Don Chrishan Priyadarshana Wijewardena）诉地质调查和矿业局 最高法院文件报告 2004 年第 81 号

海曼舒·波拉特（Himanshu R Borat）诉古吉拉特邦案 2014 年 4 月 22 日

印度斯坦可口可乐饮料有限公司诉西孟加拉邦污染控制委员会案 2012 年 3 月 19 日

匈牙利诉斯洛伐克，加布奇科沃-大毛罗斯项目（多瑙河坝案）（1997）国际法院报告 7

冲动非政府组织网络（Impulse NGO Network）诉梅加拉亚邦案 2014年 6 月 9 日

关于德里运输署（1998）9 最高法院案 250

关于网络图书协议（1962）1 每周法律报告 1347

关于噪音污染 全印广播电台 2005 最高法院案 3136

印度环境法律行动委员会诉国家甘加河流域管理机构 2015 年 12 月 10 日

印度环境法律行动委员会诉印度联邦（1996）3 最高法院案 212

印度环境法律行动委员会诉印度联邦（1996）5 最高法院案 281

印度脊髓损伤医院诉印度联邦案 2016 年 1 月 27 日

提鲁帕西（Tirupathi）区知识分子论坛诉安得拉邦（2006）3 最高法院案 549

J·米赫塔（Mehta）诉印度联邦案 2013 年 10 月 24 日

哈兰德（J K Pharande）诉环境和森林部案 2014 年 5 月 16 日

答博拉尔（J P Dabral）诉环境和森林部案 2011 年 12 月 14 日

钦察木（J R Chincham）诉中央邦 国家绿色法庭案 2014 年 5 月 8 日

贾伊·辛格（Jai Singh）诉印度联邦案 2016 年 2 月 18 日

贾尔·毕拉达里（Jal Biradari）诉环境和森林部案 2015 年 1 月 22 日

羌·切特那（Jan Chetna）诉环境和森林部案 2012 年 2 月 9 日

加纳加戈里提·萨尔尼亚（Janajagrithi Sarnia）诉印度联邦国家绿色法庭判决 2012 年 3 月 7 日

贾斯伯·摩提白·德塞（Jasbhai Motibhai Desai）诉拉尚·库玛尔（Roshan Kumar）（1976）1 最高法院案 671

吉特·辛格·库玛阿尔（Jeet Singh Kamuar）诉印度联邦 国家绿色法庭案 2013 年 4 月 16 日

考德瓦尼（KD Kodwani）诉县税收长 国家绿色法庭案 2014 年 8 月 25 日

莫汉那拉姆（K G Mohanaram）诉泰米尔纳德邦污染控制委员会案 2015 年 4 月 22 日

辛格（K K Singh）诉国家甘加河流域管理机构案 2014 年 10 月 16 日

达盖尔（K L Dagale）诉马哈拉施特拉邦污染控制委员会案 2015 年 2 月 18 日

杰拉（K L Gera）诉哈马里亚邦案 2015 年 8 月 25 日

卡尔帕瓦里（Kalpavalli）种植者互助合作社有限公司诉印度联邦案 2013 年 7 月 10 日

卡尔帕夫里克奇（Kalpavriksh）诉印度联邦案 2014 年 7 月 17 日

咔羌·加拉塞·吖萨斯·撒米提（Karjan Jalasay YASAS Samiti）诉古吉拉特邦（1986）附件 最高法院案 350

卡纳塔克邦工业区开发局诉肯卡帕（C Kenchappa）（2006）6 最高法院案 371

克哈尔·辛格（Kehar Singh）诉哈里亚纳邦案 2013 年 9 月 12 日

科萨夫南达·巴拉提（Kesavnanda Bharathi）诉喀拉拉邦（1973）4 最高法院案 225

克土阿·彭戛拉·贾巴坦·阿拉姆·塞德塔（Ketua Pengarah Jabatan A lam Seldtar）诉卡金·图贝克（Kajing Tubek）1997 3（马德拉斯法律杂志）23

考利达姆·阿阿鲁·帕图卡普·南拉·桑贾木（Kollidam Aaru Pathukappu Nala Sangam）诉印度联邦（2014）最高法院在线案 默多克报道 4928

克兰提·S·S·卡尔可汗（Kranti S S Karkhana）诉财政和森林部门案 2015 年 1 月 15 日

克里希·威戈沿·阿劳格雅·桑沙（Krishi Vigyan Arogya Sanstha）诉环境和森林部案 2011 年 9 月 20 日

克里尚·康德·辛格诉国家河流管理局案 2014 年 10 月 16 日

尚德拉·库玛尔（L Chandra Kumar）诉印度联邦（1997）3 最高法院案 261

拉法基（Lafarge）铀矿私人有限公司诉印度联邦（2011）7 最高法院案 338

里奥·萨尔德哈尼亚（Leo Saldhana）诉印度联邦案 2014 年 8 月 27 日

劳肯德拉·库玛尔（Lokendra Kumar）诉北方邦案 2015 年 1 月 14 日

罗尔·帕欣加·达兰·维罗迪（Lower Painganga Dharan Virodhi）诉

马哈拉施特拉邦案 2014 年 3 月 10 日

米合塔（M C Mehta）诉卡迈尔·纳斯（Kamel Nath）（2000）6 最高法院案 213

米合塔（M C Mehta）诉印度联邦 令状呈请（民事）1985 年第 13029 号（德里车辆污染案）

米合塔（M C Mehta）诉印度联邦（1986）2 最高法院案 176（施瑞玛油气泄漏案）

米合塔（M C Mehta）诉印度联邦（1987）1 最高法院案 395

米合塔（M C Mehta）诉印度联邦 全印广播电台 1997 最高法院案 734（泰姬陵案）

米合塔（M C Mehta）诉印度联邦（2004）12 最高法院案 118

米合塔（M C Mehta）诉印度联邦（2006）3 最高法院案 399

米合塔（M C Mehta）诉印度联邦（2007）1 最高法院案 110

米合塔（M C Mehta）诉印度联邦（2009）6 最高法院案 142

米合塔（M C Mehta）诉大学拨款委员会案 2014 年 7 月 17 日

纳夏拉吉（M Nagaraj）诉印度联邦（2006）8 最高法院案 212

帕提尔（M P Patil）诉印度联邦案 2014 年 3 月 13 日

阿迪（Aadi）房地产有限公司诉邦级环境影响评价机构（SEIAA）案 2015 年 9 月 26 日

阿胡贾（Ahuja）塑料有限公司诉喜马偕尔邦案 2015 年 1 月 13 日

阿登特钢铁有限公司（Ardent Steel Ltd）诉环境和森林部 国家绿色法庭案 2014 年 5 月 27 日

阿提帕化学有限公司［Athiappa Chemical（P）Ltd］诉旁迪切里（Puducherry）邦污染控制委员会案 2011 年 12 月 14 日

奥姆·沙克提（Om Shakthi）工程工场诉泰米尔纳德邦污染控制委员会主席案 2012 年 4 月 10 日

国家绿色法庭律师协会诉泰米尔纳德邦布政司案 2015 年 2 月 3 日

马纳卡兰（P Manokaran）动力织布机工厂诉泰米尔纳德邦污染控制委员会案 2012 年 2 月 15 日

河滨度假村（Riverside Resorts）有限公司诉宾布里庆奇瓦德（Chinchwad）市政公司案 2014 年 1 月 29 日

塞萨（Sesa）果阿有限公司诉果阿邦案 2013 年 4 月 11 日

印度斯特里特（Sterlite）工业有限公司诉泰米尔纳德邦污染控制委员会案 2013 年 8 月 8 日

技术工厂诉马哈拉施特拉邦污染控制委员会案 2015 年 1 月 1 日

玛都胡·克西瓦尔（Madhu Kishwar）诉比哈尔邦（1996）5 最高法院案 125

中央邦污染控制委员会诉市政专员博帕尔案 2013 年 8 月 8 日

玛哈拉克西姆·贝卡尔（Mahalaxmi Bekar）诉邦级环境影响评价机构，孟买令 2015 年 2 月 27 日

玛洪（Mahon）诉新西兰航空公司（1984）1 上诉案件 808

马娜吉·米斯拉（Manoj Misra）诉德里发展管理局案 2016 年 3 月 9 日—10 日

马娜吉·米斯拉（Manoj Misra）诉德里开发署案 2016 年 5 月 25 日

马娜吉·米斯拉（Manoj Misra）诉印度联邦案 2013 年 7 月 22 日

马娜吉·米斯拉（Manoj Misra）诉印度联邦案 2015 年 1 月 13 日

马娜吉·米斯拉（Manoj Misra）诉印度联邦案 2015 年 5 月 8 日

迈德哈·帕特卡尔（Medha Patkar）诉环境和森林部案 2013 年 7 月 11 日

环境和森林部诉尼尔玛（Nirma）有限公司（2013 年第 8781-83 号）最高法院 2014 年 8 月 4 日

米拉亨达尔（Bhaindar）市政公司诉纳格里·哈卡·桑哈希·撒米提（Nagri Hakka Sangharsh Samiti）（2015）最高法院在线案 孟买 6992

莫哈儿·辛格·雅达胡（Mohar Singh Yadav）诉印度联邦案 2015 年 9 月 15 日

意大利孟山都农业厂诉部长理事会主席 民事-236/01（2003），欧洲法院报告 I-8105

莫斯里敏·本·毕加图（Moslimin Bin Bijato）诉检察官（2011）马来亚法律杂志 1061

MP 污染控制委员会诉市政公司专员博帕尔案 2013 年 8 月 8 日

孟买卡迈戛尔·萨博哈（Kamgar Sabha）诉阿布都哈依·法祖拉伯哈依（AbduIbhai Faizullabhai）（1976）3 最高法院案 832

孟买市政管理机关诉科希努尔（Kohinoor）CNTL 基础设施建设公司（2014）4 最高法院案 538

市政委员会特拉姆诉瓦迪昌德（Vardichand）（1980）4 最高法院案

穆娜（Munna）诉北方邦（1982）1 最高法院案 545

穆鲁甘达姆（Murugandam）诉环境和森林部案 2012 年 5 月 23 日和 2014 年 11 月 11 日

加亚尔（ND Jayal）诉印度联邦（2004）9 最高法院案 362

阿尔梅达（N H Almeida）诉楞辛·莫迪纤维有限公司案 2013 年 11 月 28 日

高龄盲人之家诉库玛尔度假村案 2015 年 5 月 26 日

南德·莱尔（Nand Lai）诉哈里亚纳邦 全印广播电台 1980 高等法院案 2097

纳玛达·巴乔·安多兰（Narmada Bachao Andolan）诉印度联邦（2000）10 最高法院案 664

纳尔玛达·可汗·斯瓦比曼·塞瓦（Narmada Khand Swabhiman Sewa）诉中央邦案 2014 年 10 月 1 日

纳米特·沙尔玛（Namit Sharma）诉印度联邦（2013）1 最高法院案 745

纳西克（Nasik）飞灰砖协会诉环境和森林部案 2014 年 3 月 21 日

国家农民联盟诉法国政府中央秘书长 民事-241/01（2002）欧洲法庭报告 I-9079

尼尔·乔哈里（Neel Choudhary）诉中央邦案 2014 年 5 月 6 日

尼拉姆·卡利亚（Neelam Kalia）诉印度联邦 2013 最高法院在线案 国家绿色法庭 196

尼图（Neetu）诉旁遮普邦 全印广播电台 2007 最高法院案 758

尼昆宁（Nikunj）开发商诉 M/S 维纳（Veena）开发商案 2013 年 3 月 14 日

尼撒加（Nisarga）自然俱乐部诉普拉胡德塞（S B Prabhudessai）案 2013 年 5 月 31 日

尼撒加（Nisarga）自然俱乐部诉萨提亚旺（Satyawan）案 2013 年 2 月 21 日

俄亥俄州诉维沿道特（Wyandotte）化工公司 401 美国 493（1971）

奥里萨邦矿业公司诉环境和森林部案 2013 年 4 月 18 日

奥里萨邦矿业公司诉环境和森林部（2013）6

最高法院案 476

奥瑟·费南德斯（Osie Fernandes）诉环境和森林部案 2012 年 5 月 30 日

羌德拉库玛尔（P Chandrakumar）诉泰米尔纳德邦污染控制委员会主席案 2014 年 3 月 20 日

莫哈帕特拉（P Mohapatra）诉印度联邦案 2013 年 8 月 8 日

贾雅羌德兰（P S Jayachandran）诉泰米尔纳德邦污染控制委员会成员秘书（2015）最高法院在线案 中央邦默多克报道 10336

瓦基拉威尔（P S Vajiravel）诉泰米尔纳德邦污染控制委员会主席案 2013 年 2 月 28 日

瓦基拉威尔（P S Vajiravel）诉泰米尔纳德邦污染控制委员会主席案 2015 年 3 月 26 日

桑德拉拉羌（P Sundarajan）诉国家绿色法庭副书记员（2015）4 法律周刊 23

桑德拉拉羌（P Sundararajan）诉南区绿色法庭副书记（2015）最高法院在线案 中央邦 10338

帕卡吉·沙尔玛（Pankaj Sharma）诉环境和森林部案 2013 年 9 月 20 日

帕拉米吉特·S·卡尔希（Paramjeet S Kalsi）诉环境和森林部案 2015 年 5 月 15 日

帕雅瓦兰·桑拉克尚·桑夏西·撒米提·里帕（Paryavaran Sanrakshan Sangarsh Samiti Lippa）诉印度联邦案 2016 年 5 月 4 日

帕雅瓦兰·桑拉克尚·桑夏西·撒米提·里帕（Paryavaran Sanrakshan Sangarsh Samiti Lippa）诉印度联邦案 2011 年 12 月 15 日

潘桑克塔（Panthankot）福利协会诉旁遮普邦案 2014 年 11 月 25 日

卡迈尔·安南德（Kamal Anand）揭露组织诉旁遮普邦案 2014 年 11 月 25 日

民间自由人民联盟诉印度联邦（1997）1 最高法院案 301，311

普曼南特·克兰塔诉喜马偕尔邦案 2015 年 12 月 10 日

南非辉瑞健康动物诉欧盟理事会（2002）欧洲法庭报告 II-3305

普拉富兰·萨曼巴耶夫（Prafulla Samantray）诉印度联邦案 2012 年 3 月 30 日（POSCO 案）

考里（R J Koli）诉环境和森林部秘书案 2014 年 5 月 27 日

考里（R J Koli）诉马哈拉施特拉邦案 2015 年 2 月 27 日

尔克·帕特尔（R K Patel）诉印度联邦案 2014 年 2 月 18 日

劳哈卡里（R Lohakare）诉马哈拉施特拉邦水污染防治委员会案 2014 年 9 月 24 日

瑞吉娜（Regina）单方诉贸易与工业国务秘书杜德利奇（Duddridge）[1995] 环境法律报告

拉格胡纳什（Raghunath）诉马哈拉施特拉邦水污染防治委员会案 2014 年 3 月 24 日

拉贾斯特汗·拉贾雅·韦德与特·无特帕丹·尼加姆·加依普（Rajasthan Rajya Vidyut Utpadan Nigam Jaipur）有限公司诉税率上诉委员会案 2015 年 7 月 20 日

拉贾斯特汗·拉贾雅·韦德与特·无特帕丹·尼加姆·加依普（Rajasthan Rajya Vidyut Utpadan Nigam Jaipur）有限公司诉税率上诉委员会案 2015 年 8 月 20 日

拉姆达斯·贾纳丹·库利（Ramdas Janardan Koli）诉环境和森林部秘书案 2015 年 2 月 27 日

拉纳·伊沙克（Rana Ishaque）诉环保署署长案，1995 年第 671 号 拉哈尔高等法庭

拉纳·森古普塔（Rana Sengupa）诉印度联邦案 2013 年 3 月 22 日

兰加纳·杰特里（Ranjana Jetley）诉印度联邦案 2014 年 4 月 1 日

拉文德拉·布萨里（Ravindra Bhusari）诉环境和森林部案 2015 年 11 月 6 日

拉旸斯启发人道组织（Rayons-Enlightening Humanity）诉印度联邦案 2013 年 7 月 18 日

科学研究基金会（18）诉印度联邦（2005）13 最高法院案 186

肯德拉农村诉讼和权利（RLEK）组织诉北方邦 全印广播电台 1985 最高法院案 652（杜恩谷案）

洛希特·乔哈里（Rohit Choudhary）诉印度联邦案 2012 年 9 月 7 日

潘迪（S C Pandey）诉印度联邦案 2014 年 8 月 20 日

纳威尔卡（S K Navelkar）诉果阿邦案 2015 年 4 月 8 日

萨曼塔（S K Samanta）诉西孟加拉邦污染控制委员会案 2014 年 7 月

24 日

桑格哈维（S M Sanghavi）诉森林署官员 2014 年 5 月 6 日

古普塔（S P Gupta）诉印度总统 全印广播电台 1982 最高法院案 149（法官更换案）

古普塔（S P Gupta）诉印度联邦 1981 补充 最高法院案 87

木苏拉曼（S P Muthuraman）诉印度联邦案 2015 年 7 月 7 日

木苏拉曼（S P Muthuraman）诉印度联邦案 2015 年 9 月 1 日

帕拉布（S S Parab）诉国家级专家评估委员会案 2015 年 8 月 17 日

萨辛（Sachin）诉马哈拉施特拉邦案 2014 年 3 月 25 日

萨马塔（Samata）诉印度联邦案 2013 年 12 月 13 日

桑迪普·卡雅萨（Sandip Kayastha）诉阿兰迪邦案 2015 年 10 月 1 日

桑杰·库尔西来萨（Sanjay Kulshrestha）诉印度联邦案 2015 年 4 月 7 日

萨朗·亚德瓦德卡（Sarang Yadwadkar）诉浦那市政公司案 2013 年 7 月 11 日

萨潘奇·格兰帕卡亚特·提罗达（Sarpanch，Grampanchayat Tiroda）诉马哈拉施特拉邦案 2011 年 9 月 12 日

萨特帕尔·辛格（Satpal Singh）诉加尔迪瓦拉邦议会案 2013 年 4 月 25 日

拯救蒙（Mon）地区联盟诉印度联邦案 2013 年 3 月 14 日

谢赫拉·兹亚（Shehla Zia）诉水和电力发展署（1994）巴基斯坦法律判决 高等法院案 693

史宝哈·法丹维斯（Shobha Phadanvis）诉马哈拉施特拉邦案 2014 年 1 月 13 日

西里·桑特·达斯贾努·马哈拉杰·西特卡里·桑格·阿考讷（Shri Sant Dasganu Maharaj Shetkari Sangh AkoIner）诉印度石油有限公司 2014 年 11 月 10 日

西鲁西提·帕雅瓦兰·曼达尔（Shrushti Paryavaran Mandal）诉印度联邦案 2015 年 9 月 7 日

西恩丘维奇（Sienkiewwicz）诉格雷弗（Greif）英国有限公司（2011）2 上诉案件 229

辛德赫（Sindh）泌尿与器官移植机构诉巴基斯坦雀巢奶粉（2005）校

园法律中心 424

文化保护协会诉印度联邦案 2015 年 8 月 10 日

索尼娅巴普（Sonyabapu）诉马哈拉施特拉邦案 2014 年 2 月 24 日

斯里尔戛纳特汗，阿兰穆拉（Sreeranganathan K P，Aranmula）诉印度联邦案 2014 年 5 月 28 日

北安查尔邦诉巴尔旺特·辛格·乔法尔（Balwant Singh Chaufal）（2010）3 最高法院案 402

华盛顿州诉通用汽车公司 40 美国法律周刊 4437 美国 1972 年 4 月 24 日

西孟加拉邦诉卡玛尔森·古普塔（Kamalsen Gupta）（2008）8 最高法院案 612

国家污染控制委员会斯瓦丝提可·伊斯帕特（Swastik Ispat）诉私人有限公司案 2014 年 1 月 9 日

苏波哈斯·达塔（Subhas Datta）诉西孟加拉邦案 2015 年 7 月 28 日

苏波哈希·库玛尔（Subhash Kumar）诉比哈尔邦 全印广播电台 1991 高等法院案 420

苏迪普·希里瓦斯塔瓦（Sudeip Shrivastava）诉恰蒂斯加尔邦案 2014 年 3 月 24 日（德里空气污染案）

苏迪普·希里瓦斯塔瓦（Sudeip Shrivastava）诉印度联邦案 2014 年 9 月 25 日

法庭基于主动审判权（Suo motu）诉环境和森林部秘书案 2015 年 1 月 30 日

最高法院集体住房协会通过其秘书诉全印度自治委员会案 2012 年 12 月 18 日

萨义德·曼苏尔·阿里·沙阿（Syed Mansoor Ali Shah）诉旁遮普邦政府（2007）CLD 533

穆鲁迦南达姆（T Muruganandam）诉环境和森林部案 2014 年 11 月 11 日

哥达瓦尔曼·提路马尔帕德（T N Godavarman Thirumalpad）诉印度联邦（2002）10 最高法院案 606

哥达瓦尔曼·提路马尔帕德（T N Godavarman Thirumalpad）诉印度联邦案 2015 年 11 月 5 日

哥达瓦尔曼·提路马尔帕德（T N Godavarman Thirumalpad）诉印度联

邦和吠檀多（Vedanta）铝业有限公司 2008 2 最高法院案 222

苏德哈卡尔·普拉萨德（T Sudhakar Prasad）诉安得拉邦政府（2001）1 最高法院案 516

桑贾姆（TV N Sangam）诉环境和森林部秘书案 2015 年 8 月 7 日

特尔斯特拉（Telstra）公司诉和恩斯比郡议会（2006）146 澳大利亚地方政府环境报告 10

探雷·图伊登（Themrei Tuithung）诉曼尼普尔邦案 2013 年第 167 号 2013 年 8 月 5 日

提鲁普尔（Tirupur）染色厂协会诉努瓦亚勒河阿亚库达尔斯（Ayacutdars）保护行动（2009）9 最高法院案 737

法庭基于主动审判权就穆图卡都闭塞水域（Muttukadu Back Waters）诉印度联邦 2014 最高法院在线案 国家绿色法庭 2346

法庭基于主动审判权诉锡沃根加区（Sivaganga）税收长 2014 最高法院在线案 1450

法庭基于主动审判权诉印度国家首都区政府德里案 2015 年 6 月 19 日

法庭基于主动审判权诉环境和森林部秘书 2013 最高法院在线案 国家绿色法庭 6763

法庭基于主动审判权诉环境和森林部秘书 2013 最高法院在线案 1086

法庭基于主动审判权诉国家秘书处案 2014 年 4 月 4 日

法庭基于主动审判权诉喀拉拉邦 2014 最高法院在线案 国家绿色法庭 6763

法庭基于主动审判权诉泰米尔纳德邦市政管理和水供应部 2013 最高法院在线案 1105

法庭基于主动审判权诉印度联邦 2013 最高法院在线案 1095

法庭基于主动审判权诉印度联邦 2014 最高法院在线案 1433

法庭基于主动审判权诉印度联邦 2014 最高法院在线案 2352

图尔西·阿德瓦尼（Tulsi Advani）诉拉贾斯坦邦案 2015 年 2 月 19 日

印度联邦诉少将西里·康特·沙尔玛（Shri Kant Sharma）（2015）6 最高法院案 773

城市固体废物管理（阿尔米特拉·帕特尔诉印度联邦）的令状呈请 1996 年第 88 号

布恩加西（V G Bhungase）诉苏贾尔（G Sugar）与能源有限公司案

2013 年 12 月 20 日

特利帕提（VK Tripathi）诉环境和森林部案 2014 年 10 月 1 日

瓦纳萨克蒂（Vanashakti）公共信托机构诉马哈拉施特拉邦污染控制委员会案 2015 年 7 月 2 日

瓦尔德赫曼·考西柯（Vardhman Kaushik）诉印度联邦的申请 2014 年第 21 号申请

瓦尔德赫曼·考西柯（Vardhman Kaushik）诉印度联邦案 2015 年 1 月 19 日

瓦尔德赫曼·考西柯（Vardhman Kaushik）诉印度联邦案 2015 年 4 月 7 日

瓦尔德赫曼·考西柯（Vardhman Kaushik）诉印度联邦案 2015 年 10 月 7 日

韦洛尔公民福利论坛诉印度联邦 2016 最高法院在线 默多克报道 1881

韦洛尔公民福利论坛诉印度联邦（1995）5 最高法院在线案 647

韦洛尔公民福利论坛诉印度联邦 全印广播电台 1996 5 高等法院案 2715（印度）

维嘉伊·米赫拉（Vijay D Mehra）诉海关税收员（预防）孟买 FN-1988 最高法院报告增补（2）434

维嘉伊·瓦迪亚（Vijay G Vaidya）诉印度联邦案 2014 年 10 月 21 日

维嘉伊·辛格（Vijay Singh）诉巴拉吉·格里特·尤第奥格（Balaji Grit Udyog）案 2014 年 4 月 25 日

维嘉伊·辛格（Vijay Singh）诉巴拉吉·格里特·尤第奥格（Balaji Grit Udyog）案 2014 年 9 月 26 日

维嘉伊克西米·尚姆贾母（Vijaylakshmi Shanmugam）诉环境和森林部秘书（2014）最高法院在线案 默多克报道 256

维摩尔·博哈依（Vimal Bhai）诉环境和森林部案 2011 年 12 月 14 日

维摩尔·博哈依（Vimal Bhai）诉印度联邦德里高等法院首席法官 15895/2005 记录在令状呈请（民事）17682/2005

维仁德·高尔（Virender Gaur）诉哈里亚纳邦（1995）2 最高法院案 577

维特哈尔·戈比昌德·彼亨盖斯（Vitthal Gopichand Bhungase）诉冈格阿凯德食糖和能源有限公司（Gangakhed Sugar and Energy Ltd）案 2013 年

12月20日

维特哈尔·戈比昌德·彼亨盖斯（Vitthal Gopichand Bhungase）诉冈格阿凯德食糖和能源有限公司（Gangakhed Sugar and Energy Ltd）案 2014年7月30日

瓦岗多诉英联邦（1981年）第148号英联邦法律报告

威尔弗雷德（Wilfred）诉环境和森林部案 2014年7月17日

前　言

英国诺森比亚大学（Northumbria university）[①] 的吉檀迦利·纳因·吉尔副教授出版了《印度环境司法：国家绿色法庭》一书，为充实环境司法及专门环境法院和法庭方面的国际文献作出了巨大的贡献。该书对印度新环境法庭的发展和重要性进行了深入的研究，它是这位杰出的学者在细致的实地调查基础上，为环境学者、法官、官员和感兴趣的公众而创作的。此外，该书还是第一本对一个发展中国家的新兴环境法庭进行全面分析的著作，它的价值远远超过了那些针对早期建立的环境法院和法庭（如澳大利亚、新西兰、斯堪的纳维亚及美国的环境法院和法庭）进行研究的现有文献。

环境法院和法庭在世界范围内的不断增加是 21 世纪环境法领域最激动人心的发展之一。鉴于此，该书的价值不言而喻。在 20 世纪 70 年代，世界上仅建立了为数不多的环境法院和法庭。2009 年，我们丹佛大学环境法院和法庭研究课题组发表了《绿色司法——建立和完善专门环境法院和法庭》的前沿报告。截至报告发表之日，全球范围内有 300 多个环境法院和法庭。到 2016 年，经过短短的 7 年时间，全球就有 44 个不同的国家在中央和地方层面建立了逾 1200 个环境法院和法庭。这样一来，每个人类居住的大陆都建立了环境法院和法庭，每一个主要的法系和每一地方层级都有环境法院和法庭在运行。并且，建立环境法院和法庭的这 44 个国家情况各异。其中，既有富有的发达国家，也有最贫穷的发展中国家；既有大国，也有小国；既有民主政权国家，也有非民主政权国家。此外，环境法院和法庭还给环境纠纷的解决方式带来了巨大的改变。

[①] 诺森比亚大学位于英国纽卡斯尔市（Newcastle）。——译注

没有什么比吉尔博士这本著作更能阐明这一司法革命的了。与我们丹佛大学专注于环境法院和法庭制度的比较研究（吉尔博士对该研究也作出过贡献）不同，吉尔博士在该书中凭借她对印度国家绿色法庭（世界上最新、最先进的环境法院和法庭之一）的深入了解和认识，展示了此类专门机构在拓宽诉诸环境司法的渠道、增强环境保护、吸收科学家和其他非法律领域的技术专家为重要的审判人员，以及完善环境法律规则等方面所发挥的作用。

国家绿色法庭是一个令人激动的研究案例。它仅建立六年，就被授权立法①赋予了广泛的初审和上诉管辖权，其管辖权范围几乎涵盖所有环境和自然资源方面的法律及案件。经国家绿色法庭审理的案件直接上诉至印度最高法院，且国家绿色法庭的审理程序灵活，人事任命均采用严格标准。此外，国家绿色法庭认可"健康环境权"，对公众参与和诉诸司法遵从宽松规则，并强制适用国际条约和原则。它的管辖区域覆盖印度全国，分别在新德里、博帕尔、普纳、加尔各答和金奈设置了五个法庭。吉尔博士运用大量的案例分析，展现了环境法院和法庭成功扩大其开放性、增强程序的灵活性和透明度、保持判决先进性的全过程。

印度国家绿色法庭因其诸多显著特征而值得瞩目。组成国家绿色法庭的审判人员包括司法人员和技术专家，反映了环境案件的跨学科属性。其中，司法人员必须是印度最高法院或高等法院的前任法官或现任法官，技术专家则必须是生命科学、物理科学、工程学或技术方面的专家，且具备不少于15年的工作经验（包括5年的环境实践经验）。在该书的前期准备阶段，吉尔博士进行了广泛的实地调研工作，采访了大量国家绿色法庭法官、技术专家、工作人员和律师。她所做的这些工作证明了技术专家作为审判人员在建立国家绿色法庭、增强国家绿色法庭判决的合理性等方面所发挥的创新作用。

在扩大公众参与方面，国家绿色法庭的法官和技术专家经常去纠纷现场进行调查、分析，并给出纠纷处理建议。国家绿色法庭不只是依据司法判例裁判案件，它还可以组织事实调查委员会和参与小组协助其制订一个可行的工作方案。其中，参与小组由其他专家、政治领袖、倡导团体和受害方共同组成。

---

① 这里的授权立法主要指《国家绿色法庭法》。——译注

若欲在国家绿色法庭提起诉讼或者参与案件的审理，被侵权人无须证明任何与案件有关的个人利益或损害，只需证明环境保护符合自身利益即可。

国家绿色法庭行使独立的司法权处理恶劣环境事件，它甚至可以在原告或被告没有在场的情况下，仅依据新闻报道的相关信息进行审判。

国家绿色法庭几乎一半的案件是由非政府组织、社会活动家[①]和公民倡导者[②]提起的，由此，国家绿色法庭和印度最高法院一起促进了印度公益诉讼的发展。

国家绿色法庭不是一个被动的审判机构，它运用了很多超前的信息收集技术进行判决，如对抗、纠问、调查和协作程序。它欢迎促进环境利益的各方当事人，反对那些利用司法程序拖延诉讼或出于其他不良动机进行诉讼活动的人。

该书结构非常严谨，从环境法庭出发，将问题延伸至环境判决给所有一般法院和专门法院带来的好处。该书对大量国家绿色法庭案件进行了描述和分析，使其具有一定的学术深度和较高的实践价值。期望作者能进一步阐释国家绿色法庭的判决在这些案件中是如何执行的（正在执行或已经执行），但要讲清楚这个问题，恐怕需要另写一本著作了。

第一章，"环境正义：一个全球视角"，介绍了环境司法的背景，解释了环境司法的必要性，并阐释了公平的审判程序、公众诉诸司法以及环境法院和法庭优于一般法院系统的原因等内容。

第二章，"国家绿色法庭的源起与建立"，追溯了印度公益诉讼的历史、发展和积极影响，介绍了公益诉讼促进国家绿色法庭诞生的全过程。

第三章，"《国家绿色法庭法》（2010年）：解释和适用"，深刻分析了国家绿色法庭的授权立法——《国家绿色法庭法》的规定，并阐明国家绿色法庭是如何在具体案件中对《国家绿色法庭法》授予它的广泛法定权力进行逐步解释的。吉尔博士指出，不是国家绿色法庭的所有判决都能够得到顺利执行，法庭针对城市空气污染或城市固体废物问题发布的重

[①] 社会活动家是指社会上积极的活跃人士，他们热心公益事业和公共事务，在社会活动中具有一定的影响力。——译注

[②] 倡导者是指法律专业人员。根据印度1961年《倡导者法案》的规定，公民要想在印度成为倡导者，不仅要获得国家认可机构授予的法律学位，还要在申请人所在邦律师委员会进行注册。——译注

要命令就是判决执行失败的典型例子。

第四章,"国家绿色法庭:规范性原则",回顾了国际条约和原则。这些国际条约和原则通过国家绿色法庭的授权立法成为国家绿色法庭审判原则的一部分,特别是风险预防原则、污染者负担原则和可持续发展原则。平衡环境保护与经济发展是一项极具挑战性的任务,该章还讨论了对国家绿色法庭判决的两极评价。

第五章,"国家绿色法庭:科学与法律",是该书最为出色的一章。该章展示了吉尔博士运用独特采访方式获得的实地调查成果。她的采访从国家绿色法庭对科学知识的应用,技术专家在指导国家绿色法庭的判决、促进政策的形成以及协助政府官员执行判决、政策等方面所发挥的创新作用,引出了一个惊人的视角。

第六章,"国家绿色法庭:判决与分析",汇集了作者对超过1000个国家绿色法庭案件的精彩分析,这些案件发生在2011年到2015年9月30日之间。吉尔博士在该章分析了国家绿色法庭案件数量的增长、纠纷主体以及原被告的类型,展示了特定公益诉讼原告的诉讼模式,即定期起诉强大的联邦政府部门以及成员邦和地方的政府监管部门,要求这些政府部门为其不遵守法律的行政不当行为负责,而在大多数情况下原告都会胜诉。

最后的第七章,"国家绿色法庭发展历程:挑战与成功",在发现国家绿色法庭"正在改变印度环境法理学"的同时,强调国家绿色法庭目前所面临的问题。国家绿色法庭不遗余力地推动了广泛环境政策的制定,揭露了严重的行政管理缺陷。也正因为如此,"国家绿色法庭获得了广泛的公信力,它的判决也在印度持续产生更加深远的影响"。

该书为读者展现了对国家绿色法庭的独特解读,但更重要的是它为所有对环境法律、环保合规、环境司法和科学决策感兴趣的决策者和学者提供了实践运用的基础。并且,它还为作者和其他学者未来进一步研究打下了坚实的基础。我们期待吉尔博士能够继续研究国家绿色法庭,并出版相关著作。也许她未来的研究将探讨国家绿色法庭突破性判决的执行和更大范围的影响。尽管日益增多的环境法院和法庭作为一种制度工具能够增强可持续发展,保护后代人的生存环境,但是关于环境法院和法庭判决带来的社会、经济和环境效益的分析仍然是匮乏的。因此,进一步探究环境法院和法庭的有效性及其判决的政治影响和公众接受度,将会是另一个具有突破性的研究课题。

我们祝愿吉尔博士在其不懈努力之下继续取得巨大的成功。

乔治（洛克）·普林［George (Rock) Pring］，
法学荣誉教授，美国丹佛斯特姆法学院

凯瑟琳（凯蒂）·普林［Catherine (Kitty) Pring］，全球环境成就咨询公司负责人，美国丹佛大学环境法院和法庭研究课题联合主任

致　　谢

本人吉檀迦利·纳因·吉尔是本书的独立作者。不过，实际上如果没有其他众多贡献者的支持和参与，本书是不可能完成的。因此，我在这里列举了一些人的姓名，以感谢他们为本书作出的杰出贡献。

感谢那些热情欢迎我采访的国家绿色法庭的首席法官和法庭成员（前任和现任法庭成员），感谢他们丝毫不吝啬自己的时间接受我的采访，并允许我翻阅他们的记录意见。这些人是：尊敬的贾斯蒂斯·施华坦特·库玛（Swatanter Kumar）首席法官，正是他批准了这些采访；尊敬的司法成员查克里安（M Chockalingam）先生、肯加昂卡尔（V R Kinganonkar）先生、琼瑟曼尼（P Jyothimani）先生、达力·辛格（Dalip Singh）先生和沙维（U D Salvi）先生；尊敬的技术专家纳根德兰（R Nagendran）教授、德温达·库里·卡加瓦（Devendra K Agarwal）博士、戈帕尔·基什·潘迪（Gopal K Pandey）、米什拉（P C Mishra）教授（博士）、拉奥（P S Rao）先生、拉梅什·卡拉·特里维迪（Ramesh C Trivedi）先生、阿贾伊·拉加·德什潘德（Ajay A Deshpande）博士和兰詹·查特吉（Ranjan Chatterjee）先生。感谢他们的坦诚和热情好客。他们提供的法庭内部信息，使本书具有了实质的内容和意义。并且，他们的言辞在本书中占据了很大的篇幅（尤其是本书的第五章）。同时要感谢德里法庭的前司法常务官——我的朋友桑杰·库玛（Sanjay Kumar），感谢他安排我在普纳（Pune）、博帕尔（Bhopal）、金奈（Chennai）和加尔各答（Kolkata）的访问。还要感谢那些与我交谈过的律师、非政府组织成员和诉讼当事人，他们为我提供了关于国家绿色法庭工作的客观外部评价，这些评价具有极大的价值和意义。

我的这项研究在很大程度上要归功于我的兄弟——维内·古普塔（Vinay Gupta）法官，是他为我进行实地考察工作提供了诸多便利。同时要感谢卡迪夫大学法学院的菲利普·托马斯（Philip Thomas）教授，他一直是本书的导师、支持者和评论家。

在这里，我还要感谢英国诺森比亚大学的约翰·克莱顿（John Clayton），是他指导我学会了社会科学统计软件包的操作。感谢我的责任编辑玛丽·赛尔伍德（Marie Selwood），因为她不断地鼓励我，说我能够按期交稿。幸运的是，她是正确的。感谢萨曼萨·卢特拉（Samarth Luthra），他是德里非常杰出的研究助理。

我此前发表过相关的论文和本书的一些章节。在本书出版之际，我将这些论文和章节重新修订，纳入本书。非常感谢我的这些学术论文出版者的支持：《印度环境司法：国家绿色法庭和专家成员》①；《印度的人权和环境保护：从公益诉讼到国家绿色法庭的司法之旅》②；《印度国家绿色法庭：国际环境法律原则下的一个可持续未来》③；《环境保护和发展利益：关于亚穆纳河和2010年德里英联邦运动会的一个案例研究》④；《印度绿色法庭》⑤；以及《印度的人权和环境保护：通过公益诉讼获得》⑥。

最后，要感谢伊什瓦谭（Ishvinder）、安玛琳德（Amrinder）和我的其他家庭成员，还有所有相信我的人。

吉檀迦利·纳因·吉尔
（泰恩河畔）纽卡斯尔市（Newcastlz-npon-Tyne）
2016年5月31日

---

① 载于《跨国环境法律学报》2016年第5卷第1期，第175—205页。
② 载于安娜·格雷尔（A Grear）和埃瓦德涅·格兰特（E Grant）主编《环境危机时代的思考、法律、权利和行动》，爱德华·埃尔加（Edward Elgar）出版社2015年版，第123—154页。
③ 载于《环境法律评论》2014年第16卷第3期，第183—202页。
④ 载于《人造环境的国际法律期刊》（环境法专题）2014年第6卷第1、2期，第69—90页。
⑤ 载于《环境法律期刊》2010年第22卷第3期，第461—474页。
⑥ 载于《环境法律评论》2012年第14卷第3期，第200—218页。

缩 略 词

AA	阿卡玛纳克马—阿玛卡塔克（印度自然保护地）
ADB	亚洲开发银行
ADR	非诉纠纷解决
AJNE	亚洲环境法官网
AOL	生存艺术
ASEAN	东南亚国家联盟
BARC	巴巴原子研究中心
BR	生物圈保护区
CAG	印度审计总长
CEIA	累积环境影响评价
CETP	公共污水处理厂
CIDCO	城市与工业发展公司
CPC	民事诉讼法典
CRZ	沿海管制区
CWGV	印度英联邦运动员村
DRDO	印度国防研究与发展组织
EAC	专家评审委员会
EC	环境清拆许可
ECT	环境法院和法庭
EIA	环境影响评价
ELC	环境和土地法院
ELMA	环境法（环境管理法案）
EMCA	环境管理与协调法
ET	环境法庭

FFC	事实调查委员会
GDP	国内生产总值
HLC	高级委员会
IRA	独立行政管理机构
IGI	英迪拉·甘地国际机场
IISc	印度科学理工学院
ISIC	印度脊椎损伤中心
ISRO	印度空间研究组织
JFM	联合森林管理
JNPT	加瓦拉尔·尼赫鲁港
MCZMA	马哈拉什特拉沿海地区管理局
MEC	马来西亚环境法院
MLJCA	印度法律、司法和公司事务部
MMRDA	孟买市区域发展局
MoEF	环境和森林部
MoEFCC	环境、森林和气候变化部
MSW	城市固体废弃物
NCT	印度国家首都区
NDZ	未开发区
NEAA	国家环境上诉机构（法案）
NEMA	国家环境管理局
NET	国家环境法庭
NGO	非政府组织
NGT	国家绿色法庭
NHAI	印度国家公路局
NSW	新南威尔士州（澳大利亚州名）
ONGC	石油和天然气公司
PEPA	巴基斯坦环境保护法
PIL	公益诉讼
PNJ	自然正义原则
SAARC	南亚区域合作协会
SDG	可持续发展目标

SEAC	国家专家鉴定委员会
SEIAA	邦级环境影响评价机构
SEMA	邦级环境管理局
STP	污水处理厂
UCIL	印度联合碳化物有限公司
UN	联合国
UNEP	联合国环境规划署
VIDC	维达巴灌溉发展公司
WGEEP	西高止山脉生态专家小组
WHO	世界卫生组织

目 录

简介	（1）
第一章 环境正义：一个全球视角	（11）
实现正义和环境法治	（14）
司法制度：环境法的遵守和执行	（18）
环境法院和法庭：一个专业法庭	（23）
发达国家	（28）
发展中国家	（31）
组成南亚区域合作协会的国家（SAARC）	（34）
小结	（37）
第二章 国家绿色法庭的源起与建立	（43）
公益诉讼与环境保护	（47）
实体路径	（49）
程序路径	（55）
关于环境法院的争论	（65）
小结	（77）
第三章 《国家绿色法庭法》（2010年）：解释与适用	（84）
序言	（84）
组成人员	（87）
受害人及其参与	（88）
司法管辖权	（93）
诉讼程序要求	（126）
小结	（136）

第四章　国家绿色法庭：规范性原则 …………………（140）
　　风险预防原则 …………………………………………（142）
　　污染者付费原则 ………………………………………（150）
　　可持续发展原则 ………………………………………（160）
　　小结 ……………………………………………………（169）

第五章　国家绿色法庭：科学与法律 …………………（175）
　　存疑的科学和专家证词 ………………………………（176）
　　理论框架：认知社群和知识利用 ……………………（179）
　　将该理论应用到国家绿色法庭 ………………………（182）
　　小结 ……………………………………………………（213）

第六章　国家绿色法庭：判决与分析 …………………（219）
　　2011—2015 年的案件数量 ……………………………（220）
　　法庭（主法庭和区域法庭）…………………………（220）
　　争议性质 ………………………………………………（222）
　　争议的法庭分布情况 …………………………………（224）
　　争议的年代分布情况 …………………………………（226）
　　原告 ……………………………………………………（228）
　　被告 ……………………………………………………（230）
　　原告和被告：共同当事人 ……………………………（231）
　　争议解决结果 …………………………………………（233）
　　原告结果 ………………………………………………（236）
　　小结 ……………………………………………………（238）

第七章　国家绿色法庭发展历程：挑战与成功 ………（241）
　　国家绿色法庭：挑战 …………………………………（243）
　　国家绿色法庭：成功 …………………………………（252）
　　小结 ……………………………………………………（265）

译后记 ………………………………………………………（269）

图表目录

图 6-1　2011—2015 年的案件数量 ……………………………（221）
图 6-2　法庭（主法庭和区域法庭）……………………………（221）
图 6-3　争议性质 …………………………………………………（222）
图 6-4　争议的法庭分布情况 ……………………………………（225）
图 6-5　争议的年代分布情况 ……………………………………（226）
图 6-6　原告 ………………………………………………………（228）
图 6-7　被告 ………………………………………………………（231）
图 6-8　原告和被告：共同当事人 ………………………………（232）
图 6-9　争议解决结果 ……………………………………………（234）
图 6-10　原告结果 …………………………………………………（236）
表 3-1　国家绿色法庭行动方案的实施情况 ……………………（108）

简　介

　　每位旅行者都应有一张地图来辨别到达目的地的最佳路径，并明了适合停下脚步的地方。打开一本研究专著，读者们不仅应当简单了解书本的内容，而且应当研究书本之外可增加见识、值得学习的背景信息。因此，本简介主要是描述我的研究历程，并给那些还未到访过印度或对本书了解不多的人提供一些简明扼要的环境法知识。在此基础上，再介绍一些实地考察和案例分析的方法。简而言之，我将本书分为七章。

　　家庭是我研究环境法的缘起。我曾在德里（Delhi）居住和教学。在我儿子特耶瓦尔（Tejeshwar）出生时，我开始强烈地意识到环境问题，并关注德里的环境，尤其是空气质量。[1] 我对自己的孩子及成千上万个生活在德里的孩子们的健康十分担忧，这促使我长期关注环境变化并从学术方面研究印度环境所面临的挑战。

　　印度人口众多、幅员辽阔，其国内正面临着人口增长[2]、贫穷[3]、

---

[1]　I address the question of air pollution in Delhi and India generally in Chapter 3.

[2]　The current population of India is 1.32 billion and is estimated to rise to 1.53 billion by 2030. See www.indiaonlinepages.com/population/india-current-population.html.

[3]　India now has 172 million people below the poverty line［although the World Bank has revised the line upwards from ＄1.25（Rupees 81）to ＄1.90（Rupees 123.5）per day］http://economictimes.indiatimes.com/news/economy/indicators/indias-poverty-rate-lowest-among-nations-with-poor-population-world-bank/articleshow/49225412.cms；according to India's 2015 Socio-economic and Caste Census Report, out of 300 million households surveyed, 73 per cent lived in rural areas. Of these less than 5 per cent paid income tax, 75 per cent earned less than Rupees 5000（＄78）each month, less than 10 per cent had salaried jobs and 35.7 per cent were illiterate. http://edition.cnn.com/2015/08/02/asia/india-poor-census-secc/.

通货膨胀①和贪污腐败等问题。② 当前，印度已经走上一条经济发展大路，并逐步发展成为一支可推动世界发展的重要力量。历届政府都致力于国内生产总值的高速增长，并坚信这将有助于减少贫困、保障社会安全和促进经济平等。经济发展方面的权威专家认为，为了实现经济增长，应当最大化地有效利用国家资源。在总理纳伦德拉·莫迪（Narenda Modi）的领导之下，印度近期的经济战略被赋予了重要意义。莫迪总理又以领导印度的改革而闻名，他致力于推动亚洲第三大经济体的经济增长。莫迪总理以利商主义而闻名。作为市场导向的改革者，他致力于促进印度经济以每年8%—10%的速度增长。③印度政府的几个重点项目包括：复兴制造业（包括汽车及其零件、药物学、纺织和其他商品）、快速发展主要的基础设施项目（如能源、道路、港口和铁路）、改善商业环境、鼓励国外直接投资。莫迪总理在2015年联合国可持续发展峰会上提出，④ 发展必须具有包容性和可持续性，这能给所有利益相关者带来益处：

> 满足世界13亿贫穷人口的需求，这不仅关系到我们的生存和尊严，而且也是一种道德责任，这对实现世界和平、可持续发展至关重要。我们不仅需要通过扩展传统开发计划等措施来解决贫穷问题，而且还需要致力于创造一个全新的、包容的、赋权的时代，从而将遥远的梦想变为可能……我们致力于发展下述基础项目：房

---

① The rate of inflation (March 2016) in India is 5.51 per cent www.inflation.eu/inflation-rates/india/inflation-india.aspx.

② India is ranked 76th among 176 nations in the global corruption index released by Transparency International www.transparency.org/cpi2015.

③ India's Modi signals country won't join FX devaluation race to boost trade, Reuters Business, 12 March 2016 www.reuters.com/article/india-economy-modi-idUS 4N16K063；'India's Modi says his government will push for economic development', Wall Street Journal. 11 June 2014; www.wsj.com/articles/indias-modi-says-his-government-will-for-economic-development-1402505104.

④ UN General Assembly Sustainable Development Summit, 25 September 2015, New York: www.un.org/press/en/2015/ga11688.doc.htm; also see Prime Minister Modi, inaugural address, 2016 International Conference on Rule of Law for Supporting the 2030 Development Agenda/Sustainable Development Goals (4 March 2016, New Delhi) www.narendramodi.in/pm-modi-at-the-international-conference-on-rule-of-law-for-supporting-the-2030-development-agenda-427789.

屋、能源、水和环境卫生等——这不仅仅是为了人类福祉，更是为了人类尊严……我们正在提高农场的生产力，并使其更好地与市场接轨；减轻自然灾害对农民的影响……国家在可持续发展方面有着责任……没有什么比创造一个这样的世界更伟大的了！在这个世界中，每个人都能够看到一个安全、充满机遇和尊严的未来，同时我们也能将生活环境更好地留给下一代……愿所有人都获得快乐、健康和福祉……①

尽管上述目标充满雄心，但印度的社会依旧十分混乱。2015年联合国报告提到，印度有接近3亿人的生活处于极度贫困的状态，而且他们面临着随时可能被剥夺获取健康、教育、水、环境卫生和电力等基础服务的权利（联合国粮农组织2015：46）。② 联合国在关于消除饥饿的报告《2015年世界食品安全状况》中提到，③ 印度有1.94亿饥饿人口，这个数字远超中国。印度联邦及各邦政府的政策和法律，为政府以微薄的补贴获得农民肥沃的土地、采取投机性投资、修建工矿企业或高速公路、城市无序扩张等行为提供了便利。这些行为致使农民陷入严重的债务危机，并出现了大量的农民自杀事件。④ 由于65%的印度人口都以耕地为生，因此这些掠夺土地的行为会严重影响到农民和当地人的生计。据活动领袖凡达娜·席娃（Vandana Shiva）所言：

……政府依据《土地征用法》，将农民的土地以每平方米300卢比（6美元）的价格收购后，开发商又以每平方米60万卢比（13450美元，比原价上涨了200000%）的价格将上述土地转让以获取利润，

---

① See n 3 on the prevlous page.

② UN Economic and Social Commission for Asia and the Pacific,'India and the MDGs: towards a sustainable future for all'UN India Report, 5 February 2015 www.unescap.org/resources/india-and-mdgs-towards-sustainable-future-all.

③ www.fao.org/hunger/en/.

④ 'There is no reason why India should face hunger and farmers should commit suicide' Eco Watch, 14 August 2015 http://ecowatch.com/2015/08/14/vandana-shiva-india/; see also 'Indian land bill: "We're losing not just land, but a whole generation of farmers"', *Guardian*, 12 May 2015 www.theguardian.com/global-development-professionals-network/2015/may/12/agriculture-in-india-collapse-farmer-debt-land-acquisition-bill.

而上述方式会直接导致贫穷、强占和冲突。①

促进2030年发展议程/可持续发展目标国际法治会议（2016年3月4日，新德里）确定了GDP高速增长的目标，这显示出在当前社会背景下，人们对环境问题深表忧虑。环境权和发展权的相遇会导致一个国家悖论的产生。例如，环境权会受到工业化、现代化和消费主义的影响，而这些影响会造成空气污染和水污染。据2016年世界卫生组织城市环境空气污染数据库所示，② 在全世界排名前30被列为世界上受污染最为严重的城市名单中，印度就有16个城市上榜。6个印度城市，它们分别为：瓜廖尔（Gwalior）、阿拉哈巴德（Allahobad）、拉特纳（Patna）、赖布尔（Raipur）、卢迪亚纳（Ludhiana）和德里。在印度，PM2.5s（低于2.5微米的超细粒子）的量值最高，这直接会对人体的心肺造成严重损害。在水资源方面，德里的水已经不宜饮用，而且印度无法获取安全饮用水的人数是最高的，有近7600万人口无法获得安全的饮用水。此外，每年死于痢疾的印度儿童接近14万（水援助组织2016：9）。令人悲哀的是，空气和水质问题竟成了人们日常生活所面临的巨大挑战。

发展权通常被视作强大商业既有利益之反映，而非促进社会平等的福利。经济全球化创造了许多投资机会，但同时导致当地人被迫搬迁和当地生态系统遭受破坏。在印度，有近40%的部落居民会因修建大坝、发电厂和开采矿藏而被迫搬迁，尽管他们只占据印度人口的8%（印度部落事务部2014：49—50）。印度政府大力支持外国公司和工厂来投资能源和矿产项目，但这将直接导致不可持续发展。这种"发展"使得穷人和边缘人群不停地承受着损害甚至面临死亡。韦丹塔资源集团（Vedanta Resources）在奥利萨邦（Odisha）进行综合钢铁厂建设（广为人知的POSCO项目）和在奈彦吉利山（Niyamgiri Hills）上进行的矿产开采就充分说明了这一点。③

---

① 'The great land grab: India's war on farmers' Aljazeera (Opinion Environment) 7www.aljazeera.com/indepth/opinion/2011/06/20116711756667987.html.

② www.who.int/phe/health-topics/outdoorair/databases/cities/en/.

③ An independent report, published by a human rights NGO in 2013 on the POSCO project tells the story of a human rights crisis induced by mega-development projects that would lead to the forced

2016年3月，环境和森林部部长普拉卡什·雅瓦德卡尔（Prakash Javadekar）提到，为了"提高经商便利度"① 和创造一个有益的投资环境，环境和森林部在21个月②里批准了943个项目的环境清拆许可③。然而证据表明，为使经济复苏，环境保护的相关法律和程序都被忽略或者简化，这主要包括在申请环境清拆许可过程中未能提供强制性文件，以及不充分的公众参与、蓄意隐瞒或提交虚假性或误导性信息。④ 科学和环境研究中心的一项关于德里的研究显示，2014年6月到2015年4月，有103个矿藏项目和54个基础设施项目被授予了环境清拆许可。煤炭开采行业是特别的受惠者，因为这些污染严重的项目仅通过简单的听证程序就获得了许可。⑤ 数据表明，"由于这些项目正在申请许可，而且许可程序比较复杂，

---

migration of many thousands of poor people (International Human Rights Clinic, ESCR – Net: 2013); Vedanta Resources is a London-based company. Its slogan is 'Creating happiness', exercised through its social responsibility programmes. It received the Golden Peacock Award for environmental management. Nevertheless, in India it has been repeatedly found to violate laws on environment protection and human rights. See 'Vedanta Resources lawsuit (re Dongria Kondh in Orissa)' (2014) Business and Human Rights Resource Centre and the extensive resources linked to the report http://business-humanrights.org/en/vedanta-resources-lawsuit-re-dongria-kondh-in-orissa.

① 经商便利度：世界银行建立的评价经济政策的一项指标。——译注

② 'Green nod for 943 projects in 21 months' *Indian Express*, 31 March 2016 http://indian-express.com/article/india/india-news-india/prakash-javedekar-environment-projects/.

③ 2006年环境影响评价通知要求新建、改建项目或活动必须经过环境清拆许可程序。在经专家评审委员会推荐以前，所有的项目均需获得环境清拆许可，进而对项目进行筛选、评估。专家评审委员会向环境和森林部作出明确的建议。若委员会不同意授予许可，环境和森林部可要求专家评审委员会在45天内重新审核。然而，最终仍由环境和森林部决定。参见 Gitanjali Nain Gill, 2010, Environmental Protection and Developmental Interests: A Case Study of the RiverYamuna and the Commonwealth Games, Delhi. *International Journal of Law in the Built Environment*, Volume 6, Issue 1/2. ——译注

④ See e.g. Scheduled Tribes and Other Traditional Forest Dwellers (Recognition of Forest Rights) Act 2006; Scheduled Tribes and Other Traditional Forest Dwellers (Recognition of Forest Rights) Rules 2007 and 2012; Panchayats Extension to Schedule Areas 6 1996. Often there is failure to implement the letter of the law thereby making it of symbolic value.

⑤ 'NDA's environmental clearance record not significantly different from UPAs' Centre for Science and Environment, 26 May 2016 www.cseindia.org/content/nda%E2%80%99s-environmental-clearance-record-not-significantly-diifferent-upa%E2%80%99s-says-analysis-cse.

故而不得不停止有关环境保护的工作"①。发展这些基础设施项目会导致边缘人群和穷人（尤其是部落居民）被迫搬迁。搬迁、森林采伐、农业用地流失和环境退化的"回波效应"②（Mohanty 2011：67）使这些穷人更加远离主流社会，从而无法实现理想中的大融合。国家这样做的主要目的，不仅是追求经济发展模式与公司利益相适应，而且是为了篡改和推翻那些保护部落穷人和边缘人群权利的法律措施。例如，在一桩不承认部落社区林地权的案例中，争议性的立法草案（为发展工业而减少部落林地）并未获得格拉姆·萨博哈（Gram Sabha）村委会的事先同意（Sethi 2016）。

莫迪总理对"好日子"③（指好时代，包括善治、透明、发展和就业）的承诺仍未实现。历届政府都在经济发展方面目光短浅，思维狭隘。现届政府的挑战在于是否延续历史对社会弱势群体的一贯态度，尤其是对部落居民的不公、不平等和歧视。而穷人是否会一直被迫经历贫穷、流离失所、受尽剥夺和遭受环境恶化的后果呢？

复苏印度经济是必要的，但这绝不意味着可以损害环境。我们需要创造一个"包容性发展模式"，通过该模式在人类需求、经济发展和环境保护之间寻找平衡，从而给社会大众尤其是弱势群体提供公共设施和就业机会，让他们能够获得有尊严、有地位的生活。在这样的语境下，司法机关，尤其是国家绿色法庭是当代人和后代人环境利益的主要捍卫者。印度最高法院的历史重大意义在于创造了公益诉讼这一工具，它不仅能给穷人提供诉诸司法的路径，而且能在环境案件中为弱势群体大胆说话。

当前，国家绿色法庭已成为审理环境案件的主要机构，并构建了印度最高法院关于环境法庭的审判规则。经济发展和环境保护之间的紧张关系，同样反映在印度联邦及各邦政府机构、企业部门、国家绿色法庭的机

---

① Ibid., also see South Asia Network on Dams, Rivers and People, 'Rampant environmental violation of Maharashtra water resource department' 21 June 2014, http://sandrp.wordpress.com/2014/06/20/press-release21-06-14-rampant-environmental-violations-of-maharashtra-water-resource-department/.

② 回波效应是由1974年诺贝尔经济学奖获得者冈纳·缪尔达尔（Gurmar Myrdal）提出的。所谓的"回波效应"是指经济活动正在扩张的地点和地区将会从其他地区吸引净人口流入、资本流入和贸易活动，从而加快自身发展，并使其周边地区发展速度降低。——译注

③ 'Achhe din' was the Hindi slogan of the ruling Bharatiya Janata Party for the 2014 Indian general election.

构发展和功能构建的关系上。绿色法庭通过程序和判例法表明，乐意依据2010年《国家绿色法庭法》、宪法命令和相关环境法规的规定来促进可持续发展。国家绿色法庭坚决并成功地执行由邦政府制定的环境法规，以保护环境和促进公共福利。印度判例法表明，绿色法庭有能力和意愿通过透明度、问责制建设来实现善治和环境民主。

研究方法

我于2014年开始研究该项目，随后出版了本书，但我的环境研究工作仍在继续。英国科学院通过科研补助金给予我财政支持，这使得我有机会多次到访印度。与2014—2015年进行的几次访问相比，本次访问的时间更长、效率更高，这让我有更多的时间待在德里、普纳、博帕尔、金奈和加尔各答：这些城市都是国家绿色法庭的所在地。国家绿色法庭的法官和法庭常务官都乐意抽出时间分享他们的经历和想法，他们的支持使我的研究工作进展得既高效又愉快。我进行访谈大多采取半结构化、开放式记录和转录的形式。其中，有些访谈采用一对一的方式，有些访谈可能会涉及两名审判人员，后续的访谈基本遵循上述模式进行。他们还允许我就区域法庭数量的"增长"进行追踪研究，这让我能有机会充分了解国家绿色法庭的发展模式。随着时间的流逝，印度司法机构和法律法规都在不断变化，国家绿色法庭的能力和影响力也得以增强。

此外，我采访了曾经在国家绿色法庭出庭的律师、非政府组织代表和那些认可国家绿色法庭的人们。随着人们对国家绿色法庭的认同，它的外延逐步变得广泛起来。人们逐渐将绿色法庭视为有意愿保护环境、认同并支持公共利益的机构。我总共进行了110次访谈。没有什么可以代替亲临"庭审现场"观察。因此，我花时间坐在法庭上观察所呈递、辩论和判决的案件。例如，2014年7月，我旁听了金奈法庭审理阿姆里特·马哈尔·卡瓦尔的案件。[1] 由于承担着教学任务，我不得不在气温高达40多摄氏度的季节到访印度，这使我的印度之旅和相关科研都变得十分艰难。但令我欣慰和感激的是，印度绿色法庭安装了空调！我阅读、分析且分类了2011年7月至2015年9月公布在国家绿色法庭网站上的1130个判决书，并且用SPSS软件对上述文书进行了分析。统计结果将呈现于本书的

---

[1] *Leo Saldhana v Union of India* (Judgment 27 August 2014). See Chapter 4.

第六章。印度英语有着它独特的语法和标点习惯,所有从访谈和案例中获取的信息都忠实于原文。最后,需要说明的是,本书一定程度上引用了我之前出版的关于国家绿色法庭的研究成果。

本书的结构

本书分为七章。第一章介绍了人们的环境意识有所提高,而且逐渐认识到保护环境不仅是个人的责任,也是组织、国家、区域或跨国公司的责任。同时,考察了先进的司法机构在积极执行环境法律法规时的角色和作用。最后,描述了发达国家和发展中国家的几种不同类型的环境法院和法庭。

第二章主要是追溯环境公益诉讼的历史需求、发展历程和相关活动。典型的环境公益诉讼案件呈现出司法能动主义的特点。本章特别就环境公益诉讼和环境保护进行了研究,并对环境公益诉讼的实体性和程序性问题进行了分析。通过回顾最高法院判决中的附带性意见和印度法律改革委员会的建议,来探讨是否需要设置一个专门的环境法庭。同时,本章还记录了议会通过《国家绿色法庭法》及早期国家绿色法庭的情况。

第三章考察了2010年《国家绿色法庭法》以及这些法定权力是如何被国家绿色法庭公平解释和执行的。本章特别就国家绿色法庭的机构组成、权限和程序进行了考察,从而展现出法庭是如何成功解释其程序范围、如何将有进步意义的判决的影响力拓展至法院之外,并产生广泛的社会和经济影响。

第四章阐述了印度所接受的国际条约和义务是如何被纳入《国家绿色法庭法》之中的。既有的全球环境法原则包括风险预防原则、污染者付费原则和可持续发展原则。本章也讨论了国家绿色法庭适用上述原则判决案例的情形。

第五章提到机构利用科学知识进行的实证研究十分有限。在国家绿色法庭的判决中,哈斯(Hass)关于"知识运用"(2007,2014)的理论和斯凯瑞福勒(Schrefler)的三个象征性、工具性和战略性科学知识(2010,2014)得到了探索和检验。与此同时,科学和技术专家在法庭中的角色得以考察。在印度进行的机构访谈工作显示:技术专家以创新性角色作为国家绿色法庭的成员,他们能够促进和影响国家绿色法庭的判决能力,而且他们能够通过提供科学的政策对国家及地区的法规产生广泛影响，且这种影响不仅限于法庭内。

第六章分析了国家绿色法庭的案件数据。本章对 1130 个国家绿色法庭的案例进行了编码和分析。分析发现，绿色法庭审理的案件呈逐年递增趋势，这表明公众逐步乐意于接受国家绿色法庭，而且将其视为一个能够实现环境正义的新法庭。非政府组织、社会活动者和具有公益精神的个人对"受害人"的理解，反映出他们对诉讼主体资格进行了扩大解释。事实证明，几乎一半的案件都是由上述组织或个人所提起。此外，国家、各成员邦的公共机构、工商界普遍存在监管失灵的情况，这可通过起诉的案件量得以证明。

最后一章主要讨论了国家绿色法庭所面临的挑战和取得的成功。由于缺乏国家和各成员邦的支持，最初的诉讼往往十分困难。所以只有在最高法院干预后，国家绿色法庭才得以有效建立。此外，本章在萨德达比和维亚莱（Suddaby and Viale）（2011）所提出的理论框架中，回顾了国家绿色法庭的历史、困难和活动，从而让读者能够更好地了解国家绿色法庭。

上述七章详细记录和分析了国家绿色法庭的发展情况。作为一个极为有力、专业的司法机构，国家绿色法庭还配有法官和技术专家。可见，国家绿色法庭不仅仅是参与判决过程的实体机构，而且还是超越传统、单一的法律问题及普通法救济的司法机构。除此之外，国家绿色法庭能够参与、产生和执行科学决策，而且其职能已从法庭内部扩展到了更广泛的社区。可以说，国家绿色法庭持续改变着印度环境司法的面貌。

参考文献

Haas, P M (2007) 'Epistemic communities' in D Bodansky, J Brunee and E Hey (eds), *Oxford Handbook of International Environmental Law* (OUP) 791-806.

Haas, P M (2014) 'Ideas, experts and governance' in M Ambrus, K Arts, E Hey and H Raulus (eds) *The Role of 'Experts' in International and European Decision-Making Processes: Advisors, Decision Makers or Irrelevant Actors?* (CUP) 19-43.

International Human Rights Clinic, ESCR-Net (2013) *The Price of Steel: Human Rights and Forced Evictions in the POSCO-India Project* (NYU School of Law).

Ministry of Tribal Affairs (May 2014) *Report of the High-Level Committee on Socio-Economic, Health and Educational Status of the Tribals of India* (Ministry of Tribal Affairs).

Mohanty, R (2011) 'Impact of development project on the displaced tribals: a case study of a development project in eastern India' September-October *Orissa Review* 67-73.

Schrefler, L (2010) 'The usage of scientific knowledge by independent regulatory agencies' 23 (2) *Governance* 309-330.

Schrefler, L (2014) 'Reflections on the different roles of expertise in regulatory policy making' in M Ambrus, K Arts, E Hey and H Raulus (eds) *The Role of 'Experts' in International and European Decision-Making Processes: Advisors, Decision Makers or Irrelevant Actors?* (CUP) 63-81.

Sethi, N (2016) 'Opposition criticises government's move to dilute Forest Rights Act' Business Standard (e-paper), 5 May www.business-standard.com/article/economy-policy/opposition-criticises-government-s-move-to-dilute-forest-rights-act-116050500042_1.html.

Suddaby, R and Viale, T (2011) 'professionals and field-level change institutional work and the professional project' 59 (4) *Current Sociology* 423-442.

UN Food and Agriculture Organization (2015) *The State of Food Insecurity in the World: Meeting the 2015 International Hunger Targets: Taking Stock of Uneven Progress* (FAO UN).

WaterAid (2016) *Water: at what cost? The State of the World's Water 2016* www.wate-raid.org/news/news/water-at-what-cost-our-latest-report-reveals-the-state-of-the-worlds-water.

第一章

环境正义：一个全球视角

环境问题全球化和环境法的国际化发展导致各国出现了越来越多关于环境司法发展问题的论述。这些论述包括识别、分析和呼吁对环境利益和环境负担进行分配（Walzer 1983：6；Brighouse 2004：2），对政治和文化领域里的受害人或团体予以重视（Taylor 1986；Young 1990：22；Honneth 1992）以及在程序方面关注参与机制（Schlosberg 2007：25-29；Holifield et al. 2011：10）。一开始，论述集中于不同地域的环境退化、人群的比例失衡及分配不均的问题上。"环境正义"这个提法来源于1982年发生在美国北卡沃伦县的一个事件（Agyeman 2005：14）。在这个事件中，有毒废物被倾倒在一个边缘社区，因此遭到该社区人群的抵制。事件的结局是"人们因为阻止倾倒有毒废物的行为而锒铛入狱"（Geiser and Waneck 1994：52；Agyeman 2005：14）。由于时间大致相同，这场富有争议的事件通常和纽约拉夫运河废物污染事件相联系（Dobson 1998：18）。上述骇人听闻的事件表明，贫穷或低收入人群和他们所处的环境之间存在着一定的关联性。萨斯（Szasz）注意到："通常情况下，有毒物质的受害者都是贫穷或收入不高的工薪阶层。他们面对的环境问题和他们的收入情况密不可分。住在贫穷社区中的居民更容易受到工业污染"（1994：151）。同理，普利多（Pulido）强调："正是贫穷者和社会边缘的人承受了大部分环境污染和资源退化的后果——无论是有毒物质的倾倒、耕地开垦或者全球气候变化——仅仅是因为他们更加脆弱且没有选择余地"（Pulido 1996：XV-XVI）。

在美国城市中心，反对剧毒物质的运动已经融入反对环境种族主义的运动中。本杰明·查韦斯（Benjamin Chavis）创造了"环境种族主义"一词，并解释道：

环境种族主义是一种体现在环境政策的制定以及环境法律法规执行中的种族歧视。政府故意选择有色人种社区作为有毒废物工厂的建造地，政府官员默许具有生命威胁的有毒物质和污染物存在于有色人种社区中，而且历史上曾有将有色人种排挤出环境运动领导层的先例。

（Chavis 1993：3）

研究表明，环境种族主义主要盛行于"特定社区，尤其是有色人种社区"，它们"较白色人种社区而言，更易成为有毒物质倾倒地"（联合基督教会 1987；Bullard 1990；Adeola 1994；Agyeman 2005：15）。路易斯安那邦的"癌症村"就是其中之一，"数亿吨有毒化学物质被倾倒在这个村子"（Shrader Frechette 2002：9）①。其他的例子包括马拉林加的核试验、澳大利亚的早期铀矿开采（Jessup 2012：50）、法国阿尔萨斯（Alsace）地区的钾盐开采导致含盐类物质水渗入荷兰的土地（Kiss and Shelton 2003：105）。这些环境斗争都是在社会正义和公民权益的框架下进行的。这些斗争帮助人民建立了一条通往环境正义的道路，并影响着公共政策。

随着时间的流逝，环境正义的概念在大量司法管辖领域中得以再定义，包括公平、平等、诉讼资格、发展中国家的弱势群体之权利，以及确保他们能够参与到促进环境治理和生态保护的案件决策中（Shrader Frechette 2002：8-12；Holifield et al. 2011：6）。例如，博帕尔汽油事件就表明，发展中国家的人民比发达国家的人民面临更为严重的环境威胁。② 发达国家向发展中国家倾倒电子垃圾的事件是另一例证。据 2015 年联合国

---

① Other instances include African-American communities with a lead smelter plant adjacent to their public housing; the native American Navajo tribe subjected to serious abuses from uranium mining in Churchrock, New Mexico.

② This is a catastrophe without parallel in industrial history. At around midnight on 23 December 1984, there was a methyl-isocyanate gas and other toxins leak from the Union Carbide Indian Ltd (UCIL) pesticide plant in Bhopal, Madhya Pradesh. UCIL was the Indian subsidiary of US company Union Carbide Corporation, now a subsidiary of Dow Chemicals. Lax standards caused the tragedy which resulted in over 500,000 people being exposed to the deadly gas. The official deathcount was 3787 but other agencies estimated 15,000. The horrific effects continue to this day. The plant continues to leak and pollute, affecting thousands who depend on the groundwater.

的报告，每年向发展中国家非法交易或倾销的电子垃圾占世界的90%，其价值接近190亿美元（联合国报告2015：6—8）。大规模危险废物（如电子设备和电气设备）的运输目的地往往有非洲和亚洲（联合国报告2015：6—8）。① 非法运输废弃物的主要动力来源于处理废物所产生的收益。但事实上，这些废弃物要么被倾倒，要么未经过安全回收（联合国报告2015：8）。

在不断变化的政治氛围和环境保护优先的认识中，定义环境正义极具挑战性和争议性。学者们逐步认识到，人们所关注的重点不应局限于对环境危害和设施及特定区域中资源保护的分配问题。还需要关注典型的地方政策和实践，因为这些政策和实践可通过全球网络的推广，产生跨国界、影响范围广泛的效果（Holifield et al. 2011：5）。② 因此，环境正义的含义变迁是实现探索的重要切入点。斯勒斯博格（Schlosberg）的研究指出，环境正义运动通常十分广泛，其呈现出多元化和包容性，"对正义的定义和论述的范围，从基于个人分配问题到基于社区功能存续问题"（Schlosberg 2007：5）。在哲学理论基础（Young 1990; Fraser 2000）上③，斯勒斯博格提出了环境正义的定义。它由四个概念组成：环境利益和损害负担的合理分配；获得个人和社会团体的认可，从而维护自尊和自主权；协商和民主参与的存在；个人、团体和自然生态环境之间的和谐构建（Schlosberg 2007）。

在全球南部地区发展中国家（包括印度）的语境下论述环境正义，意味着消除贫困存在多重挑战。不幸的是，被剥夺政治和经济权利的群体，也同时被剥夺了平等享有环境资源和参与环境决策的机会。在人类需求、经济增长和包容性发展的环境需求中寻求平衡，将会促进人类福祉和改善人类生活。环境正义的讨论必然与可持续发展模式相关联，即在发展

---

① Ghana and Nigeria are among the largest recipients, although high volumes of e-waste are also transported to Cote d'Ivoire and Republic of Congo. In Asia, China, Hong Kong, Pakistan, India, Bangladesh and Vietnam bear the brunt of illegal e-waste shipments.

② Holifield et al. (2011) provide instances, e.g. In Barcelona where policies to promote urban sustainability displace environmental problems to regional level and, in New York, community-based mobilisations against solid waste incineration helped rectify environmental health disparities at neighbourhood level but promoted regional injustices through export of waste to rural localities.

③ Reliance was also placed on the work of Nussbaum and Sen (1992).

过程中促进环境可持续性和完善参与机制（Ako 2013：3—5）。本章集中在强制程序方面，要求建立公平、开放、知情和包容的国家程序机制。基于该考虑，将司法审判视为矫正环境损害或破坏以及保护和实现合法权益的途径变得十分重要。

实现正义和环境法治

实现正义是民主治理的支柱。而正义是通过达成公正和平等的结果以支持法治实现的。法院允许人们就政府机构、公司和个人侵犯宪法赋予他们的基本权利的行为寻求救济。联合国发展规划署将实现正义定义为"在人权标准下，人们通过正式或非正式的司法机构来寻求和获得救济的能力"（Jayasundere 2012：11）。

1992年《里约宣言》的原则10规定，环境权不仅包括获得信息和参与决策的权利，也包括有效诉诸司法和行政程序的权利，还包括获得补偿和救济的权利。人们认为，原则10包含了良好环境治理之基本要素的全球框架，其特征是促进环境民主和法治（联合国环境规划署2015）[1]。环境权不包括参与政府决策的权利，因为这可能会造成政府决策结果朝着"环境损害、不可持续发展和社会不公平的方向发展"（David 2012：8）。《奥胡斯公约》[2] 进一步强调了原则10，并规定了具有强制约束力的环境义务，同时强调政府责任、透明度和回应性，从而

---

[1] See also the 12 Bali Guidelines 2010 that deal with access to justice in environmental matters, demonstrating the importance of the rights-based approach in implementing Principle 10 of the Rio Declaration guideline 15 (access to review procedures relating to information requests); 16 (access to review procedures relating to public participation); 17 (access to review procedures relating to public or private actors); 18 (liberal standing provisions); 19 (effective procedures for timely review); 20 (access should be not prohibitively expensive and assistance should be availablei); 21 (prompt, adequate and effective remedies); 22 (timely and effective enforcement); 23 (information provided about access to justice procedures); 24 (decisions to be publicly available); 25 (promoting capacity-building programmes); and 26 (ADR).

[2] Article 1 reads: each Party shall take the necessary legislative, regulatory and other measures, including measures to achieve compatibility between the provisions implementing the information, public participation and access-to-justice provisions in this Convention, as well as proper enforcement measures, to establish and maintain a clear, transparent and consistent framework to implement the provisions of this Convention.

支持诉诸司法和实现法治。①

　　法治是一个动态的、多维的概念，其与尊严、自由、公平、正义、民主和/或人权等价值交织在一起。法治作为一种"卓越的合法政治理念，其含义依旧难以确定"（Preston 2011：2 and 17）。② 法治是善治的基石，对经济和社会发展十分重要。法治具有参与性、开放性、问责性、预测性和透明性的属性，这能给公共机构有效公平运作提供信心，能确保没人能凌驾于法律之上（Preston 2011：2 and 17）。③ 法治定义应以国家层面的功能为重心，并确保司法渗透到各个层面。联合国将法治定义为：

　　　　法治是一项基本原则，个人、机构和实体（包括公共性和私人性）、国家都应遵守法律，而法律应该公开颁布、平等执行和独立裁决，同时需符合国际人权规范和标准。法治要求采取措施来确保法律至上、法律面前人人平等、法律责任、公平适用法律、权力分立、决策参与、法律确定性、避免任意性、程序和法律的透明性。④

　　自2012年联合国可持续发展大会（里约+20峰会）之后，在环境事务中，法治作为国际化发展的重要结果获得广泛推崇。《我们想要的未

---

① Lord Carnwath, UK Supreme Court Justice, observed: No less important is principle 10: the right to public participation. That has three 'pillars': the right of the public to relevant information held by public authorities, the right to participate in the decision-making process, and the right to effective access to judicial and administrative proceedings to enforce those rights. This simple, tripartite formula has proved pervasive and highly effective. It has been given more elaborate and binding form in Europe in the Aarhus Convention. (Canwath 2015: 270-271)

② For a detailed discussion on defining the concept of the rule of law, see Berg and Desai (2013): 5-8; Tamanaha (2004).

③ Preston stated the idea of rule, of a government limited by law, involves two components. First, the government must abide by the currently valid law. The government may change the law, by Parliament enacting statutes or the executive exercising delegation to make subordinate rules, but until the law is changed, the law must be complied with. Second, even when the government wishes to change the law, it is not entirely free to change it in any way it desires because there are certain restraints on the law-making power. These restraints are to be found in constitutional, statutory and common law. (2011: 4)

④ UN GA Resolutions of the High-Level Meeting of the GA on the Rule of Law at National and International Level: Resolutions No 67/1, UN Doc A/Res/67/1, 24 September 2012 and No 67/97, UN Doc A/Res/67/97, 14 December 2012.

来》报告（联合国 2012 年）指出，法治是可持续发展的中心，这种可持续发展包括持续性和包容性的经济增长、社会发展、环境保护和消除贫困与饥饿。一个先进的制度框架是具备有效、透明、负责和民主特征的，而且是实现可持续发展议程的先决条件。①

联合国环境规划署关于《环境可持续性的正义、治理和法律》的世界大会强调环境可持续性②，并促成了里约+20 峰会，声明环境可持续性只有在公正、有效和透明的国家管理和法治基础上才能实现：

    a 公正、清晰和可执行的环境法律；

    b 依据原则 10，实现公众参与决策、获取信息和诉诸司法，该原则借鉴了《奥胡斯公约》在环境事项上信息公开、公众参与决策和诉诸司法方面的规定；

    c 机构与决策者的责任和廉正，包括环境审计和执行机构的积极参与；

    d 明确和协调的授权及角色；

    e 可诉、公平、公正、及时、有响应的争端解决机制，包括在环境判决、创新性环境程序和救济中出现的专家意见；

    f 认识人权与环境之间的关系；

    g 环境法的具体释义标准。③

因此，如若不能实现法治，那么，建立公开、公正、可靠的法律秩序，环境可持续性仍将无法实现。对于一个强有力的环境保护法律框架而言，勤勉的执法和有效的司法是支撑法治和环境可持续性的基础。

2013 年 2 月，联合国环境规划署的管理委员会第 27/9 号决定创建了"环境法治"一词，这给环境事务中的法治建设注入了新的活力，可以减少违反环境法律的行为并实现可持续性发展。第 27/9 号决定要求执行主任"领导联合国，支持各国政府，并在各个层面上发展和实现环境法治（重点强调），以相互支持实现治理功能④……"这些要求是第一次出现在

---

① Preamble, point 10.

② 17-20 June 2012 Rio de Janeiro, www.unep.org/rio20/Portals/24180/Rio20_ Declaration _ on_ Justice _ Gov_ n _ Law_ 4_ Env_ Sustainability.pdf.

③ Part 2 Rio+20 Declaration on Justice, Governance and Law for Environmental Sustainability.

④ UNEP/GC. 27/17, Decision 27/9, 26, para 5（a）. www.unep.org/GC/GC27/Docs/ Proceedings/K1350945. pdf.

国际谈判文件中。环境法治全球研讨会（2014年6月23—27日，内罗毕）上重申，环境法治对于实现可持续发展和环境正义是不可或缺的。① 实现环境法治的基础在于严格遵守法律，而且应当将环境权作为基本人权写入宪法。严格执行和独立适用环境法律规定，有助于实现环境法治，从而能减少贪污腐败，并实现公正司法、权力分立、决策参与、尊重人权和环境正义。

2015年后的可持续发展目标议程，尤其是目标16，承认实现正义、法治和高效包容的制度是可持续发展的重要组成部分。② 法治不再是一种选择，而是一种先决条件。若无法治，就无法实现经济公平增长、社会全面发展和环境可持续性。《2030年议程》③ 将正义和环境法治作为发展的核心。在正义元素中，公正的司法系统和民主的治理机构都是可持续发展过程中不可或缺的一部分。以环境法治为基础的专门司法和环境法律能够确保善治和可持续发展目标的实现。

就区域层面而言，环境法治对实现可持续发展的贡献日益受到人们的重视。这涉及对概念的普遍理解，认识当前发展趋势和提供知识基础，以支持作为可持续发展基础的环境法律、政策和制度。第一次亚洲和太平洋关于环境法治④的国际讨论会上的布城声明和第一次非洲关于环境法治⑤的国际讨论会上的内罗毕声明，都重申了环境法治对于环境正义和可持续发展的必要性。2015年3月30—31日，在牙买加召开的美洲国家环境法治会议旨在促进美洲的环境法治发展并为环境善治作出贡献。⑥ 因此，环境法治的关键部分包括：完善且可执行的法律、诉诸司法和信息公开、公众参与、责任制、透明度、环境损害责任、公平公正执行纠纷解决机制和人权。

近期，人们强调环境法治作为环境治理和环境司法的一项制度，能够

---

① www.unep.org/delc/worldcongress/.

② www.un.org/sustainabledevelopment/peace-justice/.

③ UN,'Transforming our world the 2030 Agenda for sustainable development' https://sustainabledevelopment.un.org/post2015/transformingourworld.

④ Putrajaya, Malaysia, 12 December 2013 www.unep.org/delc/worldcongress/Work shopsand Events/The Putrajaya Statement/tabid/132340/Default.aspx.

⑤ Nairobi, 14 – 16 October 2015. www.unep.org/delc/worldcongress/WorkshopsEvents/ tabid/105856/Default.aspx.

⑥ www.oas.org/en/sedi/dsd/ELPG/aboutELPG/Events/IA_congress_2015.asp.

对人类可持续发展有所贡献。它通过一套法律和社会制度来为那些寻求对法律权利与义务进行修正和执行的人提供一个可预期性与不变的基础。它基于权利本位的方式引导环境事务的决策，通过消除环境恶化的总体影响，特别是对世界上最贫困和最脆弱的人群的影响，最终产生一个更好的结果。司法制度在环境法治中的角色，保证了人们平等地诉诸司法和获得法律支持，因而其角色十分重要。

司法制度：环境法的遵守和执行

司法制度的角色十分重要。它在"法律和监管框架的规范性解释中扮演着领导者角色"①。卫拉曼特雷（Weeramantry）法官在评论班加罗尔的司法指导性原则时认为，"一项无正直、无异议的司法制度对于遵守环境法律而言是必要的"（联合国 2007：5）。② 越来越多的人在探讨，法官应该如何在实现全方位环境可持续和人权保护中扮演核心角色。《21世纪议程》强调，需提供一个有效的监管框架，以提升国家法律制度应对国家治理和法律制定及适用问题的能力。③ 联合国环境规划署在强调司法制度角色方面起着关键作用。例如，2002年于约翰内斯堡（Johannesbarg）举行的全球法官研讨会上，联合国环境规划署声明采取可持续发展原则并强调法律的作用：

> 我们强调全球环境的脆弱状态，并要求司法制度担任法治的守护者，在环境和可持续发展中大胆勇敢地执行相应国际及国内法律，这

---

① Keynote address, ADB Vice President B Davis, Fifth Asia-Pacific Judicial Reform Forum Meeting, 31 October-1 November 2013, Singapore.

② The Bangalore Principle of Judicial Conduct 2007 highlight seven core values independence, impartiality, integrity, propriety, equality, competence and diligence. www.unodc.org/documents/corruption/publications_unodc_commentary-e.pdf.

③ Chapter 8, Agenda 21, paras 8.13, 8.26 www.un.org/esa/sustdev/documents/agenda21/english/Agenda21.pdf. Article 23 World Charter for Nature 1982 provides: 'all persons, in accordance with their national legislation, shall have the opportunity to participate, individually or with others, in the formulation of decisions of direct concern to their environment, and shall have access to means of redress when their environment has suffered damage or degradation'. Additionally, the World Commission on Environment and Development Expert Group on Environmental Law Article 20 'Our common future', Annexe 1, adopted legal principles for environmental protection and sustainable development ensuring 'due process and equal treatment in administrative and judicial proceedings to all persons who are or may be affected by trans-boundary interference with their use of a natural resource or the environment'.

将有助于减少贫困和保护文明，确保当代人能够享受和提高生活质量，同时也确保后代人固有的权利和利益不会受损。我们始终认为，现在迫切需要提升法官、检察官、立法者以及所有在环境法律（包括多边环境协议）执行、发展和实施过程中扮演重要角色者的能力……尤其是通过司法程序。①

联合国环境规划署的执行董事卡鲁斯·特普菲尔（Klaus Toepfer）在2005年联合国环境规划署的全球法官计划中这样说道：

> 就环境保护领域而言，在众多的利益相关方中形成一个全球性的合作伙伴关系是非常重要的。环境保护在《联合国千禧年宣言》中被认为是人类普遍肯定的价值：将自由、平等、团结、宽容、敬畏自然和共担责任这些价值编织成我们社会一部分的过程中，司法扮演着一个很重要的角色，其通过判决和宣言来促进环境管理、维护法治和保持环境、社会和发展中的平衡。
>
> （联合国环境规划署：Ⅴ；alsosee Kaniaru et al. 1998；Decleris 2011）②

再次强调，促进司法制度在环境事务和专门环境司法中的主导地位，这在许多国际论坛和相关文件中被认可并得到推行。独立的司法制度和司法程序对于环境法的发展和执行是非常关键的。国家、地区和全球层面的司法制度在促进国际和国家环境法律与环境宣言的遵守、实施和执行方面十分重要。③

---

① www.unep.org/delc/judgesprogramme/GlobalJudgeSymposium/tabid/106158/Default.aspx. See also London Bridge Statement 2002 http：//weavingaweb.org/pdfdocuments/ London%20Bridge%20Statement.pdf；Rome Symposium 2003 http：//weavingaweb.org/ pdfdocuments/LN290304-Rome%20Statement%20FINAL.pdf Stein 2006：56 Justice Paul Stein，'Why judges are essential to the rule of law and environmental protection'；https：//portals.iucn.org/library/efiles/html/EPLP-060/section9.html；Justice Amedeo Postiglione，'The role of the judiciary in the implementation and enforcement of environmental law' www.eufje.org/image/docConf/bud2014/presAP2%20bud2014.pdf.

② See also UNEP Report（2004）UNEP/GC.23/INF/10 at 6，14-15.

③ See n1（Page4）、1（P6）、2（P6）、3（P7）above；First UN Environment Assembly Global Symposium on Environmental Rule of Law 2014；First African Colloquium on Environmental Rule of Law，Nairobi Statement 2015.

在亚洲和太平洋地区，亚洲开发银行积极地通过知识共享和能力建设促进绿色司法发展。根据2015年亚洲开发银行的报告，在过去的十余年中，这一地区因为开发失去了1800万公顷的森林，还因为大火失去了1000万公顷的森林；从经济层面讲，每年因为大火、糟糕的森林管理和不加控制的采伐及盗伐而造成的损失大约为价值4.5万亿美元的森林覆盖量。亚洲的山地和海拔较高地区的生态系统已经受到人类活动的威胁，主要原因是人口剧增、无计划的基础设施建设和低投入的生态保护。淡水生态环境受到新建巨型水坝项目的严重威胁，此类巨型水坝可以改变自然水流。由于过度捕捞和破坏性的捕捞行为，海洋和海岸生态系统正面临巨大威胁，每年造成的损失达到100亿—230亿美元（亚洲开发银行2015：21）。亚洲开发银行的长期战略框架——战略2020，将环境作为中心任务，并把善治和能力发展作为改革的动力。

亚洲开发银行正致力于"强化……法律、规章和公共机构在环境问题上的执行能力"（Hovland 2011：Ⅳ）。这包括出版一本名为《亚洲和太平洋地区环境法的能力建设》的手册，启动亚洲环境遵守和执行网络，并组织座谈和会晤。2010年，亚洲开发银行组织了关于制定环境决策、环境法治和环境正义的亚洲法官座谈会，其中强调：

> ……在不同国家的语境下，假设不存在一种特定形式或者体制，可以在区域司法制度中提高环境和自然资源相关案件的审理和裁决质量，这是形成有效环境决策的最好方法；在强调普通法院的环境专业化的同时，也应探索专门环境法院、审判庭和法庭完成工作的模式。重要的一点是，如果没有有效提升环境司法判决的需求动力，环境审判的专业化将成为一纸空文。
>
> （亚洲开发银行2012：1）

随后，亚洲开发银行于2012年在不丹和巴基斯坦组织了南亚环境问题会议，并在2012年[①]的不丹宣言中作出承诺：
- 配备受专业培训的法官和设立专门的法院。

[①] http://cmsdata.iucn.org/downloads/pk_bhurban_declaration_2012_20120410_.pdf.

●各国将促进环境法的发展、履行和实施,遵守环境法,并制订一个行动方案去履行这些承诺。

●强化已经存在的专业环境法庭,并训练更多环境法领域的法官和律师。

●在法院中建立绿色法庭以执行环境法律,并对法律和规章制度作出必要的修正或调整,从而促进南亚地区环境正义的发展。

进一步来说,亚洲开发银行在2010年给亚洲环境法官网建立提供了技术支持。亚洲环境法官网是一个非正式的跨政府网络,致力于通过司法能力建设和环境判决多边合作交融方式提供一个充满活力的平台。[①] 在这个网络中,首席法官及东南亚国家联盟和南亚区域合作协会的法官们已经搜索并学习了亚洲地区环境审理的司法经验。亚洲环境法官网作出的贡献已经使得高等法院认识到其共同肩负的实现环境正义之使命,该使命已经超出国家司法管辖范畴。东南亚国家联盟的司法制度,包括文莱、柬埔寨、印度尼西亚、老挝、马来西亚、缅甸、菲律宾、新加坡、泰国和越南的司法制度。上述国家已经举办了五次首席法官们的圆桌会议。第五次圆桌会议于2015年12月4—5日在柬埔寨举行,此次会议强调了东南亚国家联盟法庭在环境可持续发展问题和国家与地区的环境行动中的领导作用。会议提及在创建一个国家和地区环境工作小组、"绿色法庭"和环境司法能力建设中取得的进展,其中能力建设包括环境方面的司法培训和认证程序。[②] 南亚区域合作协会适用司法制度的地区包括阿富汗、孟加拉国、不丹、印度、马尔代夫、尼泊尔、巴基斯坦和斯里兰卡。迄今为止,已经有4次关于环境正义的南亚司法圆桌会议,最近的一次会议于2015年11月在尼泊尔的加德满都举行。加德满都圆桌会议重申了司法制度对于实现本地区环境保护承诺和满足环境司法制度能力建设需求的重要性。[③]

全球及区域司法网络和能力建设旨在促进法律信息分享、渠道和谐及加强非正式性同行的监督。安妮·玛丽·斯劳特(Anne Marie

---

[①] www.asianjudges.org/about-ajne/.

[②] www.asianjudges.org/fitth-asean-chief-justices-roundtable-on-environment/.

[③] www.asianjudges.org/about-ajne/member-judiciaries/south-asia/.

Slaughter 1994)① 探索性的论文分析了各法院（国家和超越国家的法院）"跨司法交流"的重要性，以及各法院在全球范围内的交流。这些法院必然会促进：

> ……不同法律体系之间的相互交融，将观点从一个国家的法律体系传播到另一个国家的法律体系，从一个区域的法律体系传递到另一个区域的法律体系，或者从国际法律体系或特定区域法律体系传递到各个国家的法律体系。这种体系相融的目的或者效果也许是为解决某些法律问题提供灵感。比如，在个人的言论自由和社会的需求中寻求平衡。或者，更宽泛地说，这种交融也许能够通过接受整个外国的法律体系，从而促进新生的国家法律体系。
>
> （Slaughter 1994：117）

斯劳特的分析进一步完善了有关环境问题的司法网络。环境问题具有复杂性，而且本质上越来越趋于跨国界。通过常规和深度的信息交流，在司法系统中分享环境司法的发展进程和良好的实践经验。跨区域法律交流能够促使人们更好地作出环境决策。作为跨国法律共同体一员的环境大法官，对环境法律进行规范性解释，并在法律执行过程中扮演着独特和不可或缺的角色。将一国法律原则移植并适用于另一国，以及将国际法引进和运用到接受国，能够给环境治理带来一种创新性方法。这种方法对处于萌芽时期或对环境危机反应很慢的法律系统而言尤有帮助。法律移植可以帮助移植国提升国家环境法的内容和形式。采取预防性原则（印度尼西亚和巴基斯坦）、污染者付费原则（印度和南非）、代际公平原则（菲律宾）和公信力原则（斯里兰卡）均是这种移植的典型例子。斯劳特正确地注意到"一些国家正尝试接受一项特定的国际法律义务，该义务已被其他国家证实是安全可靠的法律规章和备忘录，这可作为法庭审判的依据"（Slaughter 1994：116；see also Wiener 2000/2001；Kotze 2012：282）。

---

① Slaughter offers a typology of transjudicial communication horizontal (courts of same status, national or supranational, across national or regional borders); vertical (between national and supranational courts); and mixed vertical-horizontal (a combination in several different ways-supranational tribunals serve as conduits for horizontal communication; and common legal principles in national legal orders are distilled and disseminated by a supranational tribunal).

司法全球化促进了人们对环境法多元语境的理解。全球性环境的外部效应和公共物品属性促使我们利用共享生态系统的不同法律来进行环境治理。利用跨国司法交流和法律移植中的优点，不同国家的法庭可以通过他们明智的判决和司法制度中已经存在的例子作为"当事者的裁决，或者至少向其靠近"而不是"旁观者的裁决"（Benjamin 2012）。在这种情况下，经过专门训练的法官将大大增加成功执行和履行承诺的机会。环境法院和法庭通过集专业、公正和透明于一体的平衡模式，在权衡环境、发展和人权利益的过程中，能够有效地保护自然资源、促进权利的实现（信息、参与度、司法途径），从而得到一个公正的结果。

环境法院和法庭：一个专业法庭

国际上，环境司法的发展导致很多国家设立了一些专门的环境法院或者法庭，这为争端解决设立了一个灵活的机制。基于公众认知的延迟性、缺乏专业性、缺乏独立思考和/或腐败，许多国家设立环境法院的动力源于其对普通法院体系的不满。普通法院的法官也许缺乏足够的环境法实践经验，也可能无法很好地应对专家证言和平衡环境损害与经济发展的关系。澳大利亚新南威尔士州的土地与环境法院的大法官布莱恩·普雷斯顿（Brian Preston）说：

> 在法庭中配备环境专家被认为是实现可持续发展中的重要环节……但是专业化并非目的，而是达成目的的方法。这是很容易设想的，配备专业人员的法庭将更便于实现决策的连续性，减少延迟（通过它对环境问题特性的理解），并促进环境法律、环境政策和原则的发展。
>
> （Preston 2012：398 and 403）

详细地说，2009 年，乔治·普林和凯瑟琳·普林对环境法院和法庭进行了综合性研究，并在《环境法院和法庭：决策者指南》一书中指出：目前超过 350 个环境法院和法庭分布于 41 个国家（George Pring and Catherine Pring 2009）。[①] 仅 7 年之后，也就是 2016 年，环境法院和法庭的数

---

① www.law.du.edu/ect-study. The word 'court' indicates a body or individual in the judicial branch, and 'tribunal' reflects non-judicial dispute-resolution bodies in the administrative or executive branch of government.

字就已超过 1200 个，分布于世界范围内的 44 个国家，从最富有的国家到最贫穷的国家，且在几类主要法系存在的国家（大陆法系、海洋法系、混合法系、亚洲法系和伊斯兰法系）中大都在 10 年前就设立了环境法院和法庭①。他们在 2016 年更新的研究报告中归纳了 5 种环境法庭和 3 种环境法院和法庭的模式，包括：

1. 独立运行的环境法庭（完全独立或很大程度上独立的环境法庭）；②

2. 独立判决的环境法院（虽作为法院系统一部分，但可以独立作出判决、制定规则和程序）；③

3. 拥有法律和科学双重教育背景的法官；④

4. 普通法院指定法官审理环境案件；⑤

5. 受过环境法培训的法官。⑥

环境法庭被界定为：

1. 独立运行的环境法庭（完全独立或很大程度上独立的环境法庭）；⑦

2. 独立裁判的环境法庭（在政府的监督之下，该机关的决策不能作为环境法庭的审查对象）；⑧

3. 附属的环境法庭（附属于一个行政机关并在其控制下，同时该机构的决策也可以作为环境法庭的审查对象）。⑨

---

① For example, the countries include Antigua and Barbados, Australia, Bangladesh, Belgium, Bolivia, Brazil, Canada, Greece, Guatemala, Guyana, India, Ireland, Jamaica, Japan, Kenya, Malta, Malaysia, Mauritius, New Zealand, Nicaragua, Nigeria, Pakistan, Paraguay, Peru, Philippines, Samoa, South Korea, Spain, Sri Lanka, Sudan, Sweden, Thailand, Trinidad and Tobago, UK and USA.

② New Zealand, Australia (NSW) and Brazil.

③ Australia (State of Queensland) and USA (State of Vermont).

④ Sweden.

⑤ Philippines and USA (state of Hawaii).

⑥ Indonesia. This is not an environmental court but is listed because Indonesia provides environmental training to select judges.

⑦ Kenya and Japan.

⑧ India, Canada (Province of Ontario) and USA (New York City, Environmental Control Board).

⑨ USA (Environmental Appeal Board).

世界上并不存在一个"放之四海而皆准"的模式。相反，环境法庭模式会受到文化、社会经济状况和各个国家司法权的影响（George Pring and Catherine Pring 2016 and 2009：3）。共有 20 个国家在未来可能设立环境法院和法庭[①]，其中 15 个国家已经授权但还未建立环境法院和法庭[②]，7 个国家已经撤销了环境法院和法庭。[③]

环境法院和法庭扩张性的发展促使一个专业法庭具备以下优点，（George Pring and Catherine Pring 2009：3；2016）它们包括：

1. 有专业知识的专家来处理混杂着法律和科学技术性的问题；
2. 缓解普通法庭显著、不断上升的工作压力；
3. 正式化、常态化的政策制定过程；
4. 在解决环境争议过程中合理分配任务，并使审判更加高效；
5. 环境决策更具可预测性；
6. 对于环境问题实行政府问责制；
7. 提升行政和司法机构的公信力，使公众更信任上述机构；
8. 放宽公众参与其中的诉讼主体资格，提高公众参与度、完善公众的辩护权；
9. 减少诉讼费用；
10. 采取灵活的程序规则；
11. 处理问题的渠道将超越传统意义上的司法救济，创造一种更具创新性的解决方案来促进环境可持续发展，包括保障人权；
12. 显示出执行诉诸司法、环境法治和可持续发展相关国际义务的决心。

环境法庭的潜在缺陷包括（George Pring and Catherine Pring 2009：

[①] Abu Dhabi, Argentina, Bahamas, Bhutan, Botswana, Ecuador, Honduras, Israel, Kenya, Kuwait, Lebanon, Malawi, Malaysia, Mexico, Nepal, Uganda, UK（Scotland）, Vanuatu and Vietnam.

[②] Bangladesh, Chile, E1 Salvador, Fiji, Gambia, Guyana, Lesotho, Liberia, Malawi, Mexico, Panama, Rwanda, Tanzania, Tonga and Zimbabwe.

[③] Austria, Bahamas, China Jiangsu Province, Finland, Hungary, Netherlands and South Africa. According to Pring and Pring（2009）, the reasons for the discontinued and authorised but not established ECTs include change in political leadership and commitment, insufficient caseload, inadequate funds, adverse special-interest pressure, judicial opposition or preferences and amalgamation of several environmental courts into one.

17-18；2016）：

  1. 建立和维持一个独立的司法系统所需的费用；

  2. 环境法院和法庭的法律地位决定了其很容易与政党扯上关系；

  3. 待处理环境案件数量不足；

  4. 能处理多类案件的法官没有经过充分的环境法专业培训；

  5. 环境法院和法庭会使法官僭越其司法权限，他们会采用一种不平衡的方式进行裁决；

  6. 缺乏专家意见（法官和律师）；

  7. 建立比普通法院等级低的环境法院和法庭存在风险，意味着法官的权力会减小，地位会降低；

  8. 公众会对环境案件的定义产生混淆，难以决定具体的案件该向哪个法院起诉。

  尽管环境法院和法庭存在一些弊端，但其优点仍占据主要地位。对于一个成功的环境法院和法庭来说，不断地采用最佳实践和定期监测的方法是有必要的。首席大法官普雷斯顿在一篇文章中阐述道，一个成功的环境法院和法庭应有12个关键性特征（Preston 2014）。最佳实践方案的鉴别，不仅仅是帮助那些正在设立环境法院和法庭的利益相关者与国家，对于那些需要完善环境法院和法庭功能与表现的国家同样有帮助。最佳实践方案包括：

  1. 相对于普通法庭而言，环境法院和法庭有更高的权威和地位，并且成为一个大众所公认的处理环境争议问题的综合性法庭。专家的存在有助于建立法院审判规则并保持公信力（澳大利亚新南威尔士州、瑞典）。

  2. 环境法院和法庭法官的独立性与公正性是实现良好环境司法和管理的一个关键因素，通过宪法规定的方式来遴选法官，授予法官终身任职，并从实质和程序方面来保障这种长期任职，保证其获得足够的薪酬（巴西）。

  3. 环境法院和法庭对各类依据环境法律提出的问题和争端享有全面管辖权，并有权就实质审查、司法审查、民事或刑事案件执行以及其他事项举行听证（澳大利亚新南威尔士州、新西兰）。

  4. 环境法官和其他环境法院与法庭的成员对于环境问题有着敏锐性和反应性。多方参与环境决策能够保证更准确、更高质量的判决（瑞典、南澳大利亚环境资源与发展法院)。

5. 在不全面提起诉讼的前提下，可以促使非诉纠纷的解决。调解、仲裁和客观评估是非诉纠纷解决的内在过程（澳大利亚新南威尔士州、昆士兰州规划和环境法院)。

6. 引入拥有丰富学识、经验、名誉和沟通技巧的专家参与案件，而这类专家在复杂的科学问题和专家证言方面十分可信、可靠和有说服力（澳大利亚新南威尔士州、昆士兰州规划和环境法院）。

7. 通过实体性判决和程序性规则来实现环境正义。这种实体性的判决以宪法、法律和诉诸司法的人权为准则。程序性规则则放宽了关于主体资格的条件，并消除了环境公益诉讼的障碍（澳大利亚新南威尔士州、菲律宾）。

8. 通过有组织的案件管理和诉讼程序，并广泛使用新式科技手段（如电话会议、视频会议、法庭网站和电脑数据管理系统）取得公正、快捷及廉价的争议解决（西澳大利亚行政法庭）结果。

9. 创新性补救措施、整体解决方案和对环境挑战的应对方案是环境法院和法庭实现环境治理的重要特征（澳大利亚新南威尔士州）。

10. 法院中审判对"司法"（实质性、程序性、分配性和恢复性）带来的环境法理学发展和通过比较方法产生的环境法律交融都是十分有用和有价值的贡献（澳大利亚新南威尔士州）。

11. 保护环境和促进可持续性发展的思想与任务（资源管理和规划上诉法庭，塔斯马尼亚岛）。

12. 环境法院和法庭通过发展环境法学、制定和适用涉及行政裁决的非约束原则、发展创新性实践及程序来支持、解释和引申环境法及其价值。这种灵活性和创造性有助于他们在实践和程序中提高效率（澳大利亚新南威尔士州）。

首席大法官普雷斯顿认为，法庭不能满足于现有成绩而停滞不前，应当认识到适应性管理之需要。引用革辛（Gething）的话："一个卓越的组织能够不断地观察、学习、改变和完善，从而能够向其提出的卓越目标前进。卓越更像是一个过程，而非一个静止的目标"（Preston 2014：29）。

以下部分将会讨论一些来自发达国家和发展中国家的简短案例，尤其是涉及南亚区域合作协会的实例，以强调不同的环境法院和法庭系统类型。

发达国家

澳大利亚（新南威尔士州）

澳大利亚新南威尔士州拥有世界上第一个专业的土地和环境法院。1980年①，该法院基于两个目标——合理化（致力于环境、规划和土地事务的"一站式"机构）和专业化而设立。该法院由具备环境、城镇事务管理、环境科学、土地估值、农业和工程、调查、土木建筑、资源管理、城市规划、继承、土著人土地权利方面的专业知识和经验的法官及政府特派员组成。作为一个高等法院，其拥有与环境、规划和土地事务相关的广泛的案件管辖权。在诉讼涉及社会利益和政府政策时，该法院可以行使其管辖权。法院的管辖权包括对政府决策的实质审查、司法审查、民事执行、刑事执行（检察机关）、刑事上诉和地方法院的判决以及针对政府特派员的上诉（Preston 2012：403）。三级法院管辖范围内的实质审查包括：1级，环境、规划和保护上诉；2级，地方政府和多方上诉；3级，土地使用权、价值评估、等级评定和补偿问题，加上土著人的土地诉求，法院的民事管辖权延伸至森林和矿业的争议问题；4级案件，包括规划或环境法律下的民事强制执行和司法审查案件，法院在刑事强制执行中的角色是重要的；5级案件，包括政府机构通常违反的规划或环境法刑事强制执行程序的案件；6级和7级案件，包括针对澳大利亚地方法院作出的定罪、量刑和驳回诉讼决定而提起的刑事上诉的案件。法院审理环境违法案件时形成的一致、透明的判决或裁决，促进了环境犯罪案件的审判，并建立起世界上第一个环境违法行为的判决数据库（Preston 2012：406）。可以对不同类型诉讼的结果、决定或命令提起上诉，或就法庭是否由法官和政府专员组成提起诉讼。

法院采取创新性实践和诉讼程序（包括发展公益诉讼）来实现正义。对主体资格要求的独立性解释、非基于疏忽大意而驳回诉讼的程序、本人亲自陈述或代理人陈述（法院允许的情况下）都属于创新性实践和诉讼

---

① This part is derivative from the exhaustive works of Brian J Preston, Chief Justice NSW Australia; and the official website of the Land and Environment Court established by the Land and Environment court Act 1979 (NSW Australia) www.lec.justice.nsw.gov.au/Pages/about/about.aspx #Classes_ of_ the_ Court.

程序。多元门径法庭①的概念被越来越多地使用。法院从内部和外部提供争端解决程序，这可以快速及时地处理案件，并按照案件重要程度、复杂程度和成本效益的方法，以适当比例平衡行政相对人和公共资源。高效的案件管理是公正、快速和经济地解决争议之基础。此外，法院审判过程中还通过吸收和借鉴他国法律制度进一步发展了环境司法制度。比如，2006年"特尔斯特拉公司诉和恩斯比郡议会案"，在这个引人注目的案件中，首席大法官普雷斯顿在描述生态可持续发展概念时提到六项基本原则。在悉尼郊区切尔滕纳姆（Cheltenham）召开的一场关于计划移动通信设备的会议中，因害怕电磁辐射对人们身体造成伤害，地方社区提起了诉讼。最终判决提及了其他国家司法制度②中的司法裁决，其适用了环境可持续发展原则（Preston 2012：35-37）。③ 新南威尔士州土地和环境法院成立已久，该法院在国内外享有盛誉，它的成功运行为其他环境法院和法庭树立了榜样。

瑞典

《环境法典》是瑞典环境法律体系中最重要的部分，其有利于促进可持续发展，并为当代人和后代人提供一个健康而稳定的环境。④ 它以指导行动声明的形式概括了基本精神和使命，并提倡人们承担有效管理自然资源的责任。该法典是一部综合性立法，其授予环境法庭民事和行政管辖权及一定范围的强制执行权力。自2011年5月以来，瑞典在纳卡（Nacka）、

---

① 多元门径法庭是替代性解决纠纷机制的一种方式，最早是在1976年由美国哈佛大学法学教授 Frank Sander 提出的。——译注

② *Case C-236/01 Monsanto Agricoltura Italia v Presidenza del Consiglio dei Ministri* ［2003］ECR I-8105；*Case C-241/01 National Farmers' Union v Secretary Central of the French Government* ［2002］ECR I-9079；*Hungary v Slovakia，Re Gabcikovo-Nagymaros Project（Danube Dam case）* ［1997］ICJ Rep 7；*Pfizer Animal Health SA v Council of the EU* ［2002］ECR II-3305；*Mahon v Air New Zealand Ltd* ［1984］1 AC 808；*Vellore Citizens Welfare Forum v Union of India AIR* 1996 SC 2715（India）；*R v Secretary of State for Trade and Industry，ex parte Duddridge* ［1995］Env LR 151；*Shehla Zia v WAPDA* ［1994］PLD SC 693.

③ The principles include：(1) sustainable use；(2) integration (i. e. of economic and environmental consideration in the decision-making process)；(3) the precautionary principle；(4) the principle of equity, including inter-generational；(5) the conservation of biological diversity；and (6) the internalisation of environmental costs-the need for full account to be taken of short-term and long-term costs of major projects.

④ Environmental Code，chapter 1，section 1.

维纳什堡（Vänersborg）、韦克舍（Växjö）、于默奥（Vmea）及厄斯特松德（Dstersund）设立了五个土地和环境法院（地区法院）以及一个上诉环境法院［斯维亚（Svea）上诉法院］。这些法院处理的案件种类包括：水利工程的许可；对环境健康造成危害的事项、环境保护、公共卫生、污染区的有毒废物；与环境有关的损害和赔偿问题；建筑、拆迁和根据《建筑规划法》进行的建筑、拆迁和选址；场地所有权案；规划上诉案；产权登记、建设和公共设施地役权；征收案件。① 但刑事案件不属于上述法院的管辖范围。②

司法鉴定专家和技术专家均可作为法官。每个区域的环境法院都由一名专业法官、一名环境法律顾问和两名技术专家组成审判庭。③ 法官和环境法律顾问作为全职环境法官受雇于法院。其中一名技术专家须具备瑞典环境保护署的工作经验。土地和环境上诉法院由三名专业法官和一名技术法官组成。④ 所有的法庭成员都拥有平等的投票权。若案件出现投票结果相同的情况，那么主席将拥有决定性的一票。⑤ 由作为决策者的科学技术专家和受过专业训练的法官组成的合议庭能够作出全面的评判。用斯德哥尔摩环境上诉法院前任法官比耶洛斯（Bjallas）的话来说："技术专家和专业法官一起合作更容易找到一个正确的平衡点"（2010：183）。除此之外，环境法院还可以指定一名或多名技术专家去对案件进行特别调查或评判，然后给出他们的意见。⑥ 这种实地调查在发现问题本质和相关结果方面起着十分重要的作用。以上情况是瑞典法院在解决环境问题时的最佳例证。

比耶洛斯认为，"瑞典环境法院有着很高的信誉，瑞典工业联合会和专门从事环保活动的非政府组织均对其给予了高度认可"（2010：182）。采取一套全面和完整的方案来解决争议，同时采取灵活的程序、免除诉讼

---

① www.domstol.se/funktioner/english/the-swedish-courts/district-court/land-and-environment-courts.

② https://e-justice.europa.eu/content_access_to_justice_in_environmental_matters-300-se-maximizeMS-en.do?member=1#9.

③ Environmental Code, chapter 20, section 4.

④ Ibid., section 11.

⑤ Ibid., section 10.

⑥ Environmental Code, chapter 22, sections 12 and 13.

费、法院司法审查以及对紧急案件的优先处理来加强环境案件的有效管理,这将有助于维护法庭的信誉并提升其公信力(2010:183)。

英国

经过逾20年的讨论[1]后,英国于2010年建立了第一个环境法庭。在建立这个新的法庭时,所采用的方法有着典型的英国风格:谨慎小心、实用主义、经验主义,但也包含着一些激进成分(Macrory 2010:77)。[2] 环境法庭作为基层法庭中的常规法庭设置,其最初并没有太多管辖权,管辖权被限定在环境监管者的民事处罚权的上诉[3]范围内。然而,其他上诉也被增加,其中,代表性的是英国国家计量局依据《生态设计管理条例》[4] 和《威尔士塑料管理条例》规定提出的关于民事处罚的上诉案。[5] 刑事犯罪在该法庭的管辖范围之外。该法庭由法律人士和非法律人士组成。2014年,有6名法官和10名来自各个领域的专家组成法庭,其中每位法官都有着至少7年以上的法律工作经验(Macrory 2014:212)。诉讼程序需符合2009年修订版的《法庭程序规则》(基层法庭)之规定。[6]

发展中国家

马来西亚

马来西亚环境法院于2012年9月3日设立[7],旨在保障决策的一致性和促进环境案件的司法审判发展。马来西亚环境法院负责将环境案件分配

---

[1] See, generally, Carnwath 1989; 1992; Woolf 1992; Grant 2000; Leggatt 2001; Royal Commission on Environmental Pollution 2002; Macrory and Woods 2003; Environmental Justice Project 2004; Macrory 2006; Sullivan Report 2008.

[2] Macrory states: Paradoxically, the two main drivers for change providing the opportunity for establishing the environmental tribunal were not environmental factors. Rather, the new tribunal system was established as a result of a general recognition that the existing tribunal system could be run more efficiently and with greater flexibility. The new civil sanctions and rights of appeal to a tribunal are derived from a review of regulatory sanctions cutting across all areas of business regulation.

[3] See Environment Civil Sanctions (England) Order 2010 and Environment Civil Sanctions (Wales) Order 2010.

[4] Eco-design for Energy Using Products (Amendment) (Civil Sanctions) Regulations 2010.

[5] Single Use Carrier Bags Charge (Wales) 2010 No 2880 (W 238).

[6] SI 2009/1976 (L20) in force from 20 October 2014 www.gov.uk/government/uploads/system/uploads/attachment_data/file/367600/tribunal-procedure-rules-general-regulatory-chamber.pdf.

[7] Chief Registrar's Practice Direction No 3 2012; also see Keng 2015.

到42个地方法庭和53个地方法院①进行处理,一般涉及38个法案和条例以及17个规章和命令。马来西亚环境法院致力于在3—6个月内迅速审结案件。据首席大法官吞·阿里芬·扎卡里亚（Tun Arifin Zakaria）所述,马来西亚环境法院在2012—2015年处理了96%的案件。在地方法庭登记的1140个案件中,只有135个案件属待处理状态。在地方法院中,所登记的总案件数为1017个,只有36个案件待处理。②马来西亚环境法院无权处理环境民事案件,而上诉案件则需由高等法院处理。

然而,马来西亚环境法院面临着一系列挑战。首先,由于其仅仅处理刑事案件,因而诉讼资格就成了一个问题。依据联邦宪法,首席检察官能够决定是否提起刑事诉讼。③在"1997年环境部总干事诉卡靖案"中,上诉法院认为被告无权对巴贡水电站负责人给予刑事处罚。首席检察官具备起诉权限。在那些没有设立环境法院的地区,民事法院在环境民事诉讼案件上具有管辖权（Mulqueeny and Cordon 2014）。然而,民事法院在处理环境案件中也会遇到一些问题。第一,原告需要证明其遭受到实质性损害,而这种实质性损害的复杂性以及当事人能力的有限性都使诉诸司法变得尤为困难（Mulqueeny and Cordon 2014）。第二,对于证据,尤其是环境专家的证据尚未形成统一标准。在"2011年莫斯里敏·本·毕加图诉检察官的案件"中,由于专家证据无法证明该残骸是一只鹿,因此高等法院允许当事人就该案提起上诉。第三,由于对森林法的执行不力,使得相关部门在防止环境和野生动物犯罪行为方面变得十分艰难。第四,法官没有受到足够专业的培训,无法处理这类复杂的环境问题。第五,公众需要进一步参与到环境问题的处理当中,而不应该仅仅作为一名旁观者。

肯尼亚

2011年8月30日,《环境与土地法院法》确定了环境与土地法院的管辖权、结构和运行规则。作为一个特殊的高等法院,环境与土地法院和高等法院享有同等地位,其均由首席法官和数名司法委员会确立的

---

① 一般来说,地方法庭负责民事案件,地方法院负责刑事案件。——译注

② www.themalaysiantimes.com.my/96-pct-of-environmental-cases-disposed-cj/.

③ www.asianjudges.org/wp-content/uploads/2014/03/Embong_Biodiversity-loss-and-Illegal-Wildlife-Trade-The-Role-of-the-Judiciary-Justice-Abdull-Hamid-Bin-Embong-Malaysia.pdf.

法官组成。① 环境与土地法院有权处理初审、上诉审与环境和土地相关的争议案件，② 包括：环境规划和保护；气候问题；土地利用规划；占有、使用、边界、租赁和估价；开采矿产资源及其他自然资源；土地强制征用；土地行政和管理；公共、私人和集体土地合同；其他保障土地权的行动或措施。③

环境与土地法院遵循环境管理的基本原则，包括可持续发展原则、公众参与原则、文化和社会原则（该原则传统上被众多肯尼亚社区适用于环境或自然资源的管理方面）、国际合作原则、代际与代内公平原则、污染者付费原则以及风险预防原则。④ 环境与土地法院提供非诉纠纷解决机制，具体包括调解、仲裁和传统争议解决机制。⑤ 该法院有权授权实施任何救济措施，包括暂时性或永久性保护令、特定禁令、特殊指令（针对政府部门行为）、判定赔偿、补偿、强制履行、恢复、公告或诉讼费。⑥

依据2013年《土地发展和管理协会报告》，公众普遍对环境与土地法院的运行持乐观态度。在法院所在地区，尽管部分公众还未感觉到法院的存在，但实际上他们可公开获得诉诸司法的权利。该报告建议，有必要在全国范围内增加法院的数量以减少当事人的差旅费用，也有必要通过能力建设来加强公众对法院管辖权和作用的认识。在非诉纠纷解决机制已经建立的地方，法院更应该加强其能力建设以减轻其工作压力（Mulqueeny and Cordon 2014：15）。

除此之外，肯尼亚于1999年依据《环境管理与协调法》第12章第125节规定，建立了国家环境法庭。该法庭的基本作用是对由国家环境管理局所作决定（主要是针对环评许可的发布、否决或撤销，其他基于森林事务的决定，以及应要求给环境管理机构作出的法律建议）引起的上诉进行受理、庭审和判决（Odote 2012：142）。自2005年以来，国家环境法庭已经判决了140个上诉案件。该法庭由一名主席、两名具备司法资质的人员和三名环境管理专业人员组成。国家环境法庭确立了自身的程序

---

① ELC Act, section 5.
② Ibid.：section 13（1）.
③ Ibid.：section 13（2）.
④ Ibid.：section 18.
⑤ Ibid.：section 20（1）.
⑥ Ibid.：section 13（7）.

规则（George Pring and Catherine Pring 2016）。环境和土地法院可以受理国家环境法庭的上诉案件。然而，上述国家环境法庭和环境与土地法院这两院间依旧在专业法院和法庭的实际运行上存在重叠之处。（George Pring and Catherine Pring 2016）

组成南亚区域合作协会的国家（SAARC）

南亚区域合作协会是由占世界总人数21%（17亿人口）的8个国家所建立的组织。① 这些区域面临的挑战在于如何"促进经济快速发展，减轻贫穷、减轻因全球气候变化带来的风险……其他环境问题，实现千禧年发展目标"（亚洲开发银行 2014：17）。司法制度有助于塑造环境争端解决方面的背景和框架。

阿富汗

阿富汗80%的人口都很大程度上依赖国家自然资源（联合国环境规划署 2007：4）。然而，这类资源基础因持续的政局不稳、国内动乱和环境资源管理政策的执行不力而受到严重损害和破坏（亚洲开发银行 2014：10）。② 2006年《环境管理法》规定，国家环境保护机构要保护国家环境的整体性，促进自然资源的可持续利用和管理，并通过有效的指导和管理服务，实现对环境本身的保护和修复（Azimi 2007：13）。但阿富汗并没有设立环境法院和法庭来解决争端。

孟加拉国

孟加拉国是一个充分认识到气候变化影响的国家。2000年《环境法院法》规定，在64个地区中，每个地区至少需要设立一个环境法院。若政府认为有必要，可设立适当数量的环境上诉法院。孟加拉国只有两个环境法院正在运行，一个环境法院在达卡，另一个环境法院在吉大港。地方法院的法官除民事法官外，还有环境法院的法官。③ 2000年《环境法院法》并未规定环境法院中须由技术专家担任法官。环境法院在审理环境损害案件或生态破坏案件时，具有民事案件的审判权限；当环境法院依据1995年《环境保护法》或其他相关环境法律之规定作为犯罪案件的初审

---

① www.saarc.com/the-south-asian-association-for-regional-corporation-saarc/.

② Statement by Justice Abdul M Kamawi, Supreme Court of Afghanistan.

③ Environment Court Act 2000, section 4.

法院时，其又具有刑事案件的审判权限。① 环境法院仅能对获得环保局局长授权者或其他巡视员的文书报告引起的案件具有管辖权，无权受理任何违法犯罪或赔偿诉讼案件。② 在达卡，有一个环境上诉法院，该法院有权审理和判决因环境法院的判决与命令引起的上诉案件。③

孟加拉国的司法系统存在几个主要缺陷。2000 年《环境法院法》的限制性条款未能实现环境正义。受害人可以直接向法院起诉，无须提前通知或向环境部门的巡查员报告（Preston 2014：4）。因此，法院总在消极处理环境问题，而且始终缺乏司法和政治独立性。据首席大法官穆扎米勒·侯赛因（Md Muzammel Hossain）所言：

> 2013 年，达卡环境法院受理了 129 个案件，判决了 29 个案件，同样的，到 2014 年年初，该法院积压了 91 个案件。2013 年，吉大港环境法院受理了 257 个案件，判决了 23 个案件，到 2014 年年初，该法院积压了 234 个案件。④

进一步来说，包括助理法官在内的整个法官团体对环境法律和司法机制的认识还远远不够，这对环境正义的实现形成了阻碍："为加快环境案件的审判进程，有必要建立更多的环境法院，至少需要在国家 17 个旧城区的首府中各设一个环境法院。"⑤

不丹

法院很少受理与环境相关的案件。不丹计划在其最高法院设立一个绿色法庭（亚洲开发银行 2014：11）。⑥

马尔代夫

尽管马尔代夫尚未设立专门的环境法院和法庭，但该国宪法条款十分

---

① Environment Court Act 2000, section 5.
② Ibid.
③ Ibid．：section 12.
④ Presentation of Chief Justice of Bangladesh, Mr Justice Md Muzammel Hossain, on 'Developing a coherent and responsive environmental justice system; challenges and opportunities from the perspective of Bangladesh', in Global Symposium on Environmental Rule of law, Nairobi, Kenya, 24 June 2014 www. unep. org/uneal/docs/erl/environmental-justice-system-muzammel-hossain. pdf.
⑤ Ibid; also see www. bdlawdigest. org/reflections-on-environmental-adjudication-regime/.
⑥ Statement by Justice T Wangchuk, Supreme Court, Bhutan.

重视环境保护，这些条款强调国家保护环境的义务、保护当代人和后代人环境利益的基本职责，以及推进生态平衡与可持续发展的责任（亚洲开发银行 2014：11）。①

尼泊尔

尼泊尔最高法院在其宪法指导下保护和改善环境，该国并未设立专门的环境法院和法庭（亚洲开发银行 2014：11）。②

巴基斯坦

1997 年巴基斯坦《环境保护法》授权联邦政府在必要时可设立环境法庭。③ 环境法庭由一名（经授权者或有资格任高等法院法官者担任）主席、两名由联邦政府指定的人员（其中一名必须是环境法专业领域的技术人员）组成。④ 法庭有权对违法行为、环境保护机构命令的上诉行为行使专属管辖权。⑤ 上诉将由高等法院的法庭受理。⑥ 由于案件积压、工作量增大以及专业环境法庭的缺乏和高等法院的工作负担，"这些法庭的工作持续受到干扰，其运转效率大打折扣"（Ahsan and Khawaja 2013：13）。⑦

环境保护机构在实现环境权和环境保护方面的低效，给巴基斯坦司法机构带来了一定的负担。因此，自 2012 年开始，巴基斯坦所有的高等法院及最高法院开始设立绿色法庭（环境法院）。2016 年，巴基斯坦共任命了 250 名高等法院和地区法院的绿色法庭法官。其有一个不成文的实践，即平均每 5 个高等法院中就设有 1—2 个"绿色法庭"，在 133 个地区法院中，平均每个法院有 2 名绿色法官（George Pring and Catherine Pring 2016：Appendix A）。环境公益诉讼制度的运用，促进了环境法理论的发展。宪法赋予的生命权被解释为包含人们享有清洁环境的权利⑧。巴基斯

---

① Statement by Justice A M Abdulla, Supreme Court, Maldives.

② Statement by Justice O P Mishra, Supreme Court, Nepal.

③ PEPA, section 20 (1).

④ Ibid.: section 20 (2).

⑤ Ibid.: section 21.

⑥ Ibid.: section 23.

⑦ For a long time, the Khyber Pakhtunkhwa, Balochistan and Punjab Environmental Tribunal did not have a chairperson the Sind Environmental Tribunal was without a chairperson and technical member; the tribunal in Islamabad was non-functional from March 2013, resuming work in November 2014.

⑧ *Shehla Zia* (n 47).

坦的审判机关创造性地拓展了环境正义的实质和范围,包括如下事项:禁止在居民用水区从事导致流域水污染的采矿活动;[1] 限制工厂将未经处理的有毒物质排入下水道和运河;[2] 改善拉合尔[3]的空气质量,以防止车辆带来的空气污染和噪声;限制未授权和违法的地下水开采。[4]

斯里兰卡

在发展和环境保护的语境下,斯里兰卡通过定义社会正义和人权来促进司法制度的发展。在以自由和生态友好的方式来解释立法从而扩大环境正义范围的过程中,最高法院发挥了关键性作用。最高法院积极参与涉及违法采砂[5]、空气污染[6]和噪声污染[7]的案件中,这显示出其为防止、降低和控制环境污染与自然资源的破坏作出了努力。公益诉讼制度的适用范围和主体资格的扩大都为环境和发展问题的宪法救济铺平了道路。[8] 据法官马舒夫(Marsoof)所说:"斯里兰卡没有永久性的绿色法庭,但在其最高法院有一个专门处理环境案件的法庭"(亚洲开发银行 2014:11)。[9]

印度

后续章节会集中讨论包含国家绿色法庭(以实现环境正义为目标的法庭)在内的印度的环境正义问题。

小结

约翰·多恩[10]写道:"没有人是一座孤岛。"同理,在环境问题方面,

---

[1] *General Secretary, West Pakistan Salt Mines Labour Union* (CBA) *Khewra, Jehlum v Director, Industries and Mineral Development, Punjab, Lahore* 1994 [SCMR] 2061.

[2] *Rana lshaque v Director General*, EPA (WP No 671 of 1995 before Lahore High Court).

[3] *Syed Mansoor Ali Shah v Government of Punjab* (2007) CLD 533.

[4] *Sindh Institute of Urology and Transplantation v Nestle Milkpak* (2005) CLC 424.

[5] *HeJiarachchige Don Chrishan Priyadarshana W ewardena v Geological Survey and Mines Bureau* SCFR No 81/2004.

[6] *Geethani Wijesinghe v Patali Champika Ranawake, Minister of Environment and Natural Resources* SCFR No 87/2007.

[7] *Al Haj MTM Ashik v RPS Bandula, OIC Weligama* (the Noise Pollution case) SCFR No 38/2005, decided 9 November 2007.

[8] *Bulankulame v Secretary, Ministry of Industrial Development* (2000) 3 Sri LR 243; also see Guneratne (2015: 78).

[9] Statement by Justice S Marsoof, Supreme Court, Sri Lanka.

[10] Donne, 1572-1631, Meditation XVII, 1624.

仅依靠国家保护环境的日子已经过去。环境问题无时无刻、无处不在。尽管区域合作组织和单一国家都是地方管理者，但保护环境早已被公认为国际和全球的责任。本章回顾了约束各国的国际承诺，并且认识到司法机构在环境法治过程中所起到的重要作用。诉诸司法是环境保护的基石，法院恰当的机构设置对环境保护的确有必要。此外，本书还论述了环境法院和法庭数量的增长与运行的模式。后文将详细论述印度国家绿色法庭的设立、日常运行、权力、组成、程序、待决案件量和功能等。

参考文献

ADB（2012）*Environmental Governance and the Courts in Asia* Law and Policy Reform Brief 1（ADB）.

ADB（2014）*Proceeding of the Third South Asian Roundtable on Environmental Justice for Sustainable Green Development*（ADB）.

ADB（2015）*Proceedings：Fourth ASEAN Chief Justices Roundtable on Environmental：Role of the Judiciary in Environmental Protection*（ADB）.

Adeola, F（1994）.'Environmental hazards, health and racial inequality in hazardous waste distribution' 26（1）*Environment and Behaviour* 99-126.

Agyeman, J（2005）*Sustainable Cummunities and the Challenge of Environmental Justice*（New York UP）.

Ahsan, I and Khawaja, S A（2013）*Development of Environmental Laws and Jurisprudence in Pakistan*（ADB）.

Ako, R T（2013）*Developing Countries：Perspectives from Africa and Asia-Pacific*（Routledge）.

Azimi, A（2007）'Environment Assessment fur ADB's Program in Afghanistan'（ADB Country Partnership Strategy）.

Benjamin, A H（2012）'We, the judges, and the envimnment' 29（2）*Pace Environmental* LR 585.

Berg, L and Desai, D（2013）'Overview on the Rule of Law and Sustainable Development for the Global Dialogue on Rule of Law and the Post-2015 Development Agenda' Background Paper.

Bjaillas, U（2010）'Experiences of Sweden's Environmental Courts' 3

(1) *Journal of Court Innovation* 177.

Brighouse, H (2004) *Justice* (Polity Press).

Bullard, R (1990) 'Ecological inequalities and the New South: black communities under siege' 17 (4) *Journal of Ethnic Studies* 101-115.

Carnwath, R (1989) *Enforirg Planning Control* (HMSO).

Carnwath, R (1992) 'Environmental enforcement the need for a specialist court' September *Journal Environmental Law* 799-808.

Carnwath, Lord (2015) 'Environmental law in a global society' 3 *Journal of Planning and Environment Law* 269-279.

Chavis, B (1993) 'Foreword' in R D Bullard, Confronting Environmental Racisms (South End Press).

David, B, Parmar, S, de Silva, L and Excell, C (2012) 'Moving from principles to rights Rio 2012 and access to information, public participation, and justice' 12 (3) *Sustainable Development Law and Policy* 8-14, 51.

Decleris, M, Honourable Vice President of the Hellenic Council of States (2011) 'Strengthening the judiciary for sustainable development' www.unep.org/delc/Portals/ 119/publications/Speeches/MICHAEL _ DECLARIS.pdf.

Dobson, A (1998) *Justice and the Environment* (OUP).

Environmental Justice Project (2004) *Report by the Environment Justice Project* (DEFRA) www.unece.org/fileadmin/DAM/env/pp/compliance/C 2008-23/Amicusbrief/Annex-CEJP.pdf.

Fraser, N (2000) 'Rethinking recognition' 3 *New Left Review* 107-120.

Geiser, K and Waneck, G (1994) 'PCBs and Warren County' in R Bullard, *Unequal Protection* (Sierra Club).

Grant, M (2000) *Environmental Court Project: Final Report* (DETR).

Guneratne, C (2015) 'Using constitutional provisions to advance environmental justice: some reflections on Sri Lanka' 11 (2) *Law, Environment and Development Journal* 72.

Holifield, R, Porter, M and Walker, G (2011) *Spaces of Environmental*

Justice (John Wiley).

Honneth, A 'Integrity and disrespect principles of morality based on the theory of recognition' (1992) 20 (2) *Political Theory* 187-201.

Hovland, General Counsel J H (2011) 'Foreword', *Asian Judges Symposium on Environmental Decision Making* (ADB).

Jayasundere, R (2012) *Access to Justice Assessments in the Asia Pacific* (UNDP).

Jessup, B (2012) 'The journey of environmental justice through public and international law' in B Jessup and K Rubenstein, *Environmental Discourses in Public and International Law* (CUP).

Kaniaru, D, Kurukulasuriya, L and Okidi, C 'UNEP Judicial Symposium on the Role of the Judiciary in Promoting Sustainable Development', paper presented to Fifth International Conference on Environmental Compliance and Enforcement, Monterey, November 1998 (p. 22 conference proceedings).

Keng, R C W (2015) 'The Malaysian Environmental Court: the need to extend its reach to civil liability' July–December *PRAXIS* 36.

Kiss, A and Shelton, D (2003) *International Environmental law* (UNEP).

Kotze, L J (2012) *Global Environmental Governance* (Edward Elgar).

Land Development and Governance Institute (2013) *An Assessment of the performance of the Environment and Land Court: 12th Scorecard Report* (Land Development and Governance Institute).

Leggatt, A (2001) *Report of the Review of the Tribunals*.

Macrory, R (2006) *Regulatory Justice* (Cabinet Office).

Macrory, R (2010) 'Environmental courts and tribunals in England and Wales: a tentative dawn' (2010) 3 (1) *Journal of Court Innovation* 61-78.

Macrory, R (2014) *Regulation, Enforcement and Governance in Environmental law* (Hart).

Macrory, R and woods, M (2003) *Modernising Environmental Justice* (UCL).

Mulqueeny, K and Cordon, F J J (2014) 'Third ASEAN Chief Justices' roundtable on environment: ASEAN environmental challenges and legal responses', The Proceedings (ADB).

Nussbaum, M and Sen, A (1992) *The Quality of Life* (OUP).

Odote, C (2012), 'Country report Kenya the new Environmental and Land Court' 4 (1) IUCN *Academy of Environmental Law e-Journal* 136-145.

Preston, B J (2011) 'The enduring importance of the rule of law in times of change' Environment and Planning Law Association (NSW) Annual Conference, 13 October, Sydney.

Preston, B J (2012) 'Benefits of Judicial specialisation in environmental law: the Land and Environment Court of New South Wales as a Case Study' 29 (2) *Pace Environmental* LR 386.

Preston, B J (2014) 'Characteristics of successful environmental courts and tribunals' 26 (3) *Journal of Environmental Law* 365-393.

Pring, G and Pring, C (2009) *Greening Justice* (Access Initiative, World Resources Institute).

Pring, G and Pring, C (2016 forthcoming) *The ABCs of the ECTs: A Guide for Policy-Makers for Designing and Operating a Specialised Environmental Court or Tribunal* (UNEP).

Pulido, L (1996) *Environmentalism and Economic Justice* (University of Arizona Press).

Royal Commission on Environmental pollution (2002) 23rd Report: *Environmental Planning* (HMSO).

Schlosberg, D (2007) *Defining Environment Justice* (OUP).

Shrader-Frechette, K (2002) *Environmental justice* (OUP).

Slaughter, A M (1994) 'Human Rights International Law Symposium: a typology of transjudicial communication' 29 *University of Richmond* LR 99-137.

Stein, Justice P (2006) 'Why judges are essential to the rule of law and environmental protection' in T Greiber (ed.), *Judges and the Rule of Law: Creating the Links: Environment, Human Rights and Poverty* IUCN Occasional Paper (Gland: IUCN).

Sullivan Report (2008) Ensuring Access to Environmental Justice in England and Wales (Royal Courts of Justice).

Szasz, A (1994) *Ecopopulism* (University of Minnesota Press) 151.

Tamanaha, B Z (2004) *On the Rule of Law* (CUP).

Taylor, P (1986) *Respect for Nature* (Princeton UP).

UN (2007) Commentary on the Bangalore Principles of Judicial Conduct (Office on Drugs and Crime).

UN (2012) *The Future We Want* (UN).

UN (2015) *Waste Crimes, Waste Risks: Gaps and Challenges* (UNEP).

UNEP (2005) UNEP *Global Judges Programme* (UNEP).

UNEP (2007) *A Guide to Afghanistan's 2007 Environment Law* (UNEP).

UNEP (2015) *Putting Rio Principle 10 into Action: An Implementation Guide for the UNEP Bali Guidelines for the Development of National Legislation on Access to Information, public Information and Access to Justice in Environmental Matters* (UNEP).

United Church of Christ (1987) *Toxic Wastes and Race in the United States* (Commission for Racial Justice).

Walzer, M (1983) *Spheres of Justice* (University of California Press).

Wiener, J B (2000/2001) 'Something borrowed for something blue: legal transplants and evolution of global environmental law' 27 *Ecology Law Quarterly* 1295–1372.

Woolf, H (1992) 'Are the judiciary environmentally myopic?' 4 (1) *Journal of Environmental Law* 1–14.

Young, I (1990) *Justice and the Politics of Difference* (Princeton UP).

第二章

国家绿色法庭的源起与建立

社会和经济正义是印度宪法的核心。宪法赋予司法保护公民权利的职责，保障公民得以幸福而有尊严地生活。[①] 然而，庞大的人口和辽阔的地域给印度国内带来许多问题，尤其是人口增长、贫穷、文盲和贪腐问题（详见简介）。随着经济的高速增长，印度已经经历了巨大的转型，但其社会矛盾依然尖锐。"闪闪发光的印度"仅是留给有钱有势的少数人。

正是在对抗这种系统性不平等的背景下，印度的高级司法机关发挥着极为重要的作用。1947年，印度独立，建立了立法、行政和司法三权制衡与分立的体制。三权分立体制深受西方普通法宪政主义的青睐，但该体制却一直未能在印度取得较大的成功。政府领导和行政当局在履行宪法法律赋予他们的权力和职责中表现无能，公共部门普遍腐败、低效，印度的司法机关，尤其是最高法院，无形中成了弱势群体利益的保护者。社会和经济不平等影响着上百万民众，因此，在通常被称为"公益诉讼"或"社会行动诉讼"的法律救济途径创新中，印度的司法扮演了一个积极的

[①] See *Dalmia Cement (Bharat) Ltd v Union of India* (1996) 10 SCC 104; *M Nagaraj v Union of India* (2006) 8 SCC 212; *Consumer Education and Research Centre v Union of India* (1995) 3 SCC 42; *Madhu Kishwar v State of Bihar* (1996) 5 SCC 125; *In Bihar Legal Support Society v Chief Justice of India* (1986) 4 SCC 767 the Supreme Court stated that: the majority of people of our country are subjected to denial of 'access to justice' and overtaken by despair and helplessness. They continue to remain victims of an exploitative society where economic power is concentrated in the hands of few and it is used for perpetuation of domination over large masses of human beings... The strategy of public interest litigation has been evolved by this court with a view to bringing justice within the easy reach of the poor and disadvantaged sections of the community. (768-769) See, generally, Shankar 2009; Shankar and Mehta 2008.

角色（Baxi 1985）。①

20世纪80年代建立的公益诉讼制度开创了司法能动主义的新时代。它旨在解决严重侵犯社会边缘阶层的人权问题，对传统对抗性程序中的诉因、被侵权人以及私益诉讼等概念进行了创新性的发展（印度法律、司法和公司事务部1977）。发展公益诉讼是为了让那些因贫穷、无知、隔离、恐惧或者因种姓而被传统排斥在诉讼之外的公民，能够自己或者借助"法庭之友"②，通过正当法律渠道保护自己的基本人权。公益诉讼作为一种以人为本、基础深厚的诉讼机制，被视为司法救济的"变革之轮"。③在"阿尼鲁德·库玛尔诉少数民族集中区（2015）7最高法院案779"中，法院认为：

> 印度当前的诉讼程序模式不是个人主义的英裔印度模式，④而是以人为本、基础深厚的，预想通过"集体诉讼""公益诉讼"和"代表诉讼"来诉诸司法的诉讼程序模式。实际上，大部分印度人没有陷于成本高昂的多次独立诉讼，而是选择通过集体诉讼在法庭寻求救济，这是对我们民主制度中参与式司法的一种肯定。我们坚定地认为，"诉因""被侵权人"以及私益诉讼的狭隘概念已逐渐被一些法院系统所摒弃。
>
> [该案案卷第780页，重点补充；同见"阿克希尔·哈提亚·苏切特·卡拉卡里·桑格铁路委员会诉印度联邦（1981）1最高法院案246，281"]

印度公益诉讼制度的发展可分为三个阶段["北安查尔邦诉巴尔旺特·辛格·乔法尔（2010）3最高法院案402"；同见Dam 2005：115-

---

① Baxi argued that, whereas PIL in the United States has focused on 'civic participation in governmental decision making', the Indian PIL discourse was directed against 'state repression or governmental lawlessness' and was focused primarily on supporting the rural poor. See also Bhagwati, 1984; Cunningham 1987; Vandenhole 2002.

② "法庭之友"是指因对诉讼的主要争议具有兴趣而向法庭提交书面意见或被法庭询问的非诉讼当事人。——译注

③ *Fertilizer Corporation Kamagar Union of India* AIR 1981 SC 344; *Jasbhai Motibhai Desai v Roshan Kumar* (1976) a1 SCC 671; *Bar Council of Maharashtra v MV Dasholkar* (1976) 1 SCR 306.

④ 英裔印度模式是印度独立前遵循的英国普通法诉讼程序模式。——译注

116；Deva 2009：27]。第一个阶段，即 20 世纪 70—80 年代初的黄金时代。当时法院受理了有关社会边缘人群及贫困阶层基本权利的案件，为了使之前被排除在司法救济之外的社会大多数群体能够诉诸法律，法院修改了诉讼资格规则并扩大了被侵权人的程序含义。根据生命权（印度《宪法》第 21 条）的有关规定，法院放宽了诉讼资格，准许热心公益的公民、机构、非政府组织和其他参与者，代表不能提起诉讼的主体诉诸司法，从而扩大了被侵权人的定义。在"古普塔诉印度联邦 1981 补充最高法院案 87"中，伯格瓦蒂（Bhagwati）法官指出：

……当个人或特定人群的宪法或法律权利遭受违法行为或其他行为的侵害，而他们因贫穷、无助、残疾或处于社会经济上的弱势地位不能向法院寻求法律救济时，公众中的任何一员都可以依据第 226 条向高等法院申请合理的指令、命令或令状，如果这些个人或特定阶层的人群的基本权利被侵害，根据第 32 条的规定，在该法院……

（该案案卷第 201 页）

为了替最贫穷的社会边缘人群争取"正义"，法院放宽申请令状的程序，设立新的基本权利、扩大解释基本权利的内容，克服证据问题并发展新的救济途径，在法学理论和法学技术上进行了卓有成效的创新。（参见 Baxi 1985：110；参见 Trubek and Trubek 1981：119；Cooper 1993：616—632；Sripati 1997：118—125；Shah 1999：467—473；Jain 2003：51—52；Shankar and Mehta 2008：146；Singh 2008：310—322）。公益诉讼的成功案例包括"最高法院介入民主公民诉阿萨姆邦（1995）3 最高法院案 743"，该案中，生病住院的囚犯被捆绑并戴上手铐。在"阿尼尔·亚达夫诉比哈尔邦（1981）1 最高法院案 622"中，审前被拘留的被告人也受到了与前案中生病囚犯同样的对待。"穆娜诉北方邦（1982）1 最高法院案 545"涉及候审青少年遭受成年囚犯性虐待的问题。在其他公益诉讼案例中，最高法院还废止了对比哈尔邦女囚犯的监禁暴力，并解决了童工问题和工作场所女性遭受性骚扰的问题（参见 Baxi 1985：115—116）。

第二阶段始于 20 世纪 80 年代。在这个阶段，印度的司法通过富有创造性和创新性的司法技术保护生态环境，赢得了公众的尊重，提高了司法的公信力。① 最高法院通过其森林审判庭（在2013年更名为绿色审判庭）定期发布关于森林覆盖、非法采矿、杀害海洋生物和野生动物以及环境污染问题的决议和指令。"北安查尔邦诉巴尔旺特·辛格·乔法尔（2010）3最高法院案402"的判词这样写道：

> 在印度土地上，发生了大规模的侵权行为。每天都有成千上万的工厂在没有安装污染防控设施的情况下作业。数以万计的印度人在没有采取适当安全保护措施的情况下从事采矿和其他危险的工作。数百万公升未经处理的废水被倒入河流，数百万吨有害的垃圾被直接倾倒在地面上。环境变得如此恶劣，它不再养育我们而是在毒害我们。在此情况下，最高法院审理了大量的案件并发出了无数的指令。
>
> （该案案卷第437页）

在第三阶段，公益诉讼的管辖范围扩大，将揭露政府腐败、维持国家管理廉洁的案件纳入其中。国家管理的廉洁是高效行政和国家发展的必要条件，而确保管理廉洁的一个基本要求在于没有腐败。在"米合塔诉印度联邦（2007）1最高法院案110"中，印度最高法院冻结了由北方邦政府发起的泰姬陵遗产走廊项目。该项目工程的兴建将使亚穆纳河改道。并且，为了建造美食广场、商店和娱乐设施，该项目工程需要开垦泰姬陵与阿格拉古堡这两大世界遗产之间的75英亩土地。法院对北方邦政府部长（环境部长和首席部长）在批准该项目过程中所起的作用进行了质询，下令登记初步信息报告②并作进一步的详细调查。

由此，公益诉讼成为保护弱势群体、解决公众关注问题的"变革之轮"。公益诉讼作为一种程序性工具，发挥着"救济公众损害，执行公共职责，保障社会、集体、个体权利和利益，以及维护公共利益"的重要作用［Sathe 2002：217；参见"科萨夫南达·巴拉提诉喀拉拉邦（1973）4最高法院案225"］。本章追溯了公益诉讼制度在环境领域的发展和实践，也指出了公益诉讼制度的缺陷，尤其是案件审判缺乏技术专家意见的

---

① A detailed discussion of environmental PIL follows later in this chapter.
② 初步信息报告是孟加拉国、印度和巴基斯坦等国的警察机关获取了犯罪信息之后编写的书面文件。在印度，初步信息报告是非常重要的文件，只有在警察局登记过初步信息报告，警察才会对案件进行调查。——译注

指导，使公益诉讼在法庭易被滥用。公益诉讼制度的这一缺陷在印度引起了一场全国性的讨论，并最终促成了一个专门环境审判机构——国家绿色法庭的建立。

公益诉讼与环境保护

近年来，印度的环境政策及法律起草越来越全面、严格，这是1984年博帕尔工业悲剧带来的结果（Divan and Rosencranz 2001：2—3）。然而，制度机制中的矛盾和漏洞导致了环境执法的低效。执法机关的工作疏忽和表现不佳、多层腐败、执法过程中的政治干预或政治冷漠以及执政当局缺乏处理工业和商业利益纠纷的意愿等多种因素共同造成了环境管理的不善（南亚人权文件中心 2008：423）。在"印度环境法律行动委员会诉印度联邦（1996）5 最高法院案 281"中，法院认为：

> 如果仅仅制定有关环境保护的法律就可以确保环境清洁无污染，那么印度或许会成为世界上污染最少的国家。然而事实并非如此。虽然有超过 200 个联邦和成员邦层面的法规直接或间接地涉及环境保护，但不幸的是，这些法令在数量上的膨胀并没有阻止环境的退化。近年来，印度环境退化的情况反而愈演愈烈。
>
> （该案案卷第 293 页）

国家遏制环境退化的失败，使印度司法机关在公众心目中的地位得到了提高，这是因为司法机关在保护生态环境方面作出了创新性的努力。在印度，无论是宪法还是法律，都没有直接规定环境权利。但国家的不作为或国家机关履行职责的不力，使宪法保障的人民生活质量遭受损害并面临危险。因此，印度最高法院积极推动环境公益诉讼制度的建立，对这种情况作出了回应。[①] 环境公益诉讼的发展促使环保人士、非政府组织和受影响的公民诉诸法院，尤其是到高等法院，寻求救济。在此背景下，变革的公益诉讼制度，为环境退化的受害者提供了获得司法救济的机会。在过去的 20 年间，法院将人权与环境紧密结合，受理了来自各方面的公益诉讼

[①] Article 21 Constitution of India states: 'No person shall be deprived of his life or personal liberty except according to procedure established by law.'

请求，包括请求法院在立法缺位的情况下发布指导和命令（Gill 2014；同见 Sathe 2002：210）。由此，积极能动的司法充当了"环境保护的法庭之友"，发展出一种新的环境法理学。在"印度环境法律行动委员会案"中，法院指出：

  随着工业化的快速发展，生态平衡所面临的威胁越来越大……尽管议会通过了环境保护的相关法律，但执法是缓慢的。政府当局不但不关心环境法律的实施，还以牺牲环境质量和无视法律的强制性为代价谋取私益。因此，一些热心公益的公民开始提起公益诉讼……当处理与环境相关的问题时，法院的主要工作是让执法机关（无论是国家机关还是其他权力机关）采取有效措施来执行法律……尽管如此，监督日常执法也不是法院的职能，而是行政机关的职能。但由于行政机关的不作为，法院有必要通过发布指令或法令的方式来督促行政机关执行那些保护人民基本权利的法律。

（该案案卷第 300—301 页）

  此外，在公益诉讼的实践中，法院解释了三个宪法条款［第 48 条 A，第 51 条 A（g）和第 21 条］，从而给印度的环境状况带来了重大改变。《宪法》第 48 条 A 是国家政策的一个指导原则，授权国家保护和改善环境，保护国家森林和野生生物。在该原则下，印度的政策指令授权政府和法院承担环境保护的职责。《宪法》第 51 条 A（g）赋予每个公民保护和改善包括森林、湖泊、河流和野生动物在内的自然环境、珍爱生物的基本义务。该条款规定的社会责任扩大了"公民"的范围，使热心公益的公民、利益相关机构和非政府组织都能为保护环境提起并推进公益诉讼。

  重要的是，最高法院通过互补适用《宪法》第 48 条 A、第 51 条 A（g）和第 21 条，以及在适当情况下针对环境案件发布必要指令，使这三个宪法条款得以有效实施。具体而言，第 48 条 A 规定的国家责任应当被解读为授予公民第 51 条 A（g）规定的相应权利。并且，尽管第 48 条 A 用"职责"一词表达权利的内容，但至少可以理解为该条款与第 21 条规定的权利在范围上是相同的。在"提鲁帕西区知识分子论坛诉安得拉邦（2006）3 最高法院案 549"中，最高法院评述道：

……保护环境和自然资源是印度《宪法》第21条规定的一项基本权利。因为《宪法》第48条A和第51条A（g）规定的指导原则在国家管理中具有基础性地位，国家应当在制定法律时运用这些原则，并在理解包括第21条在内的宪法基本权利之范围和意义时将这两个条文铭记于心。

（该案案卷第576页）

在环境话语体系下，最高法院适用印度《宪法》第32条作出了判决。《宪法》第32条授权法院制定保障基本权利的指令。也就是说，法院可以通过颁布指令来执行《宪法》第21条关于生命权的规定。"公民的基本权利受到侵害是行使《宪法》第32条规定之权利的必要条件。权利无法获得救济是一种最荒诞的法律难题，《宪法》第32条规定的救济权避免了这一难题的出现，因而成为被高度珍视的权利之一"（Pal and Pal 2011：1429）。《宪法》第32条不仅授予法院保障人民基本权利的权力，还赋予法院保护基本权利的职责。因此，最高法院拥有所有附带的和辅助的权力来保障基本权利，包括采取新的救济措施和制定新策略的权力（"米合塔诉印度联邦（1987）1最高法院案395"，第405页；亦参见"班德华·穆克提·默尔卡诉印度联邦（1984）3最高法院案161"）。

为了促进环境话语体系的建立，最高法院通过对宪法规定进行扩大解释，将人权与环境结合，由此发展出一种新型的环境法理学。这种扩张主义的方法是实体路径和程序路径创新合作的结果，它是新颖的，同时也是与传统人权和环境司法程序相悖的（Gill 2015：130）。实体路径的改变包括公民基本权利的扩张，特别体现在生命权、国际环境法原则的衍生适用和法规、标准的严格遵守等方面。相关程序扩张则为行使这些实体权利提供了一个平台。程序扩张包括更广泛地理解原告诉讼资格、将投递到法院的信件视为诉状、任命事实调查委员会、将指令作为持续的执行书予以实施等方面（Divan and Rosencranz 2001：133；Leelakrishianan 2005；Rajamani 2007；Sahu 2008；Faure and Raja 2010；Gill 2014：203—204）。

实体路径

亨利·舒（Henry Shue）倡导用"连接论"[①]来捍卫生命权："如果

---

① 亨利·舒通过"连接论"将生命权与健康权、生存权连接在了一起。——译注

个体缺乏一个健康活跃的生命所应当具备之基本生存要素,那么没有人能够充分……享有任何社会保障的权利"(Henry Shue 1996:24—25)。亨利·舒将生存定义为"拥有未受污染的空气、水和充足的食物、衣服、适当的住房以及最低限度的医疗保障"(Henry Shue 1996:24—25)。奥伦(Orend)对此有着相似的定义:"物质生存意味着人们可以安全地获得他们所需要的这些资源,特别是最低限度的营养食物、干净的水、衣物以及基本的健康医疗保障,以满足他们的生理需求"(Orend 2001;Nickel 2007:139)。生命权与健康环境之间的联系,关系到保障最低限度良好生活的消极条件和积极条件。规范的焦点"在于个体——个人的尊严和价值"(Rajamani 2007:414;参见 Boyle 1996;McGoldrick 1996)。最高法院通过扩大解释印度《宪法》第21条规定之"生命"的概念发展了环境保护的判例法:生命权是一项基本权利。最高法院认为生存不能仅指物理上的存在,还应当包含对生活品质的要求。在"法兰西斯·考拉列诉德里全印广播电台1981最高法院746"中,伯格瓦蒂法官指出:

> 我们认为生命权是指有尊严地生存的权利。享有生命权应当具备生存所需的所有物质资料,即生存的基本条件,例如足够的营养、衣物和住处以及用以阅读、写作和其他不同形式表达自己的设施。
>
> (该案案卷第753页)

在"维仁德·高尔诉哈里亚纳邦(1995)2最高法院案577"中,法院认为一个健康的环境应当是没有污染的,具体而言:

> 《宪法》第21条保护作为基本权利的生命权,即享受生命……包括有尊严地生存的权利。保护环境、保持生态平衡使其远离水污染和空气污染以及保障环境卫生都是生命权的应有之义。如果没有这些环境条件,人类将无法享受生命。任何违反生命权的行为或活动都可能导致环境污染。生态环境污染、空气污染和水污染……应当被认为是违反了《宪法》第21条的规定。因此,一个清洁的环境是健康生命权不可分割的组成部分,如果没有一个健康的环境,人类根本无法有尊严地生活……宪法规定,国家及各市政府不仅要保障人们享有适宜的环境,还要采取适当措施促进、保护、改善人造环境和自然

环境。

> [该案案卷第580—581页；同见"沙兰莎·萨胡诉印度联邦（1990）1 最高法院案 613"]

在"孟买市政管理机关诉科希努尔 CNTL 基础设施建设公司（2014）4 最高法院案538"中，最高法院将环境权视为生命权的一部分：

> 必须指出，《宪法》第 21 条规定的内容包含了享有干净、健康环境的权利，正如"法院基于主动审判权诉印度联邦案"[生命与环境觉醒组织报道 2012（12）：307]指出的那样：印度《宪法》第 21 条的规定清楚表达了公民生命权的概念。生命权是指在干净的环境中有尊严地、安全地生存的权利。在"韦洛尔公民福利论坛诉印度联邦案"中，法院也认为享有干净的、无污染的环境的权利是我们普通法体系中的一种权利……
>
> （该案案卷第 556 页）

在城市环境中，市政当局不履行法定职责导致环境极不卫生的情形，属于生命权规制的范畴。《宪法》第 21 条具有维护健康、保持卫生和保护环境之意，因为如果忽视对健康、卫生的维护或者忽视对环境的保护，会对公民的生命产生不利影响。[①] 此外，第 21 条规定的生命权还包含公民享有未受污染的空气和干净的水的权利。[②] 并且，如果强制将不情愿的人们暴露在危险的、具有破坏性的噪声中，也相当于侵犯了他们的生命权（《宪法》第 21 条）（关于"噪声污染 全印广播电台 2005 最高法院 3136"）。

因此，法院的解释明确了生命与健康环境之间的关系，并成功地将人权置于环境话语之中。但是，"承认一个权利"并不等于能够有效实施该

---

① *Delhi Jal Board v National Campaign for Dignity and Rights of Sewerage and Allied Workers* (2011) 8 SCC 574; *State of Uttaranchal v Balwant Singh Chaufal* (2010) 3 SCC 402; *Chhetriya Pradushan Mukti Sangharsh Samiti v State of Uttar Pradesh* AIR 1990 SC 2060; *Subhash Kumar v State of Bihar* AIR 1991 SC 420; *M C Mehta v Kamal Nath* (2000) 6 SCC 213.

② *Narmada Bachao Andolan v Union of India* AIR (2000) 10 SCC 664; *M C Mehta v Union of India* (2007) 1 SCC 110.

权利（Boyle 1996；Korsah Brown 2002：81；Kiss and Shelton 2003：393；Rajamani 2007）。研究表明，环境权的法律约束效力不容乐观。空气污染的影响不断加剧，反映出整个印度空气质量的下降。目前，空气污染已经导致印度国内胸腔及咽喉疾病病例大幅度增加。在全球污染最严重的20个城市中，有13个城市来自印度。据2015年的《印度国民健康状况》统计，印度该年有近350万例急性呼吸道感染病例，比2010年增长了30%[①]（Burke 2015）。

《2014年耶鲁大学环境绩效指数》在178个空气污染国家中将印度排在了第174位（《纽约时报社论》2014）。该报告表明，印度死于哮喘的人多于其他任何地方。在印度汽车销售蓬勃发展的情况下，柴油成为首选的燃料。污染监测具有随机性，印度的许多工厂选择无视现有的环境法律法规，污染环境。世界银行表示，印度每年因环境恶化损失高达800亿美元，且23%的儿童死亡可归因于环境恶化（世界银行2013：1）。

同样，英国广播公司的一份报告——《这是汽车喇叭声最响的城市吗？》指出：

> ……德里的噪声污染非常严重，对居民的人体健康产生了显著的影响。在德里，700万辆汽车竞相争抢道路的空间。除了汽车的引擎发动声和刹车声，还有连续不断的汽车喇叭声持续冲击着人们的耳鼓膜。噪声污染不仅影响学校的儿童和医院的病人，还导致人们压力增大、心脏病诱发，并造成年龄相关性耳聋的发病时间比正常情况提早15年。
>
> （Anand 2014）

上述资料揭露了普遍的社会现实，表明印度社会存在令人担忧的问题，且这些问题还将带来持续的挑战。公共健康以一种有形的形式被定义，体现为安全、健康、卫生和未受污染的环境。然而，环境零污染也是不现实的，污染可以被减少，却不能被消除。这就引出了如何建立标准的问题。量化一个安全健康的环境是很困难的，制定和应用质量标准需要进

[①] 'India's doctors blame air pollution for sharp rise in respiratory diseases' Guardian, 23 September 2015 www.theguardian.com/world/2015/sep/23/india-doctors-air-pollution-rise-respiratory-diseases-delhi.

行广泛的研究和讨论，包括影响研究及公众参与。制定标准依靠的是基于污染水平获得的近似值、污染控制的可行性技术及现有技术能力。在制定标准时，首先应当考虑的因素是现有法律规范的效力和成本。需要注意的是，实施这些标准依靠的是相对的经验而非绝对的目标（Agarwal 1996：51）。司法解释赋予环境权价值和地位，使其趋于理想却不太可能被实现。

实体路径还包括将国际法原则衍生适用于健康环境权。诸如污染者负担原则、风险预防原则、代际公平原则和公共信托等环境原则，已经被印度最高法院采纳并被认为是《宪法》第 21 条的重要组成部分。在"提鲁帕西区知识分子论坛诉安得拉邦（2006）3 最高法院案 549"中，最高法院认为"所有人类都拥有享受健康环境的基本权利……确保自然资源的节约和保护，使当代人和后代人都能平等地享有它们"（第 84 页）。该判决支持派生自《宪法》第 21 条的公共信托原则和代际公平原则。同样的，在"科学研究基金会（18）诉印度联邦（2005）13 最高法院案 186"中，法院援用了污染者负担原则，指出：

……污染者负担原则主要是指货物或其他物品的生产者应当负担污染防治（生产过程中产生的污染）所需要的成本。

（该案案卷第 200—201 页）①

风险预防原则已经被确认为法律原则。该原则主要是指在环境损害具有科学不确定性的情况下，应当采取措施以避免对环境或者人类健康产生严重的风险或带来不可逆的损害。②

尽管法院采纳了国际环境法原则，但"法院没有一直遵守这些原则，也没有（在其裁判中）将这些原则制度化。因此，这些原则并未对环境司法的发展产生长期的影响"（Sahu 2008：385）。例如，污染者滥用法院系统，反复提出申请以避免履行最高法院的命令或判决。尽管法院适用污染者负担原则，但判决迟延是常见的，"印度环境法律行动委员会诉印度

---

① See also *Deepak Nitrate v State of Gujarat*（2004）6 SCC 402；*Indian Council for Enviro-Legal Action v Union of India*（1996）3 SCC 212.

② *Vellore Citizen Welfare Forum v Union of India* AIR 1996 SC 2715；*AP Pollution Control Board v Nayudu I*（1999）2 SCC 718；*Narmada Bachao Andolan v Union of India*（2000）10 SCC 664.

联邦（1996）3 最高法院案 212"就是一个例子。该案中，一群化工企业在村庄设立工厂生产盐酸和相关化学物质用于出口。尽管生产盐酸在欧洲国家是被禁止的，但需求仍然存在。因此，印度的一个偏远村庄——比奇瑞（Bichhri），成了这种致命化学物质的生产点。在比奇瑞设立工厂的"强盗公司"，在没有从污染控制部门获取相应许可证的情况下，就开始了生产。这些工厂产生了2400—2500吨的工业垃圾，具有很强的毒性。在比奇瑞区域内，铁、石膏污泥和其他化学品被随意地倾倒在地面上，导致有毒物质渗透到地下蓄水层，污染了地下水。损害在四个月内发生，对土地和供水产生了严重的破坏，并导致当地社区疾病肆虐，出现人身伤亡和经济损失。在11个村庄中，至少有400个农民和他们的家庭直接受到地下水污染的影响。最高法院裁定"强盗公司"对此应当承担全部责任。最高法院命令这些公司对他们给村民、土壤和地下水造成的损害进行赔偿，并采取一切必要措施清除污泥和其他污染物，支付土壤和地下水的修复费用。法院援用了污染者负担原则，授权中央政府确定和（向工厂）收取修复措施所需费用。《宪法》第21条和污染者负担原则的应用使该判决具有了里程碑意义，然而该判决同时也反映出向法院寻求救济所面临的局限。比较印度最高法院的审判进度与那些贫困村民的日常生活，不会有比这更能诠释时间相对性[①]的例子了。那些贫困的村民每日都挣扎在环境污染之中，甚至因此而失去生命。可印度最高法院历经23年都未能替比奇瑞的村民伸张社会正义，实现经济公平。赔偿数额的估算、费用支付和补救措施的实施一直被推迟。因此，判决执行的拖延抑制了人们通过法律途径寻求社会正义的意愿。诉讼费用则是司法救济的另一问题所在。从货币的角度来看，能否诉讼成功取决于各方掌控资源的能力。污染者的资源相对丰富，而穷苦村民的资源则相对匮乏。因此，污染者有能力提起一系列非正审申请，[②]以推迟法院对案件的正式审理，进而消耗当地社区进

[①] 根据相对论可知，时间的相对性是相对于一个参考系而言的。时间的快慢效应是相对于观测者这个参考系而言的，如果相对物本身是参考系，则流逝的时间是正常的，不存在变快或者变慢。所以时间是相对的。作者在这里以时间的相对性理论说明，当观测者作为参考系时，时间是有长短的，时间对穷人来说那么漫长，而对印度最高院法院来说却非常短暂，以至于它花了23年的时间都没能替居民伸张正义。——译注

[②] 在高等法院正式审理案件之前可向法院申请进行的聆讯统称为非正审申请书，包括撤销申请、提供更多详细资料等申请，申请目的在于使各方了解彼此的观点。——译注

行诉讼的物质资源、精力和决心（Gill 2012：213—216）。

另外一个问题是，出于当前的现实需求保护自然，与考虑到后代人的需求保护自然是完全不同的（Boyd 2012）。"现在和以后"之间的这种紧张关系虽然不是印度独有的，但它在印度仍未得到解决。结果不容乐观，印度社会守法程度极低，环境污染越发普遍和频繁。

程序路径

印度最高法院制定适用于公益诉讼的新的诉讼程序，为原本不能向法院寻求救济的民众提供了诉诸环境司法的途径。在"孟买卡迈夏尔·萨博哈诉阿布都哈依·法祖拉伯哈依（1976）3 最高法院案 832"中，法院在有意改善司法途径的同时，注意到"诉讼时效是司法的仆人而非主人，法官必须审视程序偏差，因为无视程序偏差的实质是平等对待当事人的失败"（第 837 页）。原告诉讼资格的放宽是一项重大的程序创新。作为独立印度最具有社会责任意识的法官之一，克里希纳·耶尔（Krishna Iyer）法官认为：

>……事实上，我们遇到了一些法律制度中具有重大战略意义的程序法学问题。我们必须关注这些问题，因为它们涉及的不仅仅是英裔印度过时狭隘的"诉讼资格"规则问题，而是为民众伸张正义之事。正如《宪法》前言所述，如果司法的重心要从传统个人主义的诉讼资格①转移到面向社区的公益诉讼，则必须对这些利益予以考虑。
>
>["市政委员会特拉姆诉瓦迪羌德（1980）4 最高法院案 162"案卷第 163 页]

传统原告资格分为两种：代表诉讼资格和公民诉讼资格。代表诉讼资格允许任何公众成员善意地代表那些因贫穷、残疾或社会经济上的不利地位不能诉请法院实现其基本权利的受害者，针对侵犯这些受害者人权的行为提出主张。例如，非政府组织和环保主义者代表贫穷的部落居民通过该程序进入法庭。部落权利、环境权利及森林土地保护的发展与居民维持生计的紧迫需求之间的紧张关系，都是代表诉讼资格应当考虑的情况。与代

---

① 这里所说的个人主义的诉讼资格是指仅个人拥有诉权的诉讼资格规则。——译注

表诉讼资格不同，公民诉讼资格并不适用于个体救济，它仅为影响社会整体的公共损害提供救济平台［参见 Baxi 2000；Bhushan 2004；Pal and Pal 2011：1449；Gill 2015：131；"肯德拉农村诉讼和权利组织诉北方邦 全印广播电台 1985 最高法院 652"（杜恩谷案）］。"法官更换案"（"古普塔诉印度总统全印广播电台 1982 最高法院 149"）确定了公民诉讼资格的范围：

> ……公益诉讼具有救济公共损害、维护集体权利和利益或者维护公共利益的目的，任何公民只要是善意且具有充分利益就可以提起公益诉讼。① 法院需在个案中确认什么是让公众成员拥有诉讼资格的充分利益。并且，法院不能制定任何严苛、草率的规则或束缚准则以定义或限制"充分的利益"。
>
> （该案案卷第 192 页）

"城市固体废物管理案"（"阿尔米特拉·帕特尔诉印度联邦令状呈请 1996 年第 888 号"）和"泰姬陵案"（"米合塔诉印度联邦全印广播电台 1997 最高法院 734"）就是适用公民诉讼资格的结果。在这两个案子中，热心公益的公民曾试图让政府为其不作为或乱作为负责。

诉讼资格的这个定义引入了一个多中心的、参与式的民主变革过程。萨胡（Sahu 2014）的实证研究认为，马可·格兰特（Marc Galanter）1974 年的结论并不适用于随后的印度环境案件。格兰特认为，在印度，"富人"比"穷人"更能成功地诉诸司法（Galanter 1974）。萨胡用文献证明，1980—2010 年的环境判决反映出包括非政府组织和环保人士在内的弱势当事人作为原告对印度联邦、邦政府和企业提起的诉讼，都是相对成功的。法院并不专属"富人"（联邦、各邦政府和企业群体），它同样为"穷人"（个体、社区和非政府组织）而存在。社会正义和经济公平是印度宪法的本质，它赋予司法保障每一个公民的权利之职责，特别是保障社会弱势群体权利的职责。

然而，按照萨胡的说法，在公共基础设施建设方面，如修建大坝和发

---

① 在著名的"法官更换案"中，印度最高法院突破原有诉讼规则的限制，确立了"出于善意的充分利益"的诉讼资格规则。至于什么是"充分利益"，最高法院没有明确说明，法律也未详细规定，由法官行使充分的自由裁量权，在具体个案中予以明确。——译注

电站，印度最高法院有时会基于国家经济发展的需求，改变其坚定的环境立场（Sahu 2014：55）。有几位以其环保立场闻名的法官都曾选择不反对邦的公共基础设施建设，即使这些建设项目存在社会和环境方面的隐患，法官还是允许了项目的继续进行。然而，这样的选择是有问题的，因为大型基础设施建设项目反映了两个高度关联的重要发展趋势（Bhushan 2009；Gauri 2009）：第一，环境保护事业和强大的商业、企业既得利益集团之间存在冲突；第二，建设项目给相关穷人及边缘人群带来的影响是明显不合理的。

普拉桑特·布尚（Prashant Bhushan.）的分析虽然早于萨胡，但也佐证了萨胡的结论。布尚认为：

……因此，个别法官会在无明确规则指导其何时才能发布环境保护令的情况下，根据他们自己的主观喜好，异想天开地实施环境保护的权利。一方面，当穷人的社会经济权利与环境保护相冲突时，法院普遍会优先考虑环境保护；另一方面，当环境保护与法院认定的"发展问题"或强大的既得商业利益集团冲突时，法院却往往选择将环境保护牺牲在"发展"或强大利益集团的祭坛之上。

（Bhushan 2009：35）

萨胡和布尚的数据分析通过对比反映环境偏见和矛盾的司法判决得以说明。2007年11月23日，最高法院在"哥达瓦尔曼·提路马尔帕德诉印度联邦案和吠檀多铝业有限公司（2008）2最高法院案222"中，禁止了奥里萨邦（Orissa）由吠檀多公司及其印度子公司——M/S斯特利特公司开展的氧化铝和铝土矿开采项目。该公司在奈彦吉利山（Niyamgiri）开办氧化铝厂进行采矿，然而奈彦吉利山是一片保留林地和东加里亚空达部落（Donria Kodha）的栖息地。工厂的开采活动不仅强行将贫穷部落的村民从其家园驱逐出去，还对环境造成了严重的损害。尽管采矿业是一个重要的盈利产业，但它也不能由缺乏商业道德的公司集团掌控。只有具备商业道德的公司，才能认识并平衡盈利与可持续发展、受影响部落社区的历史性权利及当前生计之间的关系。因此，最高法院决定，如果项目方和奥里萨邦承诺实施一揽子修复方案（包括项目区域内的部落发展方案，需考虑部落居民的健康、教育、通信、娱乐、生计和传统生活方式等方面的需求；在缴税之前，先预留其5%的利润用于部落社区再投资、补偿性造林以及实施综合的野生动物管理计划），最高法院才可能考虑批准项目。一揽子修复方案被项目方接受后，最高法院于2008年8月8日批准了该项目。①

随后，类似的法律挑战继续出现在"奥里萨邦矿业公司诉环境和森林部（2013）6最高法院案476"中。该案中，最高法院指令地方基层治理机构——乡村委员会行使权力，由该乡村委员会来决定韦丹塔资源集团在奥里萨邦奈彦吉利山进行的17亿美元铝土矿开发项目能否继续进行。乡村委员会被指令在考虑森林居民②的文化、宗教、社区及个人权利等方面要求的基础上，于三个月内作出决定。这项具有里程碑意义的判决其实是2010年印度政府发布的一份内容十分具有冲击性的报告，该报告被称为萨克西纳委员会报告。③ 萨克西纳委员会发现韦丹塔公司一直在违反印度环境法律，全然不顾东加里亚空达部落村民的权利。该公司非法围垦了其冶炼厂范围内至少26.123公顷的乡村林地，剥夺了部落民众和其他穷人的生存权利。这个备受瞩目的案件阐明了印度最高法院是如何让部落参与环境风险决策过程以维护部落权利，从而保护奈彦吉利山的脆弱生态环境的。

"德里英联邦运动会案"表明法院"纵容"错误的排位顺序④和地方当局的错误决定，支持"基础设施建设"的司法审判趋势（Gill 2014）。该案中，最高法院在有争议的城市发展和生态环境保护之间面临抉择（"新德里开发局诉拉金德拉·辛格、全印广播电台 2010 最高法院 2516"）。公众质疑在受法律保护的亚穆纳河（Yamnna）冲积平原⑤上建设英联邦运动村的合法性，因为这一建设行为违反了环境保护部门"不允许在河堤上建设任何永久性建筑物"的规定。2010年在印度举行这场运动会关乎民族自豪感，它能为印度的经济发展、城市振兴和走向世界提

---

① Also see *Banwasi Seva Ashram v State of Uttar Pradesh* AIR 1987 SC 374; *Karjan Jalasay YASAS Samiti v State of Gujarat* (1986) Supp SCC 350.

② 森林居民是指生活在奈彦吉利山森林中的部落村民。——译注

③ Report of the Four Member Committee for Investigation into the Proposal submitted by the Orissa Mining Company for Bauxite Mining in Niyamgiri (16 August 2010) at 9.

④ 排位顺序是指经济发展与环境保护之间的优先顺序。——译注

⑤ 冲积平原是由河流沉积作用形成的平原地貌。——译注

供机会，展现德里作为世界一流城市、印度作为亚洲新超级大国的风采。然而，这场运动会的实际效果却与预期完全不同，它对社会和环境都产生了重大的影响。为了腾出建设用地，"不起眼的普通穷人"搬迁规模庞大，超过10万户家庭被迫转移。乞丐和无家可归的人被逮捕，并被随意拘留在"零容忍区"①（住房和土地权利网络报告2010：3）。德里社会福利部长曼格特·拉姆·辛格尔（Mangat Ram Singhal）宣称：

……乞讨行为惹人讨厌，必须予以禁止。当我们将德里变成世界一流城市时，它必然会被人们拿来与其他一流的首都相比较。而在其他国家，没人会遇到乞丐。那么为什么德里要有乞丐？我们必须要让德里摆脱他们。

（Mahaprashasta 2010）

亚穆纳河是"德里的生命线和城市的主要供水源"（Misra 2010：71）。在亚穆纳河冲积平原上建造英联邦运动村，削弱了冲积平原生态系统的水源补给功能，毁坏了自然资源，伤害了迁徙的鸟类，并损害了亚穆纳河冲积平原所属的湿地。

尽管存在这些消极影响，最高法院也没有命令停止建设英联邦运动村。最高法院声称该运动村没有坐落在冲积平原上，但德里高等法院出具的相关观察报告认为该问题应当由专家委员会作进一步的调查。运动会一结束，当时的印度总理曼莫汉·辛格（Manmohan Singh）就成立了一个由维基·克辛·桑格鲁（V K Shunglu）领导的高级委员会，专事审查与英联邦运动会、英联邦运动村相关的问题。结果，多名运动会官员被指控存在腐败行为，运动村的选址也受到了严厉的指责（高级委员会2011）。前环境和森林部部长杰伦·兰密施（Jairam Ramesh）在被问及环境法庭是否应当批准建设英联邦运动村时回答说，他认为不应当批准，因为运动村的建设毁坏了河床。关于英联邦运动村是否坐落在冲积平原上的问题（Hindu 2011），亚穆纳河给出了自己的答案：2010年8月和9月，英联邦运动村被持续的季风降雨所淹没。该案反映出最高法院在受制于私营部门

---

① "零容忍区"是指权力机关必须严格实施某项政策，不具备任何自由裁量的空间。——译注

和公共部门强大的政治经济利益时所面临的压力。最高法院在英联邦运动村计划和建设的关键问题上所作的决定过于草率，最终损害了亚穆纳河乃至整个印度环境司法的发展。

因此，环境公益诉讼的受理和驳回都存在现实矛盾和不确定性。热心公益的公民对此深表关注，因为他们认为司法是保护环境和公民权利的最后手段。

此外，关于"原告资格"的放宽解释也受到了批评，因为它在一个偏好打官司的社会中进一步鼓励了诉讼，堆积的案件已经使司法机关不堪重负。印度的审判迟延可能超越了英国狄更斯《荒凉山庄》中的詹狄士诉詹狄士案[1]。如果"迟来的正义非正义"[2]，那么印度司法给予弱势群体的正义将会一直受到严格限制。印度的审判迟延不是最近才有的现象，可以追溯到拉杰时代。这是由法院案件积压、休庭、文件丢失、证人缺席以及律师和当事人的故意拖延战术等多种原因造成的（Galanter 1989；Moog 1992；Singh 2008）。印度法律委员会在其第 77 次报告中指出："存在审判迟延是因为法官太少，而需要处理的案件又太多，需求远远超出了资源的供应"（1978）。事实上，印度法律行业中奉行唯利益论：诉讼是法律人从业的主要目的和最大的收入来源。唯利益论的盛行导致拥趸们（信奉唯利益论的法律从业者）激烈争抢客户，特别是在更低层次、更为传统的法律服务市场上。因此，法律从业者更愿意出庭挣出庭费，而不是提供诸如计划、谈判、和解或仲裁等法律服务，因为这些法律服务的提供不符合法律训练的内容和唯利益论法律从业者所扮演的角色。出庭是向客户收费的基础，因此训练有素的律师在法庭煽动好诉的公众，鼓励他们通过休庭、提出申请、更正、复核以及上诉来延长诉讼。1981 年，最高法院的德赛（D A Desai）法官写道："法律从业者可以抱团来保护其自身利益，提升自身地位并守护整个行业的利益。这似乎是法律行业唯一的作用。"在"德里车辆污染案"["米合塔诉印度联邦 令状呈请（民事）1985 年第 13029 号"]中，最初的令状是在 1985 年提交的。尽管法院颁布了许多临时的命令和指令，但该案至今仍未审结。

---

[1] 狄更斯的《荒凉山庄》描写了一个拖延了 20 年的诉讼案，即詹狄士诉詹狄士案，讽刺了当时英国的司法系统腐败无能。作者在这里将印度的审判迟延与该案作比较，是为了说明印度审判迟延现象过于严重。——译注

[2] 作者在这里援引了一句英国的法谚，"迟来的正义非正义"。——译注

除了审判迟延外，公益诉讼对"诉讼资格"的放宽也被虚假诉讼（串通、谋取不正当利益或投机的诉讼）所利用。操纵诉讼的当事人可能会通过公益诉讼程序损害对方当事人（Shah 2010；Desai and Muralidhar 2013：181）。公益诉讼对"诉讼资格"的放宽还导致了滥诉的现象，因为有些当事人只要遇到可能与公益有关的问题就会向法院提起诉讼。最高法院对此早已表示不满，因为这不仅浪费了法院的时间、精力和资源，还使法院的审判进度承受了更大的压力。随着时间的推移，越来越多的人认为，公益诉讼越发变成"哗众取宠的"利益诉讼或"私人"利益诉讼，它的推行产生了适得其反的效果["巴鲁特铝业公司员工组织诉印度联邦（2002）2 最高法院案 333"]。在"北安查尔邦诉巴尔旺特·辛格·乔法尔（2010）3 最高法院案 402"中，法院认为：

……不幸的是，最近人们注意到，法院如此精心开拓、创造并费心促进的重要司法审判制度正在被一些动机不纯的起诉公然滥用。我们认为，真正善意的公益诉讼应当得到鼓励，而毫无意义的诉讼则应当被阻止……

（该案案卷第 409—410 页）

在"尼图诉旁遮普邦全印广播电台 2007 最高法院 758"中，最高法院得出结论：有必要采取惩戒措施以确保大家明白动机不良的起诉会被法院拒绝。[①]

放宽"诉讼资格规则"还会为可能出现的"挑选法院"[②] 行为打开方便之门，依法司法不再是制度化的审判，而变得为个人所掌控。一些法官以"绿色法官""亲贫"或"改革派"而闻名，他们借此推行个人主义的崇拜，从而减少了司法判决中的确定性因素。但判例从来不是基于个人的突发奇想，也不是在法庭审判中随机产生的（Srikrishna 2005；Shah 2008：7）。

公益诉讼的另一个新颖的程序特征是法院有权任命"事实调查委员会"，该委员会通常由环境专家组成（Divan and Rosencranz 2001；Desai

---

[①] Also see *Charan Lal Sahu v Giani Zail Singh* AIR 1984 SC 309.

[②] 挑选法院是英美法的一个专门术语，主要指在国际民事诉讼中，当事人选择一个最有利的国家或法院去提起诉讼的行为。——译注

and Muralidhar 2013：165—167）。① 环境方面复杂的科学技术问题会影响公益诉讼的进行，法院将该专家委员会的报告视为初步的事实证据和收集的数据，以应对环境问题的复杂性和科学技术性。在印度《宪法》第32条的规定中，任命权是法院固有的权力（Bandhua Mukti Morcha：816、817、849）。例如，在杜恩谷案中（第653页），法院任命巴尔加瓦（D N Bhargv）调查北方邦政府提交的令状申请和列表所涉的石灰石采石场。基于委员会的报告，一些采矿作业被命令立即停止，另外一些则被命令分阶段停止。在"施瑞玛油气泄漏案"["米合塔诉印度联邦（1986）2最高法院案176"]"中，尼拉伊·乔杜里（Niky Choudhany）委员会被任命调查施瑞玛危废厂给周围居民带来的环境危险和威胁，从而为法庭决定是否准许该危废厂重新作业提供建议。可见，法院极其看重委员会的意见。

然而，一些与专家委员会的任命及解决争端能力有关的问题出现了。一方面，矛盾或有分歧的调查结果加重了审判的证据负担["比如安得拉邦污染控制委员会诉纳尤都教授（一）（1999）2最高法院案718"]；另一方面，正如萨胡所说，在没有全面考虑环境问题的情况下，这些委员会的功能和组成往往具有推动特殊部门（例如，环境保护部门）主张的强烈倾向：

> ……法院建立的中央授权委员会的成员完全由野生动物保护主义者组成，他们历来将野生动物置于人民之上。环境和森林部的官员则强烈倾向于扩大森林管理部门控制的管区。相较之下，由于没有部落民众的代表和管理部落事务的部门或宪法授权的委员，表列种姓和表列部落②的权益很难得到主张。

此外，以法定授权的形式给予这些委员会永久的地位，从而"在治理框架内建立了一个并行的权力结构"（Shah 2008：387）。

"司法认定事实"是法院为减轻原告在环境诉讼中的举证责任所作的

---

① The court also held that the power to appoint commissioners is not constrained by the Code of Civil Procedure or Supreme Court Rules (Order XXVI Civil Procedure Code and Order XLVI Supreme Court Rules 1966).

② 表列种姓和表列部落是印度因历史原因形成的、处于印度主流社会之外的、印度宪法规定的两类社会弱势群体的总称。——译注

另一种程序创新。传统上,"社区中所有理性人都知晓的事实"以及"能够通过没有争议的精确来源即时准确地予以确定的事实"都可以成为"司法认定事实"(Divan and Rosencranz 2001:144)。

"职务执行"①是印度最高法院用来执行和监督公益诉讼指令的另一程序(Divan and Rosencranz 2001:144)。在环境案件中,比起判决,具有广泛基础和持续影响的临时指令相对较多。通过"职务执行"程序,法院已经从专门的审判者变为政策的制定者和执行政策的高级行政机构。最高法院可以有针对性地回应每一种情况,通过蔑视法庭程序②和惩罚权对效率低下的政府机构施加压力。

然而,这种司法能动主义不乏批评之声,有人指责法院承担了传统上由立法机关和行政机关承担的职责。司法立法的合理性是一个老生常谈的法理问题。印度最高法院因为公益诉讼而被批评是过分活跃的立法主体,因此司法立法的合理性问题在印度可以得到很好的说明(Baxi 1983;Dam 2005)。法官们被指控违反了权力分立原则,不当侵入了传统上由行政和立法占有的领域。也有人认为,法官犯了民粹主义和冒险主义的错误,违反了权力分立原则。面对以上指控,法院否认自己有任何篡夺权力的行为。在其声明中,法院辩解自己的行为完全是基于法律规定或其固有权力而作出的(Shah 2008:391)。

司法能动主义通过环境案件扩张的情况在印度被广泛地讨论。实用主义已经遭到了理论的反对,我们必须审视凭借司法能动主义提起的环境公益诉讼的合法性问题,特别是在涉及基本人权因立法缺失或行政不作为被忽视的情况下。渐进式目的论认为,环境公益诉讼通过救济公共违法行为、保护共同的个体权利和利益、平衡环境与发展之间的利益冲突,推动了社会的发展。然而问题在于,这种渐进式目的论忽视了司法超越其应有边界以及违反权力分立原则的错误。在"卡木里·辛格诉北方邦全印广播电台1984最高法院802"中,法院指出:

在任何组织有序的社会中,只有满足人类的生理需求才能保障人

---

① "职务执行"是指继续履行职务。菲律宾环境审判程序中也有 Writ of Continuing Mandamus,意为职务执行令或继续履行职务令。——译注

② 蔑视法庭程序是法院以蔑视法庭罪对不履行法院命令的当事人处以罚金或拘留的诉讼程序。——译注

类生存的权利。而只有保证人类获得所有设施，可以无限制发展自己的时候，人类生存的权利才算得以真正保障。所有的人权都是为了达到这个目的而设计的。任何公民社会保障的生命权都是指获得食物、水、良好的环境、教育以及医疗保障的权利。这些都是为文明社会所熟知的基本人权。

（该案案卷第 842 页）

司法能动主义并不是一种非正常现象（Shah 2002：310）。它不是司法之治①，而是法院运用司法程序和框架使其行为合法化，进而获得公信力的途径。公众的信任、尊重和敬畏为法院和司法能动主义提供了合法性。公平、正直、正义和客观中立也使法院具有合法性。阿曼迪（Amandi）法官在一次公开演讲中说道：

在一个自由社会中，法最重要的品质是拥有获得公众接受、尊重和支持的力量。这种被称为"权力合法性"的品质通常与政府机关的命令有关，来自政府机关对其职能的合法履行。在进行宪法司法化②过程中，最高法院产生了最深刻的政治情感。最高法院不仅阻止强大的利益集团，还经常与行政机关发生冲突、不顾立法机关的意愿并命令政府机构。由于没有资金和暴力武装，法院只能依赖于权力合法性使其命令得以执行。因此，为了确保这种权力合法性的延续，法院应当在评估现实背景并分析命令能否被有效执行的前景之后再发布命令。

（Amandi 1996）

因此，环境公益诉讼促进了最高法院运用的扩张主义方法，拓宽了基本权利的边界（特别是印度《宪法》第 21 条规定的生命权），使热心公益的公民能够诉诸司法，寻求救济。"协同技术、程序灵活性、司法临时监督命令和事前救济"等程序扩张获得了公众的大力支持，也因此取得了社会合法性（Rajamani 2007：1）。这是在认识和处理政府不信任及政

---

① 司法之治是指司法权对治理权的僭越。——译注
② 宪法司法化主要是指将宪法作为法院裁判案件的直接法律依据。——译注

府不作为等问题时"印度民主的证明"（Rajamani 2007：12）。虽然司法干预和创新使环境治理过程变得更加复杂，但由公益诉讼启动的司法能动主义，使人们认识到了司法自由裁量权的重要性。前印度首席大法官——阿南（A S Anand）指出不应当滥用公益诉讼："……需要注意的是，公益诉讼本质上是公共利益诉讼，它既不能变成政治利益诉讼，也不能变成私人利益诉讼或哗众取宠的利益诉讼，更不能变成用来迫害他人的诉讼"（Sathe 2002：308；Jain 2003：86）。

关于环境法院的争论

在公益诉讼不断发展的背景下，研究环境法院是相当重要的。环境法院的创设建立在能动司法保护环境的创造性努力之上，环境法院的出现是最高法院关注科学证据的不确定性和复杂性的结果。科学上的完全确定是例外，而不是常态。不存在所谓可以完全表述事实的技术标准。由于数据不充分、科学存在未知领域并具有不可预测性，不确定性成为科学的固有特征。[1] 这样带有不确定性的科学证据往往会使原被告之间形成紧张关系。所以，当科学知识或主张在政策制定中被制度化，并由此成为法院判决之依据时，科学的不确定性就成为问题。随着获取更多的信息，科学家们可以改进、修正或放弃实验的变量或模型，但行政机关和法院必须基于现有的科学认知作出选择。并且，以科学形式呈现的证据可能很难检验或反驳。因此，不确定或不充足的信息会导致记录的偏差，而人们可能并没有恰当地认识或考虑到科学证据的这一缺陷（Gill 2010：463）。正如美国最高法院在其具有里程碑意义的判决——"道波特诉梅雷尔陶氏制药公司 509 美国 579（1993）案"[2] 中所述，每当谈及科学和法律发现真相的困难时："在法庭追求真相与在实验室追求真相之间存在重大区别。科学结论可以不断修改，而法律必须终局且迅速地解决争端"（该案案卷第 596 页和第 597 页）。

"米合塔诉印度联邦（1986）2 最高法院案 176"第一次提出建立环境法院的设想。这起案件涉及印度的一个重要企业——石瑞安食品和化肥

---

[1] For a detailed discussion on scientific evidence and the role of scientists as NGT bench members, see Chapter 6.

[2] See also *Ohio v Wyarldotte Chemicals Corporation* 401 US 493（1971）and *State of Washington v General Motors Corporation* 40 USLW 4437（US 24 April 1972）.

有限公司的发烟硫酸气体泄露事件。在这起事件中，包括石瑞安公司的雇员和社会公众在内的许多人都受到了影响。其中，有一个人因吸入过多发烟硫酸气体而死亡。该事件发生在12月4日，一个装有发烟硫酸气体的储罐因支架倒塌而爆炸，导致发烟硫酸气体泄漏，并引起了当地居民不小的恐慌。该案中，最高法院间接承认在无污染环境中生存的权利是印度《宪法》第21条规定之生命权的一部分。重要的是，最高法院还主张建立环境法院：

>……由于涉及环境污染问题、生态破坏问题以及自然资源纠纷的案件越来越多，且这些案件都涉及科学技术数据的评估和更新，我们也会向印度政府建议按照区域来设置环境法院。我们建议由一名职业法官和两名专家组成环境法院，技术专家可以提供环境审判中所需的专业知识。并且，当事人亦应享有对环境法院判决的上诉权。
>
> （Gill 2010：202，重点补充）

另一个著名判决也体现了司法对环境的关切，反映了建立新环境法院的现实需求。在"印度环境法律行动委员会诉印度联邦（1996）3最高法院212案"中，有毒化工生产企业严重损害了环境，并对数千名村民造成了不良的影响。1989—1994年，法院发布了许多命令，对有毒化工生产企业予以制裁。其中，法院任命专家委员会调查受影响区域的情况，并为法院采取临时救济措施和长期救济措施提出建议。法院借助这一案件再次强调了建立专门环境法院的重要性：

>建立环境法院的建议是可取的。经验表明，依据水法、大气法和环境法的相关条款在普通刑事法院提起的诉讼永远无法终结。这不仅因为普通法院的工作量大，还因为普通法院没有充分认识到案件执行中环境事务的重要性。此外，行政机关依据水法、大气法和环境法作出的命令一经发布就会被企业起诉至法院，而这些诉讼往往需要拖很多年才能作出判决。因此，实践中，法院经常发布临时命令来有效禁止行政机关实施其发布的行政命令。上述这些情况都指向了建立环境法院的必要性。环境法院应当被单独授予处理所有环境民刑案件的权力。在环境法院中，应当由受过法律专业训练的人员或司法人员审判

案件，并且审判应当允许适用简易程序。毫无疑问，在采取行动之前，应当对环境法院涉及的各方面问题进行深入的研究。

(该案案卷第 252 页)

另一个支持建立环境法院的案件是"安得拉邦污染控制委员会诉纳尤都教授（一）（1999）2 最高法院案 718 和（2001）2 最高法院案 62"。该案中，最高法院对当事人的主张作了专家鉴定。该案的环境问题在于，被告的生产制造过程是否危险，如果投入运行，这些化学成分是否会渗入地下，进而污染奥斯曼萨加尔湖（Osman Sagar）和喜玛娅特萨加尔湖（Himayat Sagar）[①] 的地下水。最高法院在该案中重申了早期的意见：

> 最重要的是建立环境法院和法庭，为解决环境争端提供充足的司法和科学资源，而不是将这些复杂的争端交由行政官员解决。对环境争端的解决主体进行适当的更正，具有现实紧迫的需要。只有这样，才能确保环境案件的所有裁判机构或上诉机构都由精通环境法的司法人员或技术人员组成。

(该案案卷第 736 页)

最高法院的意见是，环境法院将获益于在司法活动中参考来自环境科学家和技术专家的专家意见。最高法院建议法律委员会考察此事。

印度 1995 年颁布的《国家环境法庭法》体现了立法对建立国家绿色法庭的初步支持。然而，尽管该法在议会通过，但却并未得到执行。1995 年法案规定，任何因处置危险品发生事故而造成损害的，行为人应当承担严格责任。考虑到应对处置危险品时发生事故造成的人身、财产和环境损害进行救济和赔偿，该法案规定建立专门的环境法庭，以便快速、有效地审理由此类事故引发的案件。赔偿责任建立在无过错责任原则的基础之上，原告无须证明被告存在违法行为或具有主观上的故意或过失。上述专门法庭应当由庭长、副庭长、审判人员以及中央政府认可的技术专家组成。每个合议庭都应当有一个审判人员和一个技术专家。每个法庭成员都

[①] 奥斯曼萨加尔湖和喜玛娅特萨加尔湖是印度双子城——海得拉巴（Hyderabad）和塞康德拉巴德（Secunderabad）主要的饮用水来源。——译注

应当充分具备与环境有关的行政、科学或技术方面的知识和经验（包括审判经验），或者有能力处理与环境有关的行政、科学或技术方面的问题。当事人可向最高法院提起关于法律问题的上诉。1995年法案是针对环境诉讼和赔偿的专门立法。不幸的是，由于缺乏重视或承担风险（为建立此种专门环境法庭铺路可能产生的行政风险）的政治意愿，该法案并未公布（Desai and Sidhu 2010：103）。因此，国家环境法庭并未组建。

印度1997年颁布的《国家环境上诉委员会法》规定建立国家环境上诉委员会，由国家环境上诉委员会依据1986年环境（保护）法规定的相关保障措施要求，审理有关限制区域内的工业（活动）、作业或（相关）程序是否应当继续或停止的上诉。在国家环境上诉委员会任职的必备条件是，在环境管理法律、规划和发展方面具备处理行政、法律、管理或技术问题的专业知识或相关经验。为了处理环境清拆许可程序的申诉、实施风险预防原则和污染者负担原则，国家环境上诉委员会于1997年4月9日建立。[①]

国家环境上诉委员会虽然建立了，但其作用不大，因为它的职能仅限于审查与环境清拆许可有关的申诉。第一任庭长任期结束后，国家环境上诉委员会就不再任命新的庭长（Desai and Sidhu 2010：104）。在"维摩尔·博哈依诉印度联邦德里高等法院首席法官15895/2005记录在令状呈请（民事）17682/2005案"中，法院担心，政府无法找到符合条件的人员出任国家环境上诉委员会的职务。从2000年6月至1997年《国家环境上诉委员会法》被2010年《国家绿色法庭法》废止的这段时间内，国家环境上诉委员会庭长和副庭长的位置一直处于空缺状态。[②] 环境法庭也因此无法运行。上述情况有助于我们理顺并理解最高法院在此阶段的各种干预和裁判。

根据最高法院的权威意见，法律委员会进行了一项研究。作为一个积极且有影响力的法律改革参与者，法律委员会在它为组建环境法院所作的第186次报告中，强烈主张建立"环境法院"（法律委员会 2003：142），并提出建立"环境法院"需注意的几点：

a 科学结论具有不确定性，因此不仅需要提供来自当事人的专家意

[①] For a detailed discussion see *AP Pollution Control Board u M V Nayudu I* (1999) 2 SCC 718.

[②] NGT Act 2010 section 38 (1) (repealing the National Environment Trihunal Act 1995); see Ministry uf Environment and Forests (MoEF) www.envfor.nic.in.

见，还需要为法院本身建立一个独立的专家建议系统；

b 法官并不具备环境问题方面的充分科学技术知识，例如一个地区的污染水平是否在许可范围内，或者是否需要制定更高的污染许可标准等；

c 需要在可持续发展与管控企业污染之间保持适当的平衡；

d 需要在关闭污染企业与减少或避免民众失业或失去生计之间找到平衡；

e 需要在成员邦层面作出"环境影响评价"相关判决的最终上诉意见；

f 需要在环境法领域发展出一种与科学技术发展、国际条约、公约或判决相协调的法学理论；

g 为了实现印度《宪法》第 21 条、第 47 条、第 48 条 A 和第 51 条 A（g）的立法目的，需要制定公正、快捷和令人满意的司法程序（法律委员会 2003：8—9）。

基于此，法律委员会进一步提出以下几个问题：

a 是否每个成员邦都应该建立环境法院？

b 这些法院是否应当排除高等法院或最高法院的管辖权？高等法院或最高法院是否可以决定让直接当事人在诉至拟议的环境法院前先进行有效的替代性补救？是否完全排除普通民事和刑事法院对环境案件的管辖？

c 什么是成员邦环境法院管辖权的本质？为减轻高等法院或最高法院的公益诉讼负担，成员邦环境法院是否应当成为唯一一个对行政命令具有上诉管辖权的司法机关？

d 环境法院的组成和成员的资质应当是什么样的？

e 环境法院应当遵循怎样的诉讼程序？

f 是否应当允许环境法院审理公益诉讼或集体诉讼案件？

g 环境法院应当给予当事人怎样的救济？——临时命令、终局命令、禁令（永久性和强制性）、接管人的委任、赔偿等救济？

h 环境法院是否应当行使民事和刑事管辖权？

i 环境法院命令的执行模式是什么？

j 环境法院是否有权以蔑视法庭罪处罚故意违抗其命令的行为？

k 是否应当废止 1995 年《国家环境法庭法》和 1997 年《国家环境上诉委员会法》，并据此授予拟议成员邦环境法院的法庭相应的权力及管

辖权限？（法律委员会 2003：9—10）

在此背景下，法律委员会通过审视法院面临的科学和技术问题研究了上述问题。法律委员会引用了艾莉森·柯林·福勒娜达（Alyson C Flournayde 1991：333—335）的著作（该著作对科学不精确的原因有所谈及）：

> 科学判断存在不足主要有以下几个原因：其一，科学总是先识别危险的不利影响，再反过来寻找产生危险的原因。其二，科学家用动物而非人体进行临床试验，特别是与毒素有关的临床试验。也就是说，这些临床试验是基于动物研究或短期细胞测试进行的。其三，基于流行病学研究得出的结论存在缺陷，因为科学家无法控制甚至无法准确评估过去暴发的研究对象。其四，这些研究不允许科学家孤立地看待所涉物质的影响。许多致癌物和毒素的潜伏期会使后期的研究出现问题，即疾病暴发和症状出现之间的时间间隔会造成结果控制的迟延。
>
> （法律委员会 2003：13）

法律委员会进一步指出："……非常清楚的是，技术专家提出的科学意见会让法官一直不确定究竟应当优先考虑受影响方的担忧，还是优先接受污染者的保证"（法律委员会 2003：13）。

法律委员会关注的是在各个阶段以不同方式呈现给法院的科学技术问题。法律委员会提供了一个污染防治领域的实例：工厂在最初建立阶段以及其后的运营阶段都可能对健康和环境造成损害，因而法院需要对工厂是否关闭、搬迁或继续运营作出决定。其中，如果法院允许工厂继续运营，该决定也必须建立在工厂保证加强环境保护措施的前提下。实际上，法院在作出决定时面临以下矛盾：一方面，法院的这些决定可能涉及裁员、削减企业向政府缴纳的消费税和销售税，或给工厂增加搬迁至另一个地点的经济和环境成本；另一方面，若不采取适当的行动，则可能会给当地民众的健康和福祉带来严重威胁。

法律委员会相信，"环境法院"配备了科学和法律专业资源，能更好地处理此类案件，作出平衡的判决。环境法院将拥有更广泛的权力进行现场检查并听取环境科学家常驻小组的口头证言。此外，鉴于公益诉讼案件不断增多，且这些案件往往涉及复杂的环境技术问题，法律委员会认为建立环境法院可以减轻高等法院和最高法院的负担：

> 的确，高等法院和最高法院一直在研究并裁决这些复杂的环境问题。然而，尽管高等法院和最高法院是司法机关，它们也没有专设法定的环境科学家小组长期为其提供帮助和建议。一方面，它们倾向于对相关原则的适用，比如温斯伯里原则①，并拒绝实质性审查。它们也不进行现场检查或记录口头证言调查已然发生的事实。另一方面，如果各成员邦都建立了环境法院，这些法院不仅可以进行现场调查并听取口头证言，也可以通过设置科学小组获得有关科学事项的独立意见。
>
> （法律委员会 2003：21）

法律委员会指出，澳大利亚和新西兰的专门环境法院均由法官和专家委员组成。一般而言，这里的专家委员是指在环境问题上有专业知识的人。法律委员会专门提到英国沃尔夫（Wolf）法官的演讲以及英国皇家委员会的第 23 次报告。在沃尔夫法官的演讲——《环境司法缺乏远见吗?》中（Wolf 1992；同见 Wolf 2001），沃尔夫强调了环境法日益专业化的问题和法院所面临的困难。在谈及设立环境法庭的优点时，他说：

> 设立一个专门法庭负责监督和实施环境保护措施，该法庭在程序规则的确定上应当拥有更广泛的自由裁量权，以便其能以最有效的方式应用有关环境问题的专家经验。
>
> （Wolf 1992：13）

---

① "温斯伯里原则"又称"温斯伯里不合理原则"，具体指审查强度最低的标准。该原则源于 1947 年格林勋爵审理的温斯伯里案，在该案中，格林勋爵主张只有在某一行政决定是如此不合理，以至于任何一个理性的机构都不会作出的情形下，法院的干预才是正当的；而且在该原则的范围之内行政机关享有绝对的裁量权；它的决定不受任何法院的质疑。可见，该原则中所称谓的"不合理性"与我国行政法中合理行政原则中的"合理"是截然不同的。前者所对应的英文是"irrational"，指代有悖基本常识或情理的极端行为；后者又称适当原则，对应的是"reasonable"或"appropriate"，要求符合公平、正义等法律理性，是一种更高的标准。谭冰霖：《行政裁量行为司法审查标准之选择——德国比例原则与英国温斯伯里不合理性原则比较》，《湖北行政学院学报》2011 年第 1 期。——译注

沃尔夫设想建立一个多面多功能机构——一个"一站式机构",以便提供现行环境领域中法院、裁判机构和监察机构所提供的一切司法服务。可想而知,比起现有的超负荷司法系统,这样一种机构的建立会使环境纠纷的解决变得更快捷、更经济有效。并且,该机构比召开论坛更适合解决专家争议。沃尔夫将此视为"一个令人激动的项目"和一个为法官准备的全新的、更灵活的角色(Wolf 1992:14)。英国皇家委员会[①]的第 23 次报告(2002)则在一定程度上描述了上述愿景。英国皇家委员会在该报告中倡导由环境法庭而非城乡规划机构审理根据环境立法提起的上诉:

> ……目前的实践在是否可以针对事实提起上诉以及由谁裁决此类上诉的问题上还存在很多矛盾的地方。一些案件向大臣提出上诉,而另一些案件,如土地污染案或不法妨害案,则向地方法院提起上诉。问题在于地方法院缺少专家处理相关技术问题。并且在很多情况下,当事人不能就事实问题提起上诉,例如涉及批准转基因生物的判决就不允许当事人针对事实提起上诉。可见,程序在没有明确基本原则的情况下已经自发形成了。但我们认为这样的程序并没有为当前的需要提供一个恰当的制度,因此建议由环境法庭而非城乡规划机构审理依据环境立法提起的上诉(包括那些正在由规划人员处理的上诉)。
> (英国皇家委员会第 23 次报告第 5.36 段)

在英国皇家委员会看来,设立环境法庭将显著促进一个更加明确有效的环境管理体系的建立。至于环境法庭的组成及其管辖范围,英国皇家委员会认为:

> 我们设想此类法庭应当由一个拥有法学背景的庭长和一些具备专业知识的成员组成。此类法庭应当拥有必要的职权和智库去处理复杂的环境案件……法律应当规定从环境法庭上诉至高等法院的权利,但高等法院不应当受理有关司法审查或环境纠纷的申请,除非申请者已

[①] 英国皇家委员会是由英国国家元首根据政府建议设立的、专门调查国家特定问题的组织。——译注

经穷尽从环境法庭或其他机构处可能获得的救济。

(英国皇家委员会第 23 次报告第 5.377 段)

最终,法律委员会明确建议,为了让司法变得快捷便利,印度应当建立环境法院。法律委员会认为环境法院应当仅由具有司法或者法律经验的人员组成,在环境领域具有科学资质和经验的人员可以提供帮助。拟议的环境法院应当由一名首席法官和(至少)两名司法人员组成。这些环境法院成员必须是最高法院或高等法院的退休法官,或者是在高等法院至少执业 20 年的法律从业者。他们的任期均为 5 年。重要的是,环境法院应当配备(至少)3 名技术专家协助司法人员处理案件。这些技术专家应当具备:环境科学学位和至少 5 年的环境学家或工程师从业经验;或充足的知识、经验处理与环境有关的各个方面问题,特别是环境科学或技术问题(包括环境保护和环境影响评价)。需要再次强调的是,技术专家仅扮演顾问的角色,他们独立地协助法院分析和评估科学技术问题。审理案件的法定人数是包括首席法官在内的两名成员(法律委员会 2003:165—166)。

拟议的环境法院应当拥有初审管辖权和上诉管辖权。初审管辖权的范围应当包含所有涉及环境实质问题的民事案件(包括涉及环境的法律权利或宪法权利的执行)。上诉管辖权的范围是依据四部环境立法和相关规则提起的所有上诉:1986 年《环境保护法》、1974 年《水(污染防治控制)法》、1981 年《大气(污染防治控制)法》和 1991 年《公共责任保险法》(在上述管辖权范围内赋予中央政府颁布相关环境法令的权力)。

拟议的环境法院应当在关于危险物质的案件中适用严格责任、污染者负担原则、风险预防原则、损害预防原则、公共信托原则、代际公平原则及可持续发展原则。此外,拟议的环境法院可以颁布最终或中期命令,也可以判令损害赔偿、补偿和授予禁令(永久性、临时性和强制性禁令)(法律委员会 2003:第 9 章)。[①]

在权威的法律委员会的强烈司法声明和建议之下,《国家绿色法庭法案》于 2009 年 7 月 31 日在下议院提出。该法案由印度议会专门委员会——国会科技、环境与森林常设委员会审查并报告。[②] 基于国会常设委

---

① For detailed discussions of these principles, see Chapters 4 and 6.
② www.prsindia.org/billtrack/the-national-green-tribunal-bill-2009-740/.

员会的评论和推荐，环境和森林部长——杰伦·兰密施修改了法案，并直接回应了下议院提出的问题：

> 国会科技、环境与森林常设委员会的委员们提出了重要的建议。尽管他们的确切要求可能不会被纳入政府的正式修正案中，但我仍愿意采纳他们的建议。我将删除拟议法案中所有存在异议的条款或章节，并开放公众讨论的窗口。
>
> （Madhavan 2011）

因此，该法案经过七次修改后作出了必要的变更。它的主要特点包括：
- 设立专门环境法院取代国家环境上诉委员会；
- 环境法院审理针对行政决定提起的初审案件和上诉案件；
- 组成环境法院的全职司法人员和技术专家不少于10人，不超过20人；
- 环境法院审理与环境有关的实质性问题；
- "被侵权人"不仅包括受到损害之当事人、遭受财产损失之所有者、因环境破坏致死的受害者的法定代理人，还包括法庭许可的从事环境工作的代表机构或组织。"被侵权人"范围的扩大使非政府组织完全可以依据该条款实施环境方面的法定权利；
- 可以将法庭的判决上诉至印度最高法院；
- 环境法庭适用的基本原则包括可持续发展原则、风险预防原则、污染者负担原则和代际公平原则；
- 如果案件审理中出现僵持不下的情况，以环境法庭庭长的意见为准。[①]

据前环境和森林部部长杰伦·兰密施所说，环境法庭是环境治理改革的"一个因素"。下文引用了议会关于环境法庭的讨论：

> 在我们今天的司法审判中，有5600起案件与环境有关。我确定

[①] See, generaliy, Vital Statistics, PRS Legislative Research www.prsindia.org/bill-track/the-national-green-Tribunal-hill-2009-740/. PRS Legislative Research, a unit of the Centre for policy Research, New Delhi, is an independent research initiative which works with MPs across party lines to provide research support on legislative and policy issues. It is the only organisation that tracks the functioning of Parliament.

环境案件的数量会持续增加。最高法院和法律委员会都曾主张，我们需要专门的环境法院。印度将成为少数几个拥有此类专门环境法院国家中的一员。我认为澳大利亚和新西兰是两个拥有专门法院的国家。①

因此，政府提议建立环境法庭的巡回审判制度。为了铭记博帕尔灾难性的工业历史，政府建议将主法庭设在博帕尔，② 并在全国范围内设立四个地区法庭。根据杰伦·兰密施部长的说法：

> 环境法庭的主法庭所在地为博帕尔。政府和议会可以借此表达对史上最严重的工业灾难发生地——博帕尔地区民众的关怀。我们永远也无法将这场灾难从记忆中抹去。我认为可以通过在博帕尔建立绿色法庭表达我们的诚意。设立巡回法庭使人民更易接近法庭。法庭来到了民众身边，民众不用再费力走向法庭。我对此向你保证。③

印度下议院和上议院分别于 2010 年 4 月 30 日和 2010 年 5 月 5 日通过了《国家绿色法庭法》。此后，该法于 2010 年 4 月 23 日被总统批准并正式生效。④《国家绿色法庭法》履行了印度在 1972 年《斯德哥尔摩宣言》和 1992 年里约环境与发展会议中所作的承诺：采取适当的步骤保护和改善人类环境，为民众提供进入司法和行政程序的有效途径，包括赔偿和救济途径。承诺还包括完善关于赔偿受害者和其他环境损害赔偿责任的国家法律。基于此，《国家绿色法庭法》规定建立国家绿色法庭，审理所有与环境保护、自然资源和森林保护有关的案件（包括涉及环境的法律权利的执行），对公民的人身、财产损害给予救济和赔偿。⑤

国家绿色法庭于 2010 年 10 月 18 日建立，2011 年 5 月 5 日运行，主

---

① Statement by Jairam Ramesh, former Minister of Environment and Forests, Indian Parliament, 30 April 2010.

② See Chapter 1.

③ See n 1, on the previous page above.

④ Gazette of India Extraordinary (No 19 of 2010); National Environment Tribunal Act No 27 of 1995 www.envfor.nic.in/legis/others/tribunal.html.

⑤ Preamble NGT Act.

法庭最终设在新德里。① 前印度最高法院法官——洛克斯沃·辛格·潘塔（Lokeshwar Singh Panta）法官被任命为国家环境法庭首任庭长。② 国家环境法庭的主法庭在北方邦（Uttar Pradesh）、北阿坎德邦（Uttarakhand）、旁遮普邦（Punjab）、哈里亚纳邦（Haryana）、喜马偕尔邦（Himachal Pradesh）、德里国家首都管辖区和德里中央直辖区行使审判权。后来，区域法庭在博帕尔的中央区③设立，管辖范围覆盖中央邦（Madhya Pradesh）、拉贾斯坦邦（Rajasthan）和恰蒂斯加尔邦（Chattisgarh）区域。西部地区的区域法庭设在普纳，管辖马哈拉施特拉邦（Maharashtra）、古吉拉特邦（Gujarat）、果阿邦（Goa）、达曼（Daman）、第乌（Diu）、达德拉（Dadar）和纳加尔·哈维利（Nagar Haveli）的中央直辖区。南部地区的区域法庭位于金奈，为喀拉拉邦（Kerala）、泰米尔纳德邦（Tamil Nadu）、安得拉邦（Andhra Pradesh）、卡纳塔克邦（Karnataka）、旁迪切里（Puducherry）和拉克沙群岛（Lakshadweep）的中央管辖区提供审判服务。第四个区域法庭位于东部地区的加尔各答，负责孟加拉邦（West Bengal）、奥里萨邦（Orissa）、比哈尔邦（Bihar）、贾坎德邦（Jharkhand）及北部七个姊妹邦、锡金邦（Sikkim）、安达曼群岛（Andaman）和尼科巴群岛（Nicobar Islands）地区。此外，为了使环境法庭更接近公众（特别是在偏远地区），国家绿色法庭遵循巡回程序，坚持"法院走向民众而非民众走向法院"。西姆拉（Shimla）已经由德里的巡回法庭管辖，④ 焦特布尔（Jodhpur）、梅加拉亚邦（Meghalaya）及科钦（Kochi）则分别由中央区域法庭⑤、东部区域法庭⑥和南部区域法庭⑦管辖。主法庭和区域法庭现在都在运行。⑧ 不过，在环境法庭的发展初期，中央政府和地方政府对环境法庭褒贬不一。⑨

---

① MoEF Notification 5 May 2011 SO 1003 E.
② MoEF Notification 18 October 2010, SO 2570（E）and 2571（E）.
③ MoEF 17 August 2011 SO1908（E）.
④ NCT/PB/157/2013/331 20 December 2013 [office order].
⑤ NGT/PB/266/2013/281 2 December 2013 [offrce order].
⑥ NGT/PB/Pr/CB/97/2014/M78.
⑦ NGT/PB/266/2015/299.
⑧ Additionaly, each bench is supported by a Registrar's Court that deals with minor and administrative matters. See section 7 NGT（Practices and Procedure）Rules 2011.
⑨ See Chapter 7 for a fuller account of this period.

小结

本章通过不同时期的判例法追溯了公益诉讼的产生、成功和局限。由于待审案件日益增多、复杂环境案件中的科学证据无法分析评估，法院的审判进度及作出环境诉讼合理判决的能力受到进一步限制。鉴于此，最高法院和法律委员会认识到需要通过设立专门环境法庭进行司法变革。法律委员会还从澳大利亚、新西兰和英国皇家委员会那里获得了实例支持和指导。本章后半部分阐述了《国家绿色法庭法》的通过和主法庭、区域法庭设立的初期情况。国家绿色法庭的初步设立需要最高法院的参与，这就引申出本书第七章探讨的问题，即国家绿色法庭扮演的角色、获得的成功以及国家绿色法庭和强大外部利益集团之间的关系。

参考文献

Agarwal, A (1996) *Slow Murder: The Deadly Story of Vehicular Pollution in India* (Centre for Science and Environment).

Ahmadi, Justice A M (1996) 'Judicial process: social legitimacy and institutional validity' 4 *Supreme Court Cases Journal* section 8–9.

Anand, A (2014) 'Is this the city with the loudest car horns?' BBC News www.bbc.co.uk/news/magazine-25944792.

Baxi, U (1983) 'How not to judge the judges: notes towards evaluation of the Judicial role' 25 *Journal of the Indian Law Institute* 211.

Baxi, U (1985) 'Taking suffering seriously: social action litigation in the Supreme Court of India' 4 (1) *Third World Legal Studies* 107–109.

Baxi, U (2000) 'The avatars of Indian judicial activism: explorations in the geographies of (in) justice' in S K Verma and K Kumar (eds), *Fifty Years of the Supreme Court of India* (OUP).

Bhagwati, P N (1984) 'Judicial activism and public interest Litigation' 23 *Columbia Journal of Transnational Law* 561.

Bhushan, P (2004) 'Supreme Court and PIL' 39 (18) *Economic and Political Weekly* 1770–1774.

Bhushan, P R (2009) 'Misplaced priorities and class bias of the judiciary' 44 (14) *Economic and Political Weekly* 32-37.

Boyd, D R (2012) *The Environmental Rights Revolution* (University of British Columbia Press).

Boyle, A (1996) 'The role of international human rights law in the protection of the environment' in A Boyle and M Anderson (eds), *Human Rights Approaches to Environmental Protection* (OUP).

Burke, J (2015) 'India's doctors blame air pollution for sharp rise in respiratory diseases' *Guardian*, 23 September.

Cooper, J (1993) 'Poverty and constitutional justice' 44 *Mercer LR* 611.

Cunningham, C D (1987) 'Public interest litigation in Indian Supreme Court' 29 (4) *Journal of Indian Law Institute* 494-523.

Dam, S (2005) 'Law-making beyond lawmakers: understanding the little right and the great wrong (analysing the legitimacy of the nature of judicial law-making in India's constitutional dynamic)' 13 *Tulane Journal of International and Comparative Law* 109.

Desai, A (1981) 'Role and structure of the legal profession' 8 *Journal of the Bar Council of India* 112.

Desai, A H and Muralidhar, S (2013) 'Public interest litigation: potential and problems' in B N Kirpal, A H Desai, G Subramanium, R Dhavan and R Ramachandran (eds) *Supreme But Not Infallible* (OUP) 159.

Desai, B H and Sidhu, B (2010) 'On the quest for green courts in India' 3 (1) *Journal of Court Innovation* 79.

Deva, S (2009) 'Public interest litigation in India: a critical review' 28 (1) *Civil Justice Quarterly* 19-40.

Divan, S and Rosencranz, A (2001) *Environmental Law and Policy in India* (OUP).

Faure, M G and Raja, A V (2010) 'Effectiveness of environmental public interest litigation in India: determining the key variable' 21 *Fordham Environmental LR* 225.

Flournay, A C (1991) 'Legislating inaction: asking the wrong questions in protective environmental decision making' 15 *Harvard Environmental Law Re-*

view 327.

Galanter, M (1974) 'Why the "haves" come out ahead: speculations on the limits of legal change' 9 (1) *Law and Society Review* 95-160.

Galanter, M (1989) *Law and Society in Modern India* (OUP).

Gauri, V (2009) 'Public interest litigation in India: time for an audit' *India in Transition* http://casi.ssc.upenn.edu/iit/gauri.

Ghosh, S (2012) 'A new era for environmental litigation in India' *India in Transition* https://casi.sas.upenn.edu/iit/ghosh.

Gill, G N (2010) 'A Green Tribunal for India' 22 (3) *Journal of Environmental Law* 461-474.

Gill, G N (2012) 'Human rights and the environment in India: access through public interest litigation' 14 *Environmental LR* 201.

Gill, G N (2014) 'Environmental protection and development interests: a case study of the River Yamuna and the Commonwealth Games, Delhi 2010' 6 (1-2) *International Journal of Law in the Built Environment Special Issue* 69-90.

Gill, G N (2015) 'Human rights and environmental protection in India: a judicial journey from public interest litigation to the National Green Tribunal' in A Grear and E Grant (eds), *Thought, Law, Rights and Action in an Age of Environmental Crisis* (Edward Elgar) 123-154.

High Level Committee (2011) *High Level Committee Report on Commonwealth Games Chair V K Shunglu* (Government of India).

Hindu, The (2011) 'River Regulation Zone coming: Jairam' 7 January www.thehindu.com/news/national/river-regulation-zonecoming-Jairam/article1063315.ece.

Housing and Land Rights Network Report (2010) *The 2010 commonwealth Games: Whose Wealth, Whose Commons?* (Housing and Land Rights Network/South-Asia Regional programme Habitat International Coalition).

IANS (2013) 'SC asks states to provide offices to green tribunal' TwoCircles.net http//twocircles.net/2013mar15/sc_asks_states_provide_offices_green_trihunal.html#.vuqqvuaHjdM.

Jain, M P (2003) 'The supreme court and fundamental rights' in S K

Verma and K Kusum (eds), *Fifty Years of the Supreme Court of India* (OUP) 22-37.

Juneja, S (2014) 'Environment ministry failed to monitor forest diversion: CAG' Down-ToEarth www. downtoearth. org. in/news/environment-ministry-failed-to-monitor-forest-diversicrn-cag-42131.

Kiss, A and Shelton, D (2003) *International Environmental Law* (UNEP) 393.

Korsah‒Bruwn, D (2002) 'Environment, human rights and mining conflicts in Ghana' in Lyuba Zarsky (ed.), *Human Rights and the Environment* (Earthscan).

Law Commission of India (1978) *Delay and Arrears in Trial Courts* 77th Report.

Law Commission of India (2003) *Proposal to Constitute Environment Courts* 186th Report http//lawcommissioofindia. nic. in/reports/186th%. 20 report. pdf.

Leelakrishanan, P (2005) *Environmental Law in India* (Butterworths).

legal India (2012) 'SC slams poor facilities for green tribunal' www. legalindia. com/news/sc-slams-poor-facilities-for-green-tribunal.

Madhavan, M R (2011) 'In Parliament' Pragati http//pragati. nationalinterest. in/2011/02/in-parliament-10.

Mahapatra, Dhananjay (2013) 'Kolkata may lose green tribunal bench to Guwahati or Ranchi' Times of india http: //timesofindia. indiatimes. com/city/kolkata/Kolkata-may‒lose‒green‒trihunal‒bench‒to‒Guwahati‒or‒Ranchi/articleshow/20996616. cms.

Mahaprashasta, A A (2010) 'War on Beggars' *Hindu* 19 June‒2 July 27, 13.

McGoldrick, D (1996) 'Sustainable development and human rights: an integrated conception' 45 (4) *International and Comparative Law Quarterly* 796.

Misra, M (2010) 'Dreaming of a blue Yamuna' in B Chaturvedi (ed.), *Finding Delhi: Loss and Renewal in the Mega City* (Penguin Viking).

MLJCA (1977) *Report on the Natiunal Juridicare: Equal Justice‒Social*

Justice.

Moog, R (1992) 'Delays in lndian courts' 16 (1) *Justice System journal* 19-36.

New York Times Editorial (2014) 'India's Air Pollution Emergency' New York Times www. nytimes. com /2014/02/14/opinion/indias-air-pollution-emergency. html? _ r=1.

Nickel, J W (2007) *Making Sense of Human Rights* (Blackwell).

Onstott, C (2007) 'Judicial notice and the law's "Scientific" search for truth' 2 (3) *Akron LR* 465-491.

Orend, B (2001) *Human Rights: Concept and Context* (Broadview Press).

Pal, Justice R and Pal, S (2011) *M P Jain Indian Constitutional Law* 6th edn (LexisNexis/Butterworths).

Rajamani, L (2007) 'Public interest litigation in India: exploring issues of access, participation, equity, effectiveness and sustainability' 19 (3) *Journal of Environmental Law* 293.

Rajamani, L (2010) 'The increasing currently and relevance of rights-based perspective in the international negotiations on the climate change' 22 (3) *Journal of Environmental Law* 409.

Royal Commission on Environmental Pollution (2002) *Environmental Planning* 23rd Report Cm 5459 (HMSO).

Sahu, G (2008) 'Implications of Indian Supreme Courts' innovation for environmental jurisprudence' 4 (1) *Law, Environmental and Development Journal* 3-19.

Sahu, G (2010) 'Implementation of environmental judgments in context: a comparative analysis of Dahanu Thermal Power Plant Pollution Case in Maharashtra and Vellore Leather Industrial Pollution Case in Tamil Nadu' 6 (3) Law, *Environment and Development Journal* 335.

Sahu, G (2014) 'Why the underdogs came out ahead: an analysis of the Supreme Court's environmental judgments, 1980-2010' 49 (4) *Economic and Political Weekly* 52-57.

Sathe, S P (2002) *Judicial Activism in India* (OUP).

Shah, S B (1999) 'Illuminating the possible in the developing world' 32 *Vanderbilt Journal of Transnational Law* 435.

Shankar, S (2009) *Scaling Justice: India's Supreme Courts, Anti-Terror Laws, and Social Rights* (OUP).

Shankar, S and Mehta, P B (2008) 'Courts and socioeconomic rights in India' in V Gauri and D M Brinks (eds), *Courting Social Justice: Judicial Enforcement of Social and Economic Rights in the Developing World* (CUP) 146-182.

Shrivastava, K S (2012) 'Green tribunal gets short shrift' Down To Earth www.downto earth.org.in/news/green-tribunal-gets-short-shrift-38426.

Shue, H (1996) *Basic Rights* (Princeton UP).

Singh, P (2008) 'Protecting the rights of the disadvantaged groups through public interest litigation' in M P Singh, H Goerlich and M von Hauff (eds), *Human Rights and Basic Need* (Universal Law).

South Asian Human Rights Documentation Centre (2008) *Human Rights and Humanitarian Law: Developments in Indian and International Law* (OUP).

Srikrishna, B N (2005) 'Judicial activism-judges as social engineers: skinning a cat' 8 *Supreme Court Cases Journal* 53.

Sripati, V (1997) 'Human rights in India fifty years after independence' 26 *Denver Journal of International Law and Policy* 93.

Trubek, L G and Trubek, D M (1981) 'Civic justice through civil justice: new approach to public interest advocacy in the United States' in Cappelletti (ed.), *Access to Justice and the Welfare State* (Le Monnier).

Vandenhole, W (2002) 'Human rights law, development and social action litigation in India' 3 (2) *Asia Pacific journal on Human Rights and the Law* 136-210.

Woolf, Lord (1992) 'Are the judiciary environmentally myopic' 4 (1) *Journal of Environmental Law* 1-14.

Woolf, Lord (2001) 'Environmental risk: the responsibilities of law and science' 13 *Environmental Law and Management* 131 (Environmental Law Foundation's Professor David Hall Memorial Lecture) 24 May.

World Bank Report（2013）*India-Diagnostic Assessment of Select Environmental Challenges*: *An Analysis of physical and Monetary Losses of Environmental Health and Natural Resources* Report No 70004-IN, volume 1, 5 June 5.

第三章

《国家绿色法庭法》(2010年):解释与适用

国家绿色法庭(NGT)基于《国家绿色法庭法》(2010年)而创立,其管辖权、审判权及审判程序都应遵循《国家绿色法庭法》的相关规定。国家绿色法庭的成功建立,促使印度最高法院主动审查其环境公益诉讼(PIL)案例。2012年,在一起公益诉讼案件中,印度最高法院决定将所有环境案件移交至国家绿色法庭审理,这些案件包括正在审理的和待审理的环境案件。印度最高法院这么做是因为国家绿色法庭可以提供迅速而专业的判决,并且避免高等法院的判决与国家绿色法庭的判决之间出现冲突。此外,在《国家绿色法庭法》生效前,印度最高法院建议高等法院自行裁量,以决定是否将那些已立案但尚未审结的环境案件移交至国家绿色法庭进行审理。[①] 本章主要论述《国家绿色法庭法》关键部分的意义和解释。通过典型判例,论证国家绿色法庭建立的目的是促进环境正义。

序言

"序言总是放在一部法律的最前面"(Davis and Lemezina 2010:261;

[①] *Bhopal Gas Peedith Mahila Udyog Sangathan v Union of India* (2012) 8 SCC 326, 347. The Supreme Court Bench comprised Chief Justice of India, S H Kapadia, and Justices A K Patnaik and Swatanter Kumar. Shortly thereafter, Justice Kumar took up his appointment as Chairperson of the NGT. In *Adarsh Cooperative Housing Society Ltd v Union of India* Order 10 March 2014, the Supreme Court stayed its own order by which it transferred all environmental cases from High Courts to the NGT. In *Vellore Citizens Welfare Forum v Union of India* 2016 SCC Online Mad 1881, the Madras High Court stated: "however, it appears that the application was withdrawn on 11.8.2014" (para 78). Additionally, the Supreme Court of India transferred more than 300 cases to the NGT in 2015. The Green Bench, headed by the then Chief Justice H L Dattu, decided to let go of several cases for swift decisions, thereby also shedding its pendency. See *T N Godavarman Thirumulpad v Union of India* (Order 5 November 2015) for details.

Twomey 2011)。一部法律设立序言的目的是更全面地表述其调整的范围、客体和宗旨。它会叙述制定该法律的背景和原因、应予避免的恶意解读以及应被解决的各类疑惑。严格地说,序言设立的目的可能不是控制或限制法律条款,但它的目的肯定是实现立法目的。[1] 在"瓦岗多诉英联邦(1981年)第148号英联邦法律报告"中,法院指出:

> 序言可以帮助法院在处理案件时理解条款的深层含义。针对某一特定条款的解读必须结合该法律整体解读,而援引序言能更清晰地说明法律的宗旨和目的。
>
> (梅森于本案案卷第23段)

《国家绿色法庭法》规定设立国家绿色法庭,目的是有效和迅速地处理与环境保护、森林保护和其他自然资源有关的案件。这些案件主要包括环境法律权利的行使、人身和财产损害的救济与赔偿,以及相关或附带事项的处理。印度在1972年联合国人类环境大会和1992年联合国环境与发展会议确定的两个国际公约中作出承诺并严格恪守:采取适当措施保护和改善环境,并为司法和行政程序提供包括国家救济和国家赔偿在内的有效途径。[2] 该承诺也在《国家绿色法庭法》序言中得到确认。

序言作为法律正文的解释,确认了环境健康权是生命权的一部分。环境健康权作为一种感性的主观权利,对其的承认影响着一国法律的发展。1972年《斯德哥尔摩宣言》第1条承认个人享有适当环境的权利,但并没有明确界定环境权的具体内涵。1992年《里约宣言》和2002年可持续发展问题世界首脑会议都没有明确列入或认可环境权,这表明环境权是否存在有待进一步讨论(Boyd 2012:90)。环境权的特点是"内容不明确、技术要求不断变化、时间和地理因素复杂、地域范围辽阔和具有客观性要求",因而环境权存在极度不确定性(Kiss and Shelton 2003:394-395 and 402-404;同见 Boyle 1996;Korsah-Brown 2002:81;Rajamani 2010)。尽管具体的实现要求存在差异,但环境权已在100多个国家的宪法中居于支配地位,而且在多家法院系统中得到越来越多的应用(Boyd 2012:45-

---

[1] *Goa Foundation v Union of India* Judgment 18 July 2013, para 18.

[2] Preamble NGT Act 2010.

77)。

鉴于序言中所述，国家绿色法庭在"斯特莱特工业（印度）有限公司诉泰米尔纳德邦污染控制委员会案（判决于2013年8月8日作出）"中阐明：

> 印度《宪法》第21条……被解释既与生命紧密相连又同清洁而体面的环境紧密联系。保护环境是以权利的形式出现的，因为只有通过保护环境，我们才能为市民提供一个体面而清洁的环境。基于第21条的规定，诸如空气、水、石油等最重要的必需品已经成为生命权的客体。决不允许对这些必需品滥用或污染，以免降低他人的生活质量。对环境或人类健康造成损害的风险应由公共利益来决定。
>
> （本案案卷第113段）①

立法对"权利的承认"不一定会被承认或实现。正如第二章所述，最近一项研究揭露了印度严峻而现实的问题。世界卫生组织（WHO）的一份报告指出，世界污染最严重的20个城市中，13个城市在印度。② 空气污染使居住在包括德里在内的受污染城市中的6.6亿印度人的预期寿命缩短了3.2年。世界卫生组织指出，直径小于2.5微米的细颗粒（PM2.5）不应超过每立方米10微克。而德里每立方米PM2.5浓度为153微克。紧接着的是巴特纳（Patna，149微克），瓜廖尔（Gwalior，144毫克）和赖布尔（Raipur，134毫克）。其他上榜的印度城市包括艾哈迈达巴德（Ahmedabad）、勒克瑙（Lucknow）、坎普尔（Kanpur）、菲罗扎巴德（Firozabad）、阿姆利则（Amritsar）和卢迪亚纳（Ludhiana）。

印度的水资源也面临着严重的风险。据水援助组织（Wateraid）称，印度有80%的地表水已被污染。近年来，流入水体的生活污水和未经处理的污水量几乎增加了一倍。这导致了霍乱、痢疾、黄疸和腹泻等以病毒

---

① See also Court on its Own Motion v State of Himachal Pradesh Judgment 4 February 2014.

② "13 out of 20 most polluted cities in world are from India" India TV News Desk, 4 December 2015 www.indiatvnews.com/news/india/13-out-of-20-most-polluted-cities-in-world-are-from-india-54104.html.

为媒介的传染疾病的增加。① 例如，德里每天使用 43.46 亿升水，其中 87%的水作为污水排掉，而德里仅能处理 61%的污水。马哈拉施特拉邦（Maharashtra）的 51 个 I 级城市加起来的水消耗量是德里的 3 倍，其中有 80%的用水成为污水，该地可处理的废水还不到其实际废水量的一半。而对 II 级城市的统计数据还要严重得多。② 这一数据表明，环境健康权利显示了其价值和地位，但不能确保其得以实现。

组成人员

国家绿色法庭的一个显著特点是它由法官和专家组成，这反映了环境法的专业性和环境问题的跨学科性（参见第二章）。正是由于涉及很多层面和很多不同技能的情形，因而需要建立一个连贯和有效的机制，以一致的方式来裁决复杂的法律和规则适用问题，同时创新解决环境问题的方法，而不是局限于预先确定的补救办法。③

《国家绿色法庭法》规定，国家绿色法庭专职法官和专家成员的人数最低不得少于 10 人，最多为 20 人。④ 国家绿色法庭庭长由中央政府经与印度首席法官协商后任命。⑤ 成员由遴选委员会根据中央政府规定的方式推荐任命。⑥ 法官成员以及庭长由最高法院法官、高等法院首席法官或高等法院法官担任。⑦ 技术专家包括来自生命科学、自然科学、工程或技术领域的具有 15 年相关工作经验的人员，或者在知名国家级机构、中央或成员邦政府中从事环境事务方面工作并具有 5 年实际经验的行政工作人员。有趣的是，拥有专业技能或熟悉环境风险的社会科学家并没有发挥作用的空间。⑧ 通过观察政府官员的以往表现可知，管理不善和环境保护

---

① "80% of India's surface water may be polluted, report by international body says" *Times of India*, 28 June 2015 http：//timesofindia.indiatimes.com/home/environment/pollution/80 - of - Indias - surface-water-may-be-polluted-report-by-international-body-says/articleshow/47848532.cms.

② "Horrifying fact: almost all India's water is contaminated by sewage" Scroll.in, 1 July 2015 http：//scroll.in/article/737981/horrifying-fact-almost-all-indias-water-is-contaminated-by-sewage.

③ For a detailed discussion of the role and interaction of bench members, see Chapter 5.

④ Section 4 NGT Act.

⑤ Section 6 NGT Act.

⑥ Ibid.

⑦ Section 5 NGT Act.

⑧ Section 5 NGT Act.

相关立法规范的执行不力在很大程度上导致人们对环境漠不关心的现状。如果执法官员认真和有效地履行其职责,可能就没有必要采取新的措施,建立国家绿色法庭也不会显得如此迫切。目前,有关国家绿色法庭任职资格和遴选过程的严格规定确保了法庭成员的专业性、透明度和责任承担。

受害人及其参与

只有参与到环境争议的讨论中,才能更好地理解环境司法。参与机制不仅有助于改善参与者地位不平等、认识不清晰的问题,更可以改善个人和社区的能力与功能(Schlosberg 2007:25—29)。"平等参与"需满足两个条件,一是确保所有参与者机会均等,二是保证参与者所需的资源(Fraser 2001:29—30)。

在印度环境法律体系下,平等参与是从诉讼"资格"中演变而来的,这种诉讼"资格"是从公益诉讼促成的针对环境问题的广泛自由的概念演变而来的。具有能动性的印度最高法院作为"环境之友",通过解释代理人和市民的诉讼资格促进了环境保护的活力和能力,从而为环境退化的受害者提供了一种通过参与而获得司法救济的渠道。[①] 随着《国家绿色法庭法》的实施,所谓的诉讼"资格"已经被重新定义为"受害人",即"受害人"有权向法庭申请救济、赔偿或解决环境争端。

根据《国家绿色法庭法》第18条第2款的规定,下列人员可向法庭申请给予救济、补偿或解决争端:

a. 遭受损害的人;

b. 受损财产的所有人;

c. 环境损害致死案件的法定代理人;

d. 被正式授权的代理机构;

e. 国家机构的代表;

f. 其他受害人,包括任何代表机构或代表组织。

《国家绿色法庭法》第18条第2款涵盖面很广,它还允许任何受害人及合法代表提出给予救济、赔偿或解决争端的申请。该法通过对"受害人"一词所作的广义解释,解决了在国家绿色法庭中参与平等的问题。

---

① See Chapter 2.

国家绿色法庭在"羌·切特那诉环境和森林部案(判决于 2012 年 2 月 9 日作出)"中解释了这个术语的范围和权限。法庭阐述如下:

> ……不能局限地解读受害人这一术语,而应采用自由主义的结构和灵活的解释。在环境问题上,损害并不一定局限于该污染企业所在地。环境恶化的影响可能远远超过当地的范围。任何人,无论他是否是那个特定地区的居民,不管是否受到侵害,都可以向本法庭提出申诉。在这种情况下,审查该申请人或上诉人的资格,以了解他们的真实意图或动机是有必要的。
>
> (本案案卷第 21—22 段)

法庭的自由主义做法在"阿米特·马提诉环境和森林部案(判决于 2014 年 10 月 1 日作出)""果阿邦基金会诉印度联邦案(判决于 2013 年 7 月 18 日作出)"以及"维摩尔·博哈依诉环境和森林部案(判决于 2011 年 12 月 14 日作出)"这三个案件中得到了证实。该做法有两个原因:首先,生活在拟建项目附近的人无法了解到科学细节以及最终项目的影响和可能造成的灾害。长期生活在农村的很多印度人[①]从未接受过教育或受教育程度低,他们可能不了解环境问题和潜在的不利后果,也不会考虑项目审批或环境影响评价等法定义务。在这种情况下,任何个人、单位或团体都可以对拟议计划和已由当局批准的科学部分提出质疑。因此,公民有权向法庭提起诉讼,无论他们是否受到直接影响,也不论他们是否是受影响地区的居民。其次,《国家绿色法庭法》的附属性条款符合《宪法》第 51 条 A(g)的规定,确立了每个公民保护和改善自然环境的基本责任。[②]

"贝替·阿尔瓦雷斯诉果阿邦案(判决于 2014 年 2 月 14 日作出)"进一步扩大了已经很宽松的受害者的定义。"人"一词被解释为包括"个

---

① According to Census India, about 72.2 per cent of the population lives in some 638,000 villages and the rest, 27.8 per cent, in about 5480 towns and urban agglomerations. India has the largest illiterate population in the world www.eensusindia.gov.in/Census_ Data_ 2001/India_ at_ Glance/rural.aspx and www.indiaonlinepages.com/population/india-current-population.html.

② See also *M C Mehta v University Grants Commission* Judgment 17 July 2014; *J P Dabral v MoEF* Judgment 14 December 2011.

体的人"，无论他是印度公民还是非印度公民。因此，贝替·阿尔瓦雷斯（非印度公民）提出的与环境争端有关的诉讼得到受理。法庭认为，由于非法建筑和侵犯海岸的行为违反了沿海地区的规定，任何个人都不应承担这一行为所产生的环境破坏影响。只要确定是否存在实质性的环境问题就足够了，而且这一问题产生于《国家绿色法庭法》附录1中法律的执行情况。法庭之所以受理该申请，是因为贝替·阿尔瓦雷斯属于《国家绿色法庭法》第2条第1款j项所界定的"人"的定义范围。法院向全球的每一个人，包括自认在印度管辖范围内"受害"的注册机构敞开大门，但须遵守附录1中的规定。

受害人不必表明其拥有的个人利益受到损害或伤害。人身伤害的概念适用于根据第15条和（或）第17条援引法庭管辖权的申请人，但根据第14条和（或）第16条则并非如此。只要某人声明该地区的环境已经受到不利影响，而保护该地区符合其利益就足够了。"受害人"一词的含义很广，任何直接或间接受到影响的人，甚至有兴趣的人都可以通过起诉或上诉来表达不满。[1]

在国家绿色法庭的生态司法授权范围内，参与平等这一概念也扩大到承认和考虑自然与非生命物体。这是一个新出现的领域，以自然为中心的做法被接受，并将其视为合法当事人。"国家绿色法庭基于主动审判权诉国家秘书处案（判决于2014年4月4日作出）"通过重申最高法院关于"世界自然基金会环境法中心诉印度联盟案（1995年第337号）"的判决，认可了这一观点。

> 人类中心主义始终是以人类利益为中心的思维，认为非人类仅对人类有工具性的价值。换句话说，人类对非人类所展现出的优越性和责任是在对人类利益考量的基础上产生的。生态中心主义是以自然为中心的，人类是自然的一部分，而不是人类具有其内在价值。也就是说，人类的利益不会处于自动优先的位置，反而人类对非人类负有独立于人类利益的义务。因此，生态中心主义是以生命为中心、以自然为中心的，而自然界包括人类和非人类。印度《宪法》第21条不仅保护人类的权利，还赋予人类保护濒危物种的义务，保护环境是生命

---

[1] *K L Gera v State of Haryana* Judgment 25 August 2015.

权利不可分割的一部分。

（本案案卷第 32、33 段最初的重点）①

环境纠纷诉讼本质上并非单纯的对抗，它具有准对抗性、准调查性和准询问性的性质，其所具备的性质有利于实现参与平等和受害人的参与。② 国家绿色法庭的法官和专家成员以及任命专家委员会与代表受害者的"法庭之友"进行现场检视，这是可以加强救济、赔偿或争端解决程序的广泛参与的举措。为此，国家绿色法庭在行使管辖权的同时，根据自然正义原则［PNJ（principles of natural justice）］完善其诉讼程序。③

在"先锋基金会诉卡纳塔克邦案（判决于 2015 年 9 月 10 日作出）"中，国家绿色法庭命令专家成员访问案涉地，以便对事实和现场的实际情况作出客观解释，并将调查结果提交法庭。在"环境和森林部诉尼尔玛有限公司案（最高法院于 2014 年 8 月 4 日作出命令）"中，国家绿色法庭派两名技术成员赴现场，在进行个人勘察后出具报告。最高法院认为，国家绿色法庭所采用的程序没有任何问题。

在"克里斯坦·康德·辛格诉国家甘加河流域管理局案（判决于 2014 年 10 月 16 日作出）"中，国家绿色法庭审查了由一位热心公益的公民和一个非政府组织（NGO）联合提出的关于恒河（the River Ganges）水污染的申请，这些污染是由于制糖厂和酿酒厂排放高毒性废水造成的。这些污染非常严重，不仅污染了水道和河流，还威胁到了濒危水生物种的生命，甚至污染了村庄的地下水。2014 年 3 月 24 日，国家绿色法庭指示其专家成员赴现场勘察，以评估该工厂所采取的所有防污染措施是否充分和适当。该法庭的三名专家成员于 2014 年 3 月 29 日赴现场对相关环境事宜进行了迅速而有效的审查。

"环境支持组织诉印度联邦案（判决于 2014 年 8 月 27 日作出）"阐述了法庭任命专家委员会，并由其调查案涉地区的环境及相关问题。该案中，一处名为阿姆里特（Amrit Mahal Kaval）草原生态系统的地方拟被改变为非森林用途，用于建设工厂、基础设施和国防发展项目。一个环境组织提起诉讼，旨在反对这一项目。由于双方对阿姆里特生态系统的事实立

---

① See also *Sudeip Shrivastava v State of Chattisgarh* Judgment 24 March 2014.

② *V G Bhuganese v G Sugar and Energy Ltd* Judgment 20 December 2013.

③ Section 19 NGT Act. See below for details.

场意见不一，为了查明实际情况，法庭成立了一个事实调查委员会（FFC），由其向法庭提出报告。事实调查委员会的职权范围包括实地研究和提交报告，重点是研究涉及景观的生态属性和人口特点、该区域的生物多样性、当地对草原生态系统的依赖性等的数据资料，以了解非森林目的、拟建项目对人类居住区以及相关事宜的可能影响。

在"陈发设备案"中，国家绿色法庭组建了一个专家组，对陈发·阿尔喀什（Chemfab Alkahs）有限公司在卡拉佩特（Kalapet）[印度本地治里市（Puducherry）的一个城镇] 经营的一个工业部门进行检查。该专家小组由来自中央污染控制委员会的代表、那格普尔国家环境工程研究所、环境和森林部、本地治里市污染控制委员会和印度理工学院（德里）（IIT Delhi）的成员组成。[①]

在"玛哈拉克西姆·贝卡尔诉邦级环境影响评价机构（孟买令，判决于2015年2月27日作出）"，以及"来自尼鲁尔村巴尔大兹—果阿邦的相关村民诉果阿邦案（判决于2014年9月19日作出）"两案中，法庭均为贫困的申请人指派了一名律师作为"法庭之友"，无偿为他们辩护。

提供"保证参与资源"可促进参与平等（Fraser 2001：29—30）。国家绿色法庭规定，如果申请人或上诉人未提出赔偿要求，则每件需支付1000卢比（10英镑）的诉讼费。[②] 若申请人或上诉人提出赔偿要求，则需支付该赔偿费的1%作为诉讼费，但最低不得少于1000卢比（10英镑[③]）[④]。因此，低收费反映了国家绿色法庭不会因为穷人和富人而区别对待的态度。

与此同时，国家绿色法庭严禁有既得利益的人滥用司法程序。法庭会驳回这类诉讼请求，且通过高收费的方式防范滥诉。"拉纳·森古普塔诉印度联邦案（判决于2013年3月22日作出）"表明，国家绿色法庭对

---

① "Green Tribunal forms experts" panel to inspect Chemfab unit' *The Hindu*, 6 March 2015 www.thehindu.com/news/cities/puducherry/green-tribunal-forms-experts-panel-to-inspect-chemfab-unit/article6965673.ece.

② NGT (Practices and Procedure) Rules 2011, rule 12 (2).

③ 遵照原文翻译，本书关于卢比与英镑之汇率统一使用100∶1，后文中极个别处作者使用99∶1的汇率。——译注

④ NGT (Practices and Procedure) Rules 2011, rule 12 (1).

那些"爱管闲事和具有不良动机"的人提出的申请作出严格裁决。申请人拉纳·森古普塔自称是为人民的福利而工作的热心公益的公民，特别是为那些可能没有被代表的人而工作。森古普塔认为，被告环境和森林部授予项目申请方关于现有钢铁厂扩张的环境清拆许可（EC）是基于违法和不正当环境影响评价以及隐瞒信息作出的。环境和森林部反驳了这些指控，认为报告是依法编写的，项目申请方没有隐瞒事实。环境和森林部对上诉人的出庭资格提出质疑，认为他是爱管闲事的人，并且没有从事钢铁工业工作的经验。国家绿色法庭裁定，上诉人没有以"干净的手"① 与法庭接洽，因此不能被界定为"受害人"。没有具体证据表明上诉人是钢铁领域的专家，且了解这些行业对生态、环境或当地居民的影响。他自诩为"具有公益精神的公民"是虚假的。没有记录表明申请人参加过公共协商程序，或提出过任何对环境或社会经济不利影响有关的问题。因此，法庭要求申请人支付15000卢比（150英镑）的费用，以阻止无正当理由的诉讼，并宣布他并非受害方。②

综合上述判决，为了"维护分散、多变的集体权利及个人权利"的原则，法庭采取了允许受害人向国家绿色法庭提起诉讼的司法方式（Sahu 2008：379）。为使人类和非人类表达他们对环境退化的担忧和主张，国家绿色法庭提供了一个日益扩张包容而基础深厚的平台。

司法管辖权

《国家绿色法庭法》是一部独立的立法，它明确了法庭的设立、诉讼程序、适用范围、职权和权力。该立法的基本目的是防止环境污染和保护环境，提供并实现对环境司法的有效管理。因此，国家绿色法庭在环境问题上具有广泛的初审管辖权、上诉管辖权和特殊管辖权。③

---

① 第一，起诉方不可进行违法活动。第二，起诉方不能有过错。——译注

② See also *Aadi Properties v State Level Environmental Impact Assessment Committee* Judgment 26 September 2013；*Vijay Singh v Balaji Grit Udyog* Judgment 25 April 2014；see the section on 'Costs' below.

③ NGT（Practices and Procedure）Rules 2011，rule 8，prescribes the procedural requirements for filing the petition. An original（application）or appellate（appeal）is presented to the Tribunal in Form I by the applicant or appellant, as the case may be, in person or by an agent or duly authorised legal practi-

初审管辖权

根据《国家绿色法庭法》第 14 条有关初审管辖权的规定，法庭有权受理涵盖附录 1 中规定的涉及重大环境问题的民事案件的初审申请。[①] 在"萨辛诉马哈拉施特拉邦案（判决于 2014 年 3 月 25 日作出）"中，国家绿色法庭普纳分庭拒绝审查印度大鸨保护区的问题，因为该地区属于《野生动植物（保护）法》（1972 年）涵盖的范围，而《野生动植物（保护）法》（1972 年）不属于《国家绿色法庭法》的附录 1 所述的管辖范围。[②] "法庭基于主动审判权诉国家秘书处案（判决于 2014 年 4 月 4 日作出）"中，国家绿色法庭博帕尔分庭承认《野生动物（保护）法》（1972 年）没有被列入《国家绿色法庭法》附录 1 中，因此该庭没有权

---

tioner, to the registrar or any other officer authorised in writing by the registrar to receive the same. The application for relief and compensation (special) is made in Form II. The application or appeal is presented in triplicate in two compilations: compilation I contains the application or appeal, along with the impugned order, if any; compilation II includes documents and annexures referred to in the application or appeal, in a paper book form. An application or appeal is ordinarily filed by an applicant or appellant with the registrar of the Tribunal at his or her ordinary place of sitting falling within the jurisdiction where the cause of action, wholly or in part, has arisen. An application for review can be entertained by the NGT on grounds of merit to be filed within 30 days from the date of receipt of copy of the order sought to be reviewed.

① Section 14 NGT Act states:

(1) The Tribunal shall have the jurisdiction over all civil cases where a substantial question relating to environment (including enforcement of any legal right relating to environment), is involved and such question arises out of the implementation of the enactments specified in Schedule I; (2) The Tribunal shall hear the disputes arising from the questions referred to in sub-section (1) and settle such disputes and pass order thereon; (3) No application for adjudication of dispute under this section shall be entertained by the Tribunal unless it is made within a period of six months from the date on which the cause of action for such dispute first arose: Provided that the Tribunal may, if it is satisfied that the applicant was prevented by sufficient cause from filing the application within the said period, allow it to be filed within a further period not exceeding sixty days.

The enactments in Schedule I include: the Water (Prevention and Control of Pollution) Act 1974; the Water (Prevention and Control of Pollution) Cess Act 1977; the Forests (Conservation) Act 1980; the Air (Prevention and Control of Pollution) Act 1981; the Environment (Protection) Act 1986; the Public Liability Insurance Act 1981; and the Biological Diversity Act 2002.

② See also *Neelam Kalia v Union of India* 2013 SCC Online NGT 196 and *S M Sanghavi v Tree Officer* Judgment 6 May 2014 wherein the NGT refused to entertain the matter covered under Maharashtra (Urban Areas) Protection and Preservation of Trees Act 1975.

限裁决与野生动物有关的事宜。但是，该庭将有关老虎的活动区和在靠近野生生物栖息地的地方从事采矿活动的问题确认为上述规定的例外。法庭认为，某一特定生态系统的野生动物是"环境"[1] 的一部分，任何对野生动物造成损害的行动，或可能导致对野生动物造成损害的行为，都不能排除在法庭的管辖范围之外。因此，老虎在一个近似保护区的特定地区活动，法庭应在其管辖范围内采取措施保护它们。

民事案件

初审内容为民事案件。"所有民事案件"的表达具有普遍性特征，所以不能对它的含义进行限制。[2] "民事案件"一词包含除《刑事诉讼法典》规定所管辖的刑事案件以外的所有法律诉讼。在"污染控制委员会诉市政公司专员博帕尔案（判决于2013年8月8日作出）"中，法庭认为：

> ……一旦立法机关将法庭的管辖权限制在民事案件上，则该管辖权就无法扩大到显然属于刑事性质并根据《刑事诉讼法典》规定提起诉讼或已立案的案件。本法庭是依法律而建立的，因此，其管辖权必须依照该法律条款的措辞来解释。
>
> （本案案卷第7段）

在本案中，国家绿色法庭宣布其无权管辖、裁定和惩罚那些因违反《城市固体废弃物（管理和处理）条例》（2000年）管理和处置城市固体废弃物（MSW）的被告。

有关环境的实质性问题

初审管辖权的范围包括涉及与环境有关的实质性问题的案件。它涉及那些尚未解决、构成案件核心内容且与环境有关的问题。"实质性"这个

---

[1] Section 2 (c) NGT Act defines 'environment', to include water, air and land and the inter-relationship which exists among and between water, air and land and human beings, other living creatures, plants, micro-organisms and property.

[2] *Goa Foundation v Union of India* Judgment 18 July 2013; *Nasik Fly Ash Bricks Association v MoEF* Judgment 21 March 2014; *Madhya Pradesh Pollution Control Board v Commissioner, Municipal Corporation Bhopal* Judgment 8 August 2013; *Chhattisgarh Environment Conservation Board v M/S Mangala lspat Pvt Ltd* 2013 SCC Online NGT 3035.

词意味着实际且有形,而不是虚构的,是一个不要求严格定量或比例评估的术语。[1]《国家绿色法庭法》第 2 条 m 款将"与环境有关的实质性问题"分为两类:首先,直接违反可能影响社会的法定责任或环境义务;其次,环境后果与特定活动或源头有关。下列判例阐述了法庭在解释"实质性问题"一词时所采用的趋势和方法。

A. 直接违反特定的环境法律义务

涉及直接违反特定的环境法律义务的案件可分为三类:

其一,除一个人或几个人以外的一般社会群体受到或可能受到环境后果的影响;

其二,对环境或财产造成严重的实质性损害;

其三,可广泛衡量的对公共健康造成的损害。

1. 具有群体性影响的环境问题

具有群体性影响的环境问题在印度很普遍。例如,作为印度持续面临的主要挑战之一,城市固体废弃物是一个"法律的实质性问题"的例证。在这个问题上,社会群体受到因违反特定环境法律义务所导致的结果的影响。据估计,每年有 3.77 亿人在印度城市中产生 6200 万吨固体废弃物。管理废弃物是一个需要关注的问题。德里每天产生 1 万吨废弃物[2],其次是孟买(Mumbai)的 7025 吨[3]、孟加拉(Bengaluru)的 4500 吨[4]和阿默达巴德(Ahmedabada)的 4000 吨[5]。

在每个城市的后巷都有大量有害的城市固体废弃物。印度联邦政府通过环境和森林部出台了《城市固体废弃物(管理和处理)条例》(2000年),并制定了由地方政府负责收集、隔离和科学处置废弃物的政策。超过 80%的废弃物被任意处置,这造成了严重的健康和环境退化问题。对于城市固体废弃物的处置,垃圾填埋场被认为是最好的选择。然而,如果

---

[1] Oxford Dictionary; also see In re Net Books Agreement (1962) 1 WLR 1347.

[2] "Delhi's waste site story" Toxics Link, 19 November 2014 http://toxicslink.Org/?q=article/delhi%E2%80%99s-waste-site-story.

[3] www.karmayog.com/cleanliness/bmcstatsdata.htm.

[4] 'Bengaluru garbage mafia issues threat to residents' India Today, 5 December 2015 http://indiatoday.intoday.in/story/bengaluru-garbage-mafia-issues-threat-to-residents/1/539362.html.

[5] 'Garbage mounds: spreading urban eyesores' Times of India, 5 June 2014 http://times-ofindia.indiatimes.com/city/ahmedabad/Garbage-mounds-Spreading-urban-eyesores/articleshow/36074988.cms.

现时每年6200万吨的废弃物继续不经处理而倾倒,则每天需要34万立方米的堆填区。① 在许多城市,还没有确定垃圾填埋场地,有几个城市的垃圾填埋场已经用尽。② 噪声、气味、烟雾、灰尘和随风飘散的垃圾在垃圾填埋场都很常见。随着生物材料的分解,散发出的热量会引起自燃,并造成火灾风险。糟糕的垃圾填埋场吸引了鸟类、害虫和昆虫。它们通过这些鸟类、害虫、昆虫污染了空气、土壤和水,危害人类的健康。而对于这些固体废弃物的管理,很少有城市的地方机构能制订出一个有效的长期计划。根据《城市固体废弃物(管理和处理)条例》(2000年),市政当局应当负责管理城市固体废弃物,但其往往无法有效履行法定职责。官方机构中央污染控制委员会在其报告中说:"一般而言,大体上我们几乎看不到任何城市或城镇遵守《城市固体废弃物(管理和处理)条例》(2000年)的规定"(2015:1)。大多数政府部门都没有财力来建立废物处置设施。来自不同城市的研究报告指出,固体废弃物管理不当的主要原因是摆放于不恰当位置的垃圾箱、设计不合理的社区垃圾箱、状况欠佳的垃圾收集车辆、收集和运输的劳动力不足以及缺乏废物处置设施(Rana et al. 2015:1548-1549)。

在"萨特帕尔·辛格诉加尔迪瓦拉邦议会案(判决于2013年4月25日作出)"中,萨特帕尔·辛格和其他居民就市议会和旁遮普(Punjab)污染控制委员会未能执行和监测《城市固体废弃物(管理和处理)条例》(2000年)和《旁遮普市法》(1911年)第154条和第168条的规定一事提起了诉讼。申请人要求将动物死尸从开阔地带移走,以保持城镇道路的干净整洁。国家绿色法庭支持了该诉讼请求,并指出当局在履行法定义务方面已经失职,其不作为对居民的健康和福祉产生了不利影响。污浊的气味和附近流浪狗的存在造成了空气污染和对公众的滋扰,当局未能确保当地社区居民享有无污染空气和洁净水的基本权利。国家绿色法庭指示当局立即采取行动,将垃圾倾倒场迁至离居民区较远的适当地点,而且要求当局每半年提交一份关于该垃圾倾倒场未来两年进展情况的规划书。

"拉昒斯启发人道组织诉印度联邦案(判决于2013年7月18日作出)"也说明了城市固体废弃物的问题。非政府组织拉昒斯启发人道组

---

① http://toxicslink.org/?q=content/national-conference-waste-energy-30th-march-2015-new-delhi.

② www.gktoday.in/blog/problem-of-municipal-solid-waste-msw-in-india/.

织针对位于巴雷利（Bareilly）的城市固体废弃物管理工厂提出了初审申请。申请人认为该项目的运营是非法的，不符合环境清拆许可的规定，也并非基于市政当局的强制决定进行运营。该厂建在离住宅、教育机构、医院和水体很近的地方，因此造成了环境损害。该厂的主体部分是露天的，其蓄水池的筹建工作并没有遵守《城市固体废弃物（管理和处理）条例》（2000年）之规定。国家绿色法庭支持了该申请，并指出：

> 该厂所在地的地下水必然会由于渗滤液造成严重污染，这将导致地下水的污染程度相对较高，被污染的水进而影响附近的水体和灌溉水。该处倾倒垃圾所产生的臭味，肯定会污染空气，影响附近居民的健康……他们可能会感染哮喘、肺气肿甚至癌症等疾病。因此，一旦允许该城市固体废弃物管理厂在案涉地区开展生产活动，必将会对周边公众健康和环境造成无法挽回的损害。
>
> （本案案卷第47段）

在"卡迈尔·安南德揭露组织诉旁遮普邦案（判决于2014年11月25日作出）"中，为了更多公众的利益，国家绿色法庭德里法庭试图在旁遮普邦执行《城市固体废弃物管理计划》（2014年）。德里法庭批准了一个建立固体废弃物处理厂的项目，要求其在特定时限范围内收集和处理城市固体废弃物。该项目应包括在现场对生活垃圾进行分离和处理，以及采取何种科学方法进行适当的城市固体废弃物管理。国家绿色法庭表示，该项目所有阶段必须在2016年12月之前开始运作。政府部门必须确保工厂的运行不会产生污染、公害或造成环境恶化。国家绿色法庭表示：

> 我们十分关注的是，在我国，目前没有一个城市有能力为收集和处置城市固体废物提供全面的科学方法。这个设施（城市固体废物处理厂）若能充分设立并良好运行，不仅将有益于广大社会公众，而且将在很大程度上有助于环境保护目的的实现。
>
> （本案案卷第25段）

2014年9月2日，最高法院将"阿尔米特拉·帕特尔诉印度联邦案（1996年第888号）"移交给国家绿色法庭德里法庭（于2015年1月15

日作出命令)。最高法院指示国家绿色法庭在国家层级迅速处理城市固体废弃物问题,并根据《城市固体废弃物(管理和处理)条例》(2000年)之规定,充分采取妥善收集、运输和处置垃圾的措施。

最高法院通过这一指示,认为城市固体废弃物不仅对人类健康造成了严重损害,而且也导致了环境的污染。

自1996年以来,上述问题一直有待最高法院审理。[1] 在2014年第199号国家绿色法庭初审案件中该问题得到解决。2014年12月20日和2015年3月20日,国家绿色法庭通过指令,要求各成员邦在四周内提交关于收集、储存和处置各自邦城市固体废弃物的全面书面报告。法庭对于成员邦未提交上述文件而导致这一问题被拖延的事实表示关切并发出警告,向违约的成员邦、联邦领土委员会和有关秘书处征收5万卢比(500英镑)的费用,且该费用会当面向所涉官员直接收回,以防违反命令。在正在进行的诉讼中,国家绿色法庭希望复制"卡迈尔·安南德人民透明组织诉旁遮普邦案(判决于2014年11月25日作出)"中关于建立城市固体废弃物工厂的做法。集中管理城市固体废弃物处理厂可使其能更有效地运行,这在技术上和经济上都是可行的,并且能让环境公共利益达到最大化。

虽然国家绿色法庭着力于制订一个有效的城市固体废弃物管理计划,但冷漠和腐败的执法程序削弱了其裁决的效力。事实上,这些裁决经常遭到违反。据称,民选代表和负责收集废弃物的私营承包商之间存在着十分密切的"黑手党式企业"(mafia-type business)的关系。伪造账单和虚报出行次数以及垃圾堆放场的废弃物数量等行为严重助长了违规和违法现象。[2] 私人承包商可能是民选代表的亲属,并且他们无须承担责任。例如,艾哈迈达巴德市公司在皮拉纳(Pirana)垃圾填埋场发现了一个垃圾骗局,私人承包商把泥巴和石头倒在垃圾场,并就堆放在填埋场的虚假垃圾重量提出索赔。[3] 此外,有新闻报道称,2015年12月,班加罗尔市市长于2015年12月陷入一场纷争中,垃圾黑手党盗用他的名义以威胁一个

---

[1] SLP (C) No 22111/2003 and CONMT. PET (C) No 8/2009 in WP (C) No 888/1996.

[2] Managing waste, irregularities a tough call for India's metros' Live Mint, 25 December 2008 www.livemint.com/Politics/6c9QI6oD8fZ6ydfXhdVDCM/Managing-waste-irregularities-a-tough-call-for-India8217.html; see also dnaSyndication (2014).

[3] See n5 (page 96) above.

高档城市公寓楼的居民,要求其将垃圾收集工作外包给一家私人机构。[①]这些事例表明了国家绿色法庭在执行其决定时所面临的挑战。

2. 对环境或财产的损害

这包括对环境或财产造成实质性损害的情况。在"洛希特·乔哈里诉印度联邦案(判决于2012年9月7日作出)"中,国家绿色法庭准许了针对阿萨姆邦(Assam)的加济兰加国家公园(Kaziranga National Park)附近存在违法行为的申请。根据《野生动植物(保护)法》(1972年)的规定,加济兰加国家公园不仅是一个国家公园和老虎保护区,也是联合国教育、科学及文化组织(教科文组织)(UNESCO)的世界遗产地。加济兰加国家公园不仅是印度3/4的犀牛的家园,它还栖息着诸多大型的单一濒危物种和野生动物,如沼泽鹿、野牛、大象、老虎和恒河豚等。它是南亚唯一一个有活力的低地草地生态系统公园。国家绿色法庭在本案中面对的是一个公然违反印度环境和森林部于1996年7月5日根据《环境(保护)法》(1986年)所发通知的问题。根据该法制定的规则,除非事先得到中央政府的批准,否则不得在任何未开发区(NDZ)内扩大工业区、乡镇、基础设施以及不得从事导致污染和拥挤的活动。申请人罗西特·乔杜里(Rohit Choudhary)是当地居民,他向国家绿色法庭提出申请,要求有关当局,特别是环境和森林部以及阿萨姆邦政府,保障加济兰加生态敏感区免受来自加济兰加国家公园及其周围无管制采石采矿活动的影响。不分青红皂白地扩建石料粉碎设备、砖窑、茶叶厂和各种工业(燃料分配站、锯木厂、油轮制造厂、芥子油厂、面粉厂、混凝土制造厂和餐馆),会造成空气、水和土地污染,从而危及森林、基因库储备、植被和生物。有趣的是,阿萨姆邦政府此前曾在1996年1月19日发布了一份关于在加济兰加国家公园及周边地区划定未开发区的通知。国家绿色法庭就此得出的结论是,环境和森林部以及阿萨姆邦政府在其法定职责之内失职。在一份措辞强烈的意见中,法庭指出,当局无情和漠不关心的态度以及违反法律的行为导致国家公园及其周边建立了污染工业区,这威胁到生物多样性、生态敏感地区的生态和环境的稳定性。法庭指示当局立即关闭非法工业企业,或将其迁出未开发区。同时,法庭还指示环境和森林部以及阿萨姆邦政府拿出10万卢比(1000英镑)用于保护和恢复加济兰加

[①] See n1 (page 97) above.

国家公园的生态和环境。

"果阿邦基金会诉印度联邦案（判决于 2013 年 7 月 18 日作出）"是"与环境有关的实质性问题"的另一个例证。这个案件同时被两个非政府组织（果阿基金会和果阿邦和平社会组织）提出诉请。它们要求，果阿邦政府按照高级专家小组——西高止山脉生态专家小组（WGEEP）的要求，采取措施保护另一个世界遗产地——西高止山脉。西高止山脉是生物多样性的宝库，它被认为是全球生物多样性的热点地区。同时，该地被认为是地方性的、稀有的、濒危的动植物储藏地。高止山脉地区主要种植茶、咖啡、橡胶和各种香料等作物。印度联邦坚持法庭不能受理此案，认为在环境和森林部审议西高止山脉生态专家小组报告前，国家绿色法庭并不具备对该问题的管辖权。法庭同意非政府组织的论点，认为当局必须维持和确保环境平衡。基于《国家绿色法庭法》的规定，当局不履行法定义务的行为导致法庭拥有了对该案的管辖权。

据称，国家采取的立场不利于保护西高止山脉。国家不应以缺乏管辖权为由反对诉求，而应将其作为发展和适用生态中心主义原则而非人类中心主义的契机。因此，采用以生态为中心的方法和相关的生态伦理能够更好地在环境司法过程中，或一些学者和绿色环保人士所说的"生态司法"中，优先考虑和执行物种保护法（Jessup 2012：65）。

在"先锋基金会诉卡纳塔克邦案（判决于 2015 年 5 月 7 日作出）"中，国家绿色法庭受理了非政府组织"先锋基金会"提出的申请，该组织对环境和生态保护，尤其是对卡纳塔克邦环境的保护感兴趣。该案主要诉求针对的是被告正在开发的商业项目，因为该商业项目没有事先通过关于水体湿地和汇水区［阿加拉河和贝兰德湖（the Agara, the Bellandur Lakes）］的环境清拆许可。《环境影响评价通知》（2006 年）规定，如果没有关于环境清拆许可的授权，任何项目都不能动工。这一限制不仅适用于项目的运行，而且也适用于项目的立项。案涉商业项目是一个大型、多功能的建筑综合体建设项目，包括建立一个经济特区公园、旅馆、住宅公寓和一个购物中心。该综合体占地约 80 英亩，紧邻阿加拉湖（the Agara Lake），具体来说是位于阿加拉河和贝兰德湖之间。这会使整个生态系统面临严重的环境退化威胁和生态损害结果。

国家绿色法庭认定该多功能项目造成了不利的环境和生态影响，特别是对水体的影响。相关科学报告和谷歌卫星图像证实了环境、生态、湖泊和湿地受到不利影响的可能性。生态和环境的影响包括土地使用的变化、排水网络的丧失、陆地地形的改变和海岸线的丧失，这使得湿地和集水区面临着紧迫的威胁。法庭评论说：

> ……湿地是地球上最富饶的生态系统之一。它们不仅为人类社会提供了许多重要的服务，而且也是具有生态敏感性和适应性的系统。湿地所提供的"免费"服务往往被认为是理所当然的，但由于湿地容易在流域内被改变或退化，这使得其很容易就会消失。
>
> （本案案卷第 56 段）

因此，国家绿色法庭禁止被告为任何人设立第三方利益或放弃财产所有权。法庭驳回了被告关于建筑工程即将完工以及已投入巨额资金的辩解，包括各种土地投资者和其他购买者的申诉。法庭认为："我们对这一论点不以为然。被告甚至在批准进行环境清拆许可之前就开始了建设，并鼓动公众投资。不能允许他们利用自己的过错而获利"（同上案案卷第 80 段）。

上述判决反映了在不损害生态环境，特别是在资源不可再生或最终结果不可逆转的情况下，国家绿色法庭所持的关于环境和生态正义实用主义的理论。

3. 对公众健康的广泛损害

公众健康被定义为使安全、健康和卫生的环境免于污染。国家的责任是通过建立和采用有利于健康生存的质量标准来保护惠及全社会的公共权益。[①] 任何违反或不遵守国家有关部门的规定，即对公众健康造成不利影响的环境退化，均为"与环境有关的实质性问题"。污染案件就属于这个类别。

"最高法院集体住房协会通过其秘书诉全印度自治委员会案（判决于 2012 年 12 月 18 日作出）"阐述了"损害公众健康"方面的问题，其主要反映《噪声污染（管理和控制）条例》（2000 年）实施不力的问题。国家和成员邦污染控制委员会有义务执行这些规定，以保持一个清洁和体面的环境。该条例第 4 条和第 8 条规定，政府当局有责任实施防治噪声污

---

① See also Chapter 2, particularly on Article 21 Constitution of India.

染的措施，并禁止音乐音响系统或噪声持续存在。在没有事先获得有关当局许可的情况下，在婚礼、招待会和晚会上持续使用扩音器、扩音系统直至深夜的行为，打扰到了当地居民。噪声污染会影响人体健康和居民睡眠，对婴儿和老年人而言尤为严重。噪声污染不仅会造成人们的厌恶情绪，而且会导致一系列危害其健康的结果，比如引发血压升高、听力受损和神经紊乱等。儿童最易受到噪声污染影响，噪声会对他们的智力发展带来损害。国家绿色法庭裁定，上述噪声污染行为违反了《噪声污染（管理和控制）条例》（2000年）的规定。法庭指出：

> 噪声对人类健康的影响尚未得到充分重视。噪声可视为污染物。高分贝噪声污染环境，并造成滋扰，影响人的健康。故噪声的分贝数超过合理限值，就会违反《宪法》第21条之规定。
>
> （本案案卷第6段）

考虑到公众健康问题，法庭指示当局（特别是分管治安的官员和地方警察）应确保《噪声污染条例》（2000年）得到严格遵守。如上述官员不遵守该条例之规定，即应视为严重违反法律，因而有理由对该官员采取行动，包括采取纪律行动。法庭提出一项战略和一项涉及各部门的行动计划，用以缓解该市的噪声污染问题。这些措施包括：建立和管理一个每天24小时畅通的公民投诉呼叫中心；要求警察和分管官员在24小时内处理投诉，以及向所有警察局提供足够的噪声监测器，以便他们能够监测到来自各种渠道的噪声强度。还应该在德里的不同地区，特别是在敏感地区，如医院、教育机构、法院和交通繁忙的十字路口附近定期进行噪声监测，并制订噪声教育和噪声污染意识计划。[1]

国家绿色法庭的判决是具备良好意图且以政策为导向的，但是基层的现实暴露出了相当多的缺陷和持续的挑战。科学证据表明，噪声污染正在困扰着居住在德里的人，并容易引发60岁以上的老人患上老年性失聪（年龄相关性听力损失）。这本应是老年人在75岁以后才可能患的病。国家绿色法庭的规则和命令并未被执行。典型德里人是情绪高亢的，但他们并没有意识到噪声对人体健康的危害。简单地说，印度人生活于活跃的社

---

[1] See also *Permanand Klanta v State of Himachal Pradesh* Judgment 10 December 2015.

会和集体的吵闹中（Chandra 2013；Lai-chandani 2013；Nandi 2013）！

在"讷瓦提亚诉马哈拉施特拉邦案（判决于2013年1月9日作出）"中，法庭对无限制地使用警报器和多频声喇叭的车辆（包括救护车、政府车辆和警车形成的车辆噪声）予以重点关注，但未具体规定车辆喇叭的使用标准。噪声污染对市民的健康和福祉有着不良影响。噪声的强度和持续时间会对人类听觉和非听觉产生影响。因此，法庭指示联邦政府和邦政府当局采取噪声防治措施。联邦政府（即印度政府与印度道路运输和公路部）奉命于《噪声污染（管理和控制规则）条例》（2000年）规定环境空气质量标准命令发出之日起三个月内，为警报器和多频声车辆提供具体的声源标准。马哈拉施特拉邦交通部和污染控制委员会必须采取措施，并在印度道路运输和公路部发出通知之日起的一个月内执行这些标准。

懒政是印度环境治理所面临的最大挑战之一，它造成政府行政管理的挫败和无所作为，进而危及环境正义。具有讽刺意味的是，虽然国家绿色法庭希望污染监管机构尽早制定出针对警报器和多频声喇叭的指导方针，但污染监管机构未能在规定的时间范围内作出回应。相反，它们把第一次会议推迟了一年。会议最后于2014年1月14日举行。不过，2014年6月，马哈拉施特拉邦政府发布了指令，允许紧急情况下可以使用救护车、警车和其他车辆，但特殊情况除外；不得在晚上10点至早上6点之间使用警报器或多频声喇叭。指令进一步规定，警报器的声音应符合规定的标准，如有任何违规情况，行政当局应采取行动（包括拆除警报器）。[①]

最后，国家绿色法庭德里法庭在"印度脊髓损伤医院诉印度联邦案（判决于2016年1月27日作出）"中，对于政府未能就机场附近居民区的噪声污染制定环境标准表示关注。该诉讼是由新德里（Vasant Kunj）、比瓦萨（Bijwasan）和印度脊髓损伤中心（ISIC）地区的居民提出的，该医院是位于英迪拉·甘地国际机场（IGI）附近的一家超级专科医院。起诉人声称，飞机在机场制造的噪声影响了当地居民的健康。印度脊椎损伤中心认为，飞机噪声通常在75—94分贝之间，超过了《噪声污染（管理和控制）条例》（2000年）所规定的标准。发动机产生的噪声使病人受到了无法忍受的噪声污染，造成他们日常睡眠不足的情况，而且进行手术

[①] 'Maharashtra bans emergency vehicle sirens between 10pm and 6am' *Times of India*, 11 June 2014 http://timesofindia.indiatimes.com/city/pune/Maharashtra-bans-emergency-vehicle-sirens-between-10pm-and-6am/articleshow/36364429.cms.

的医生也会被噪声干扰。

  印度首都德里的空气污染问题对该市居民以及该城市动植物是一种威胁。世界卫生组织（WHO）在 2014 年将德里称为世界上污染最严重的城市。① 各种研究报告表明，天气、能源消耗、城市人口增长、车辆使用量增加以及工业生产等因素混杂在一起，共同导致了空气污染，包括浓度升高的有害健康的超微粒子。萨里大学（University of Surrey）研究人员在德里进行的一项关于空气污染的研究指出，"事实上，德里是一个有毒污染物的大桶，各种成分都需要全面处理"。② 科学与环境中心的一份题为"2015 年身体负担：印度健康状况"（Body Burden 2015：State of India's Health）的报告称，空气污染每年造成德里 1 万—3 万人死亡，这是印度第五大死亡原因。③ 2015 年 3 月 31 日—4 月 30 日进行的"2015 年四城市蓝色呼吸"（A four city Breathe Blue 15）活动表明，德里 40% 的 8—14 岁的儿童肺虚弱；21% 的儿童肺活量欠佳；19% 的儿童肺活量较差④。

  2014 年，一位名叫瓦尔德赫曼·考西柯的年轻律师和环保主义者，以有限的诉求向德里国家绿色法庭呈交诉状（"瓦尔德赫曼·考西柯诉印度联邦案，2014 年第 21 号申请"），请求控制德里［印度国家首都区（NCT）］不断上升的空气污染源。该案成为国家绿色法庭审理的最重要的案件之一。在认真考虑空气污染问题的情况下，法庭根据《国家绿色法庭法》第 14 条的规定，认定该诉求属于影响公众健康的"与环境有关的实质性问题"。作为具有重要指引作用的诉讼，该案目前正在审理中。

---

  ① 'Breathing poison in the worlds most polluted city' BBC News, 19 April 2015 www. bbc. co. uk/news/magazine-32352722; "Delhi is worlds most polluted city: WHO' *Times of India*, 2 December 2015 http://timesofindia. indiatimes. com/life－style/health－fitness/health－news/Delhi－is－worlds－most－polluted－city－WHO/articleshow/50010011. cms.

  ② 'Most polluted city in the world, Delhi suffers from a toxic blend, says UK study' *Indian Express*, 25 December 2015 http://indianexpress. com/article/cities/delhi/the－most－polluted－city－in－the－world－delhi－suffers－from－a－toxic－blend－study/#sthash. EuNkc5vf. dpuf.

  ③ 'Air pollution causes 30000 deaths in Delhi annually' *First Post*, 16 December 2015 www. firstpost. com/india/air-pollution-causes-30000-deaths-annually-in-delhi-fifth-leading-cause-of-death-in-india-254.

  ④ 'deadly air: 40% children in Delhi have weak lungs, finds survey' *Hindustan Times*, 4 June 2015 www. hindustantimes. com/delhi/deadly－air－40－children－in－deihi－have－weak－lungs－finds－survey/story-aEtYQWzg4Xvqbe8e2a6RCLhtml.

国家绿色法庭采取了一种"协商方式"①，并为利益相关方和主管部门协商解决围绕严重影响环境、涉及广大市民和（或）重大公共福利的问题提供了一种杠杆性机制。②

国家绿色法庭在2014年11月26日的指令中强调，仅仅在不同层面关注空气污染问题并不能促使该问题得到解决。提供清洁的空气是所有当局和部委的宪法与法定义务。它是一项基本权利，不应受到国家的限制，也不应在规划和预期行动领域被忽视。根据国家绿色法庭的决定，灰尘、在露天焚烧塑料和包括树叶在内的其他材料、车辆污染是造成空气污染的三种主要致癌因素。这三种污染源将高颗粒物、碳氢化合物、硫氧化物、氮氧化物、苯和臭氧引入空气，从而对人体健康造成危害。法庭判决，需要通过预防性和恢复性指令，来改善德里印度国家首都区的环境空气质量。个人权利必须让位于公共权利。

国家绿色法庭主席斯瓦坦特·库马尔（Swatanter Kumar）法官对负责解决这一问题的部委和德里政府部门持批评态度，他指出："政府官员坐在有空调的办公室里，却没有意识到路旁的普通人所面临的问题。呼吸系统疾病患者正在遭受痛苦，每年都有新的病例出现，整整一代的儿童正在被摧毁。"③

2014年11月26日和28日，国家绿色法庭向德里和中央政府发布了清除有毒空气的行动计划。行动计划包括：
- 禁止使用15年以上（含15年）的车辆（柴油和汽油）；
- 禁止露天焚烧塑料或任何其他材料，包括树叶；
- 禁止有污染的卡车进入德里（柴油车辆）；
- 禁止在人行道上停车，只允许在道路的一侧停车，以避免道路拥堵；
- 减少建筑工地的粉尘；
- 执行粉尘管理计划；
- 在市场上安装空气净化器；

---

① See Chapter 5 for a discussion.

② Order dated 28 November 2014.

③ 'National Green Tribunal worried over rising pollution in Delhi' *India Today*, 30 October 2014 http：//indiatoday. intcxlay. in/story/ngt－air－ponution－delhi－justice－swatanter－kumar－delhi－govemment-departments-vardhaman-kaushik/1/398156. html.

- 禁止车辆在闹市区装卸货物；
- 检查德里运输巴士的排放量是否超过规定的限值；
- 在进入德里的六个入口处安装货车称重装置。

为落实先前的指令，国家绿色法庭在2015年1月19日的命令中，分析了监管当局提交的德里印度国家首都区（NCT Delhi）空气环境质量现场监测报告。国家绿色法庭对空气质量恶化的问题十分关注，并提到：

> 规定的参数远远超出了国家环境空气质量标准。例如，在德里，二氧化氮浓度为146甚至218微克/立方米，其预估值为80微克/立方米。与PM10所允许的限值相比，颗粒物浓度为484微克/立方米。同样，颗粒物的尺寸小于或等于2.5的颗粒物浓度在德里极不稳定，其浓度将达到1284微克/立方米，超过规定的60微克/立方米。据检测，德里的臭氧浓度为223微克/立方米。在德里，一氧化碳浓度达到7.81微克/立方米，而其允许的限值为2毫克/立方米。从以上数据可以清楚地看出，德里国家首都区的空气环境是高度污染的。显然，这对人体健康和环境是危险的。这些统计数字清楚地表明，如果要保护德里国家首都区的居民免受空气污染造成的健康危害，就必须采取严厉措施。我们认为，法庭发出的所有指示，特别是有关车辆污染的指示，应由全体有关机构立即执行。

（"瓦德曼·考希克诉印度联邦案"案卷第3段）

2015年4月7日，国家绿色法庭再次表示其十分失望：随着空气污染物的增加，德里越来越容易受到各种疾病的影响，而这些污染物的最大受害者是年幼的儿童。空气污染已达到惊人的程度，这反映出成员邦政府当局漫不经心的态度。政府部门没有作出一致的努力来处理这个问题，也没有实施之前的方针。国家绿色法庭还注意到，相关主管机构没有对建筑和相关活动排放的灰尘进行监管，而且公然违反了先前关于开展这类活动需采取预防措施的命令。对于柴油车辆增加的情况，国家绿色法庭表示会予以密切关注：

> ……据进一步报告，每天晚上有多达8万辆卡车进入德里，人们不得不吸入高颗粒物，从而受到严重的健康危害，因为柴油燃料会损

害肺部、大脑,甚至引起癌症。有人指出,柴油是造成德里严重空气污染的主要来源,儿童甚至感到呼吸困难。情况如此紧迫,以至于医生建议人们为了恢复健康,应该离开德里。

(同上案案卷第 3 段)

2015 年 4 月 13 日,国家绿色法庭发布了扩大公众利益和改善公共卫生的进一步指令。这些指令包括:限制在德里国家首都区登记的车辆数量(包括使用能源或燃料的车辆);给予采用公共交通上下班或旅行的公众奖励;给予被禁车辆的转让人或受让人一定的福利或优惠;向因法庭命令限制而导致车辆废弃的人提供优福利或优惠。此外,在商业活动频繁、市场或工业区较多的地点,公共交通工具应得到优先考虑;向车辆所有人,特别是对拥有不止一辆车的家庭征收更高的登记费和其他收费,包括交通堵塞费。

综上所述,国家绿色法庭已经通过出台多项指令来防止和控制污染,改善德里的空气质量。不幸的是,它们的执行情况令人担忧。表 3-1 显示了 2014 年 11 月国家绿色法庭为应对空气污染所发布指令的执行情况。①

表 3-1　　　　　　　国家绿色法庭行动方案的实施情况

法庭指示	执行状态
禁止使用 15 年以上的车辆(柴油和汽油)	滞留在最高法院
禁止露天焚烧塑料或任何其他材料,包括树叶	部分执行
禁止污染卡车进入德里(柴油车辆)	部分执行
禁止在人行道上停车,只允许在道路的一侧停车,以避免道路拥堵	未执行
减少建筑工地的粉尘	未执行
执行粉尘管理计划	未执行
在市场上安装空气净化器	未执行
禁止车辆在闹市区装卸货物	执行
检查德里运输巴士废气排放量是否超过规定限值	进行了检查,但是国家绿色法庭对报告不满意,需再次提交报告
在进入德里的六个入口处安装货车称重装置	处于考虑之中

---

① 'NGT flays DTC over report on inspection of buses' *Hindustan Times*, 8 June 2015 www.dna-india.com/delhi/report-ngt-flays-dtc-over-report-on-inspection-of-buses-2064414; see also 'Green Court takes bold steps to improve city air', *Hindustan Times*, New Delhi, 8 June 2015.

执行法庭的命令和治理德里有毒的空气，需要强有力的政治意愿作保障，以便作出大胆的决定，并在微观层面作出改变。由于空气质量不断恶化，监管当局必须采取严厉措施并迅速执行指令。德里政府已经提出了一些清理有毒空气的措施。该政府从2016年1月1—15日和2016年4月15—30日试运行了单双号汽车政策计划，以限制路上的车辆数量。总体来说，在2016年1月的第一阶段中，单双号规则在减少交通拥堵方面是成功的，但没有明确的证据可证明在此期间污染程度有所下降。① 由于数据没有得到合理记录，因而引起争议。初始报告表明，第二阶段是失败的。遵守率相对较低，很多人选择替代方案，例如第二辆车（旧的或新的），假冒的天然气标签。有争议和稀少的数据以及气象因素，所有这些因素聚集起来导致此次试验失败。②

德里政府拟通过增加1万辆公共汽车来扩大公共交通。这项提议受到了国家绿色法庭的批评，并对该议案的合理性提出了质疑。德里是世界上道路密度最高的城市之一，每平方公里道路总长度为21.19公里。道路总长度约为3万公里。国家绿色法庭在2015年8月7日的命令中指出：

> 在德里，每天正增加着1000辆汽车。现在出行10公里只需1小时。如果同时推出巴士，道路的情况将变得如何？你能动一下吗？你想过这个吗？鼓励公共交通，但你在这方面有何计划？为什么你希望每个法院都能下令完成这项工作？当我们发布命令时，我们又被指责为司法能动主义。在过去的两个月里，你没有给出明确的答案，而我们正在想办法控制污染。③

---

① 'Delhi's odd even rule ends today' Indian Express, 15 January 2016 http://indian-express.com/article/cities/delhi/delhis-odd-even-rule-ends-today-a-look-back-at-the-last-15-days/#sthash.0CM0A8jy.dpuf.

② 'Make no mistake, odd even II was a failure' Huffington Post, 3 April 2016 www.huffingtonpost.in/2016/04/30/aap-odd-even-ii-delh_n_9812656.html; 'Impact of odd-even on air blurred by tow compliance' Times of India 30 April 2016http://timesofindia.indiatimes.com/city/delhi/Impact-of-odd-even-on-air-blurred-by-low-compliance/articleshow/52047939.cms?

③ 'What would be status of roads after 10000 new buses: NGT' Economic Times, 7 August 2015http://articles.economictimes.indiatirnes.com/2015-08-07/news/65317826_1_public-service-vehicles-electric-buses-delhi-govemment.

联邦政府（环境和森林部）也承诺帮助清除有毒空气。环境、森林和气候变化部前部长普拉卡什·贾瓦德卡尔（Prakash Javadekar）说："事实上，德里的空气质量很差。政府并没有否认。我们已接受这个问题。我们正致力于清洁城市的空气，而且我们在寻求大家的合作。"① 莫迪总理于2015年4月6日发布了空气质量指数②，并加入了包括美国、法国、中国和墨西哥在内的全球国际联盟，这些国家已经实施了一项预警系统，该系统可以提供空气质量的详细情况，并提供关于空气质量对城市居民可能产生的健康影响的信息。此外，环境、森林和气候变化部部长于2016年2月10日宣布，政府计划在2020年前引入汽车与燃油的欧 VI 排放标准。③

目前针对空气污染作出的对策是积极的，但仍需要作出超越国家绿色法庭命令的有力承诺。我们需要通过道路监测以及在结构、管理和行为层面上的短期和长期战略来实施一系列更广泛的限制措施。可以进一步净化空气的措施包括：鼓励高效和有力的公共交通与可再生交通方式（鼓励废弃旧车和购买电动车以及生产生物燃料）；加快实施欧 VI 排放标准；通过提高通行费和道路税减少柴油车的使用，消除汽油和柴油之间的价格差异；提高登记、拥堵、停车的收费标准；划定停车区以及增强公众意识（印度科学与环境中心年度报告1999—2015年）。

环境对人体健康的影响是可以确定的，而且大多是可以衡量的。上述判决反映司法在促进健康、保护个人和集体免受危害、全面改善今世后代健康状况方面的作用。

B. 具体污染行为或点污染源

与环境有关的实质性问题的第二个标题，确定了与具体污染行为或点污染源有关的环境后果。④ 在"维嘉伊·瓦迪亚诉印度联邦案（判决于

---

① 'Act on Delhi's foul air-now' *Times of India*, 6 June 2015; Panel Discussion (Environment Minister P Javadekar discussed the alarming level of air pollution in Delhi with top experts and outlined an action plan) http://timesofindia.indiatirries.com/home/environment/pollution/Act-on-Delhis-foul-air-now/articleshow/47561541.cms.

② http://aqicn.org/map/india/.

③ 'Government will come up with construction and waste management rules' Assocham, 10 February 2016 www.assocham.org/newsdetail.php?id=5504. Also see Chetan Chauhan, 'Political will needed to clean toxic air', *Hindustan Times*, New Delhi, 8 June 2015.

④ Section 2 (m) (2) NGT Act.

2014年10月21日作出）"中，国家绿色法庭受理了煤库因不科学、不恰当生产引起空气污染进而对附近的学生产生不利影响的诉状。储存和处理煤炭活动所产生的环境粉尘和小颗粒浓度高于规定标准。国家绿色法庭指示国家污染控制委员会对这些失控的煤炭运输活动采取预防措施。这些措施包括喷水和建造足够高度的橡胶包层缓冲墙，以防止灰尘从运煤开采地扩散到学校宿舍。①

在"羌德拉库玛尔诉泰米尔纳德邦污染控制委员会主席案（判决于2014年3月20日作出）"中，国家绿色法庭接受了一名农民提起的关于地下水污染的诉讼请求，该农民称有15—20家染色厂造成地下水污染。这些工厂在没有适当的污水处理设备的情况下就运行，并将未经处理的有色工业废水排入运河和染色厂内的空置土地。未经处理的污水渗漏进入地下水和地表水，影响了申诉人的井水水质。国家绿色法庭命令国家污染控制委员会对上述工厂采取必要的行动，并关闭任何不遵守指令的工厂。

在"尼尔·乔哈里诉中央邦案（判决于2014年5月6日作出）"中，国家绿色法庭受理了一项诉讼请求，该诉讼请求涉及在博帕尔市内和周围（特别是在博帕尔湖周围）举行结婚典礼派对的花园、多功能厅和类似场所的环境污染问题，这些场所的业主或管理人员将未经处理的固体垃圾和废水排入该湖。此外，用发电机发电和房屋装修以及因停车空间不足而乱停乱放，造成了交通堵塞以及随之而来的噪声和空气污染。因此，国家绿色法庭下令关闭了24个导致环境恶化的婚礼花园。②

争议和诉讼事由

法庭审理和解决一个基于《国家绿色法庭法》规定的实质性环境问题而引起的争端。③ 在审理该实质性环境问题时，国家绿色法庭有权依据可持续发展原则、风险预防原则和污染者付费原则发布命令、决定或裁决。④ 在"马娜吉·米斯拉诉印度联邦案（判决于2015年1月13日作出）"中，国家绿色法庭认为：

---

① See also *Dalip v Union of India* Judgment 29 April 2014.

② See also *Society for Protection of Culture v Union of India* Judgment 10 August 2015；*Pankaj Sharma v MoEF* Judgment 20 September 2013.

③ Section 14（2）.

④ Section 20 NGT Act. For a detailed discussion, see Chapter 4.

>这些原则是法庭判决案件的基础。事实上，为更恰当地分配环境正义，必须统筹适用风险预防原则、污染者付费原则和可持续发展原则这三项原则。
>
>（本案案卷第68段）

《国家绿色法庭法》第14条第3款规定，法庭不得受理根据第14条第1款提出的争端申请，但在争端首次发生之日起6个月内起诉的情形除外。而且，若有充分理由，法庭可以准许将起诉人的起诉期限延长不超过60天。"充分理由"一语具有极大的灵活性，足以包括法庭在处理延长起诉期限问题时需考虑的相关情况和各类因素。①

"诉讼事由"一语涉及可供强制执行诉求的所有事实。在"先锋基金会诉卡纳塔克邦案（判决于2015年5月7日作出）"中，国家绿色法庭阐明：

>根据《国家绿色法庭法》的规定，诉讼事由应与环境问题相关。如果诉讼争端不属于环境问题，或并未产生与环境有关的实质性问题，则不能援引《国家绿色法庭法》（2010年）规定的诉讼时效期限。当诉讼事由符合各方面条件时，申请人就拥有了起诉的权利。申请人有权就单一诉讼事由提起诉讼，同时要求不同的救济方式。《国家绿色法庭（惯例和程序）规则》（2011年）第14条明文规定，该法条旨在确保申请人可提出多种救济的诉求，但各救济方式间必须相互关联，而且须以同一诉讼事由为依据。②

再一次诉讼的多重事由可分为两种。第一种情况是多重事由同时

---

① *Collector, Land Acquisition, Anantnag v Katiji* AIR 1987 SC 1335; *Balwant Singh（Dead）v Jagdish Singh* (2010) 8 SCC 685; *Kehar Singh v State of Haryana* Judgment 12 September 2013; *P Mohapatra Union of India* Judgment 8 August 2013; *Nisarga Nature Club v Satyawan* Judgment 21 February 2013; *N H Almeida v M/S Lenzing Modi Fibres* Judgment 28 November 2013; *B K Patel v MoEF* Judgment 13 December 2013.

② See also *J Mehta v Union of India* Judgment 24 October 2013; *Goa Foundation v Union of India* Judgment 18 July 2013; *Amit Maru v MoEF* Judgment 1 October 2014; *R J Koli v Secretary, MoEF* Judgment 27 May 2014; *Kehar Singh v State of Haryana* Judgment 12 September 2013; *Cavelossim Village Forum v Village Panchayat Cavelossim* Judgment 8 April 2015; *Mohar Singh Yadav v Union of India* Judgment 15 September 2015.

出现，第二种情况是多重事由在不同的或连续的时间点产生。在第一种情况下，各诉讼理由在损害发生时完成自然积累（各个诉讼理由随损害完成而产生，并依次出现）。在第二种情况下，在同一侵害重复发生时，则产生引起诉讼的事由；或者，当法律有相关规定时，第一次产生侵害时即产生诉讼理由。如果损害是在不同的时间完成的，并且可能具有类似和不同的性质，那么，根据案件的事实，随后每一次侵害都可能产生新的诉讼事由。

(本案案卷第 24 段和第 29 段)

总之，国家绿色法庭愿意在广泛的社会和经济语境下定义"环境""实质性问题"和"受害人"等关键术语，从而扩大法庭的管辖范围。然而，桑杰·阿帕德海耶（Sanjay Upadhyay）所说的"附带环境案件"仍然是一个灰色地带。例如，如果提起关于沿海管制区（CRZ）的违法行为，那么该行为也可能涉及违反城市规划或特别经济区条例。同样，森林案件必然涉及野生生物。[①] 若能进一步界定附带环境案件的范围，这将有助于重新界定初审管辖权的范围。

与此同时，法庭不以个人为中心，而是以社会为中心来解读严重复杂的环境损害，从而承认更大的社会利益、公众健康以及为子孙后代保护和维持环境。重要的是，它要求公共当局解决印度面临的巨大环境问题，并采取坚定的立场，命令它们放弃"拒绝模式"，转而采取"接受并解决模式"。

上诉管辖权[②]

《国家绿色法庭法》第 16 条规定，受害人有权向法庭提起上诉。[③]

[①] Interview 14 April 2015；'SC stays own decision to transfer environmental cases' Down To Earth, 15 April 2014www.downtoearth.org.in/news/sc-stays-own-decision-to-transfer-environmental-cases-from-high-courts-to-green-Tribunal-44068.

[②] 此处"上诉"不同于国内诉讼体系，应类似于我国的行政诉讼。为体现印度诉讼体系的原意，译为"上诉"。——译注

[③] Section 16 NGT Act states：
Any person aggrieved by an order or decision made, on or after the commencement of the National Green Tribunal Act, 2010, by the (a) Appellate Authority under section 28 of the Water (Prevention and Control of Pollution) Act, 1974; (b) State Government under section 29 of the Water (Prevention

"上诉"的定义是，将案件从下级法院向高级法院或国家绿色法庭移交，以期推翻或修改之前所作的判决。[1] 上诉必须依据法律的规定，而不得通过当事人默许或法院命令而提起。[2] 如果法律没有规定对某一命令可以提出上诉，则法庭不得受理有关上诉。在"阿胡贾塑料有限公司诉喜马偕尔邦案（判决于 2015 年 1 月 13 日作出）"中，国家绿色法庭拒绝受理当事人根据《采矿和矿物（发展和管理）法》（1957 年）和《矿产特许权规则》（1960 年）提出的上诉，理由是该上诉不属于《国家绿色法庭法》附录 1 的一部分。[3] 国家绿色法庭的上诉管辖权，只有在上诉人穷尽已有法律的所有诉讼渠道后，方可援引。"马纳卡兰动力织布机工厂诉泰米尔纳德邦污染控制委员会案（判决于 2012 年 2 月 15 日作出）"就说明了这一点。根据《空气（污染防治）法》（1981 年）第 31 条 A 款，污染控制委员会通过了对上诉人马兰卡纳动力织布机厂的命令，针对其违法行为采取了关闭该厂并停止供电的措施。上诉人没有在根据《空气（污染防治）法》（1981 年）第 31 条第 1 款首先向专门上诉机构提出申请的情况下，就根据《国家绿色法庭法》第 16 条向国家绿色法庭提起上诉。

---

and Control of Pollution) Act, 1974 (c) a Board, under section 33A of the Water (Prevention and Control of Pollution) Act, 1974 (6 of 1974); (d) Appellate Authority under section 13 of the Water (Prevention and Control of Pollution) Cess Act, 1977; (e) State Government or other authority under section 2 of the Forest (Conservation) Act, 1980; (f) Appellate Authority under section 31 of the Air (Prevention and Control of Pollution) Act, 1981; (g) any direction issued under section 5 of the Environment (Protection) Act, 1986; (h) granting environmental clearance in the area in which any industries, operations or processes or class of industries, operations and processes shall not be carried out or shall be carried out subject to certain safeguards under the Environment (Protection) Act, 1986 (i) refusing to grant environmental clearance for carrying out any activity or operation or process under the Environment (Protection) Act, 1986; (j) any determination of benefit sharing or order made by the National Biodiversity Authority or a State Biodiversity Board under the provisions of the Biological Diversity Act, 2002, may, within a period of thirty days from the date on which the order or decision or direction or determination is communicated to him, prefer an appeal to the Tribunal: Provided that the Tribunal may, if it is satisfied that the appellant was prevented by sufficient cause from filing the appeal within the said period, allow it to be filed under this section within a further period not exceeding sixty days.

[1] *Oxford Dictionary* Vol. 1, 398.

[2] *Vijay D Mehra v Collector of Customs (Preventive) Bombay* FN－1988 SCR Suppl (2) 434; *Nand Lai v State of Haryana* AIR 1980 SC 2097.

[3] See also *D V Girish v Secretary*, *Department of Environment Bangalore* Judgment 9 April 2015.

国家绿色法庭拒绝受理此上诉,其给出的理由是若受理该案则等于允许上诉人不遵循法定程序。[1]

根据《国家绿色法庭法》,环境清拆许可是上诉管辖权范围中一个重要领域。所谓环境清拆许可,是同意或拒绝环境清拆许可项目和活动的程序规则,旨在在促进经济发展的情况下,为当地受影响的人、社会公众和项目单位伸张正义。筛选、范围界定、公众咨询和评估是环境清拆许可的四个实质性阶段。然而,以减损环境清拆许可的程序为代价刺激经济发展的做法,增加了司法干预的必要性。以下案例就说明了这一点。

在"普拉弗兰·萨曼巴耶夫诉印度联邦案(判决于2012年3月30日作出)"中,国家绿色法庭反对拟建浦项钢铁项目,该项目涉及在奥里萨邦(Orissa)贾盖特思普(Jagatsinhpur)区的巴拉迪布(Paradip)建造一个综合性钢厂,并设有服务港口。奥里萨邦政府同意为该项目提供便利,并协助韩国浦项跨国钢铁公司获得环境清拆许可证,让其在最短的时间内进行环境清理。浦项钢铁项目中的港口位于河口,该处是最具活力和最脆弱的海岸生态系统之一。浦项钢铁项目打算在加它地罕姆罕河(Jatadharmohan)河口处倾倒沙子,并拆毁一个沙嘴,以便船舶进入航道。为了建设港口,它还计划夷平沙丘,以保护海岸免受风暴潮的袭击。上述每个激烈的活动都是被禁止的,因为该地区享有《沿海管制区告示》的最高保护。[2] 拟议中的工厂和港口建设会威胁到该地区独特的生物多样性,并可能导致长期存在的森林动植物群落混乱和位移。

上诉人是一位社会和环境活动家,他对该项目的评估方式提出质疑——从编写环境影响评价报告到举行公众听证会,再到环境和森林部专家评审委员会(MoEF EAC)的审查。上诉人声称,环境和森林部不仅未能考虑拟建项目的环境和社会影响,而且也没有完成该项目环境清拆许可的法定程序。相反,它错误地相信了浦项钢铁项目的误导性承诺。环境和森林部以及浦项钢铁项目负责人否认了上诉人的指控,声称法定程序在文字和精神层面都得到了遵守。

国家绿色法庭支持上诉人的诉请并阐明:

---

[1] Section 16 (f) NGT Act; see also *M/S Athiappa Chemical (P) Ltd v Puducherry Pollution Control Committee* Judgment 14 December 2011.

[2] "POSCO verdict" *First Post*, 8 April 2012 www.firstpost.com/india/posco-verdict-finally-environmental-justice-in-india-269201.html; see Chapter 4 for further discussion.

我们一直铭记工业发展的必要性。这些项目涉及大量外国投资并创造大量就业机会。但与此同时，我们也意识到，任何发展都应在环境和生态的参数范围内，并满足可持续发展和风险预防的需要。整个项目显示，一个规模如此庞大的项目，特别是与外国合作进行的项目，没有基于任何全面的科学数据来考量项目可能对环境造成的影响，没有对这一问题进行全方位且细致的科学研究，导致环境威胁和生态问题得不到解答。

（POSCO 案案卷第 7 段）

因此，国家绿色法庭中止了对浦项钢铁项目的授权许可，并要求环境和森林部重新进行审查。调查内容应包括项目的选址、目前的污染程度、对周围湿地和红树林及其生物多样性的影响、关于拟建港口项目的风险评估、是否争夺其他物种所需的水资源，以及对零排放提案的评估。法庭要求其根据至少一年的基准数据进行全面和综合的环境影响评价，特别是考虑到该项目的规模及其对生态敏感地区的各种环境要素可能产生的影响。①

在前财政部长奇丹巴拉姆（P Chidambaram）和前总理曼莫汉·辛格鼓励原环境和森林部长拉贾（A Raja）加快推进浦项钢铁项目的环境清拆许可的背景下，法庭的裁决受到了欢迎。事实上，2007 年 5 月 15 日，在拉贾任职的最后两天中，他批准了浦项钢铁项目港口的环境审批。② 具有讽刺意味的是，该裁决作出前一周内，前总理曼莫汉·辛格于首尔就该争议项目进展作出保证："我认识到，有时我们的进程可能很缓慢，但我们始终有着解决各种问题和分歧的有效机制以及强有力的法治。政府正积极推进浦项钢铁项目。"③ 浦项钢铁项目是印度最大的直接外国投资项目，其中存在不恰当利用国家机构和政治权力授予清拆

---

① 'India's Green Tribunal suspends environmental clearance to Posco' MAC：Mines and Communities, 30 March 2012 www.minesandcommunities.org/article.php?a=11597.

② 'POSCO verdict' First Post, 8 April 2012 www.firstpost.com/india/posco-verdict-finally-environmental-justice-in-india-269201.html.

③ 'Green Tribunal suspends environmental nod to Posco' The Hindu, 30 March 2012 www.thehindu.com/news/national/other-states/green-tribunal-suspends-environmental-nod-to-posco-article3261507.ece.

许可的情形。

在"杰拉诉哈马里亚邦案（判决于 2015 年 8 月 25 日作出）"中，国家绿色法庭撤销了授予专科医院环境清拆许可的决定，理由是项目单位没有考虑到现有项目对环境和生态的影响。处理和处置各种废物（生物医疗废物、有害废物和城市固体废弃物）、防止和控制水和空气污染、开展累积影响评价研究以提供数据分析和报告的措施都被项目倡议人忽视。根据国家绿色法庭的认定，由管理当局，即国家环境影响评价局和国家环境评价委员会下达的授予环境清拆许可的命令仅仅走了一个形式。环境清拆许可的命令是"武断的，没有思考过的，违反法律的……当局不仅操之过急，事实上，它们的整个做法都是漫不经心的，它们滥用了自己的全部职能……"（本案案卷第 59 段）

在"羌·切特那诉环境和森林部案（判决于 2012 年 2 月 9 日作出）"中，国家绿色法庭允许其提出上诉，诉因是环境和森林部在不遵守公开听证的强制性要求的情况下，授予一家钢铁和电厂环境清拆许可以便其扩建。在环境项目中举行公开听证会不仅是一种程序上的要求，而且也是为了确保决定是基于适当的评估、对一般成本和效益的利弊衡量，并是考虑到当地人的需要和生活条件作出的。法庭在最终的判决中阐明，听证会不仅是解决环境问题的必要条件，也是符合公开透明和责任担当的善政的基本要求。

上述判例表明，授权环境清拆许可需要适当而独立的思维判断，要求对所有相关材料进行评估，以确定是否存在对其授予环境清拆许的必要性。

上诉管辖权还包括审查管理当局基于自然正义而通过的相关命令的合法性和正当性。尽管自然正义原则不具有法定效力，但是否遵循自然正义原则是衡量判断法律规则遵守情况的基本准则。违反自然正义原则，只要影响到第三方的权利，就会使相关行政或准司法行为失效。在自然正义的适用过程中，灵活性是这一信条的内在特征。自然正义原则有三项不可磨灭而根深蒂固的基本规则，即听双方之词（听证权）、禁止自己裁判（否决偏见）和发言规则（理性决策）①，以确保法律得到法定管理机关公正、

---

① 拉丁语：*audi alteram partem*（right to be heard），*nemo judex in re sua*（rule against bias）and *speaking orders*（reasoned decision）。

客观和公平的适用。①

在"拉贾斯特汗·拉贾雅·韦德与特·无特帕丹·尼加姆·加依普有限公司诉税率上诉委员会案（判决于 2015 年 8 月 20 日作出）"中，上诉人对税率上诉委员会根据《水（预防和控制污染）税法》（1977 年）第 13 条规定作出的命令提出质疑。该委员会在要求上诉人履行关于承担付税责任的命令下发之前未举行听证会。法庭支持其诉求，并指出即使在准司法事务中，当局基于授权作出决定时也必须遵守自然正义原则。

在"瓦基拉威尔诉泰米尔纳德邦污染控制委员会主席案（判决于 2015 年 3 月 26 日作出）"中，上诉人就被告向其发出的查封令提出上诉。根据《大气（预防和控制污染）法》（1981 年）和《水（预防和控制污染）法》（1974 年），上诉人获得了染色厂的经营许可。该许可要求定期更新。然而，被告未经听证于 2012 年 10 月 28 日向上诉人送达了一项查封令。被告称，上诉人所采取的预防和控制措施存在一些缺陷，导致了污染。国家绿色法庭认为上诉人事先没有得到任何通知，也没有得到足够的机会陈述其案情，被告下达查封令的行为违反自然正义原则。上诉人的诉求得到了法庭的批准。

在"奥姆·沙克提工程工厂诉泰米尔纳德邦污染控制委员会主席案（判决于 2012 年 4 月 10 日作出）"中，污染控制委员会根据《环境（保护）法》（1986 年）和《大气（预防和控制污染）法》（1981 年），以噪声污染为由下令关闭上诉人的工程车间，且指令电力部门停止供电。上诉人事先既没有接到通知，也没有获得委员会提供的听证机会。国家绿色法庭取消了查封令，恢复了电力供应。国家绿色法庭认为污染控制委员会在适用自然正义原则处理该情况时带有任意性和不合理性。

总之，在管理机构着手解决当事人之间的争端或作出涉及民事后果的行政行为时，遵守自然正义原则具有强制性。这些规则是灵活的，不能被机械地适用。

上诉期限

《国家绿色法庭法》第 16 条规定，可在有争议的命令、决定或指令

---

① See *M/S Sterlite Industries (India) Ltd v Tamil Nadu Pollution Control Board* Judgment 8 August 2013; *M/S Sesa Goa Ltd v State of Goa* Judgment 11 April 2013; *Ashish Rajanbhai Shah v Union of India* Judgment 11 July 2013; *M/S Techno Engineering v Maharashtra Pollution Control Board* Judgment 1 January 2015; *Kranti S S Karkhana v Revenue and Forest Department* Judgment 15 January 2015.

告知受害人之日起30日内向法庭提出上诉。如果提出上诉的期限超过30日，申请人必须提出充分的理由说明延误的原因。如有充分理由，法庭可准许再延长不超过60日的期限。

对第16条的解读，显示了三个重要信息：

其一，任何上诉必须在命令、指令或决定告知受害人之日起30日内提出；

其二，如法庭确信上诉人有充分理由在上述期间内不能提出上诉；

其三，允许上诉人在不超过60日的期限内提出上诉（着重强调）。

1. 告知

告知行为需要两方的参与，一方发起告知，另一方接受告知。准备告知的内容必须包括相关事项基本事实的完整信息。告知的作用就是将相关事项的信息明确地传递给对方。告知，特别是针对公众的告知，必须运用大众传媒的方式，如卫星通信、网站、报纸和其他方式。在"拯救蒙地区联盟诉印度联邦案（判决于2013年3月14日作出）"中，国家绿色法庭将"告知某人"解释为：

> 所谓"告知某人"，是指为某人所质疑的命令已被人为告知于他，或者通过在公共领域发布公告的方式告知。因此，"告知"应考量法律所要求的全部要素和理由，使得异议人可以对该命令提出异议。"暗示"不应被理解为一种告知。"告知"是一种具有明确内涵和意义的表达，它要求颁布命令的当局在公共领域用合适的告知方式发布该公告。告知应当通过下列两种方式完成：一是以某种形式使被告知人收到相关公告；二是以其他形式使被告知人对所发布的公告的正确性提出适当的质疑。

（本案案卷第17段）

依据《国家绿色法庭法》第16条h款规定的操作流程，针对该法实施后授予工厂环境清拆许可命令的上诉，"告知某人"这一措辞是十分重要的。[①] 这种上诉必须在命令告知受害人之日起30日内提出。但《国家绿色法庭法》中并没有任何条款规定如何以及何时将该命令告知给受害

---

① Section 16 (h) NGT Act.

人。为计算时效期间，国家绿色法庭将《国家绿色法庭法》第 16 条第 8 款的规定作为《环境影响评价通告》（2006 年）第 10 段的指导规定来解读。第 10 段为项目倡议者、环境和森林部以及国家环境影响评价局等利害关系方规定了不同的责任。第 10 段规定，给予环境清拆许可的命令应在公共领域内，并易于为广大公众所了解的地方公示，因为任何认为受到侵害的人都有权根据第 16 条提出上诉，不论该人是否受到人身伤害。上诉期限可在环境和森林部将完整的环境清拆许可指令上传至其网站并无阻碍地被下载，同时于公众布告栏发布之日起开始计算。这一期限也可在项目倡议者将环境清拆许可中的环境条件和保障措施的命令上传到其网站并于报纸公布之日开始计算。当环境清拆许可的命令由地方机构、村务委员会、市政机构以及有关成员邦政府有关部门以所述方式展示该命令时，期间也可以开始计算。如案件情况存在适用两种或两种以上计算方法的，则以最早的时间点视为确定日期，这也取决于每个案件的事实情况。①

在"拯救蒙地区联盟诉印度联邦案（判决于 2013 年 3 月 14 日作出）"中，由蒙帕（Monpa）土著社区的居民组成的上诉人，就环境和森林部在本地区建造 780 兆瓦的水电项目所授予的环境清拆许可的合法性提出了质疑。由于上诉是在向上诉人发出公告之日起 30 日之后才提出的，故而禁止上诉。上诉人主张该命令没有按照法律规定的方式告知于他，导致其迟延上诉。环境和森林部于 2012 年 4 月 19 日授予环境清拆许可，并于 2012 年 5 月 22 日将该命令上传至网站。然而，旧网站和新网站的同步操作上出现了问题。上诉人只能于 2012 年 6 月 8 日，也就是上诉人宣称的告知日期，从环境和森林部网站上下载该命令。国家绿色法庭认定上诉人迟延上诉理由成立，并指示根据案情对上诉进行听审。法庭认为：

> 不管是环境和森林部还是案件可能涉及的其他国家当局，都有义务将环境清拆许可置于政府门户网站的公共领域中。"公共领域"一词指的是任何内容都可为公众查询，任何人都可以不受限制地访问这些信息……（环境和森林部）还应确保将其环境清拆许可命令通知有关人员，告知一般公众。规则很明确，（环境和森林部）必须在其

---

① *Save Mon Region Federation v Union of India* Judgment 14 March 2013；*Medha Patkar v MoEF* Judgment 11 July 2013；*Nikunj Developers v M/S Veena Developers* Judgment 14 March 2013；*Sudeip Shrivastava v Union of India* Judgment 25 September 2014.

网站上公布命令。既然如此，规定就必须以一种无瑕疵、非模棱两可和确定性的方式加以遵守。

（本案案卷第 47—48 段）

2. 充分理由

在存在充分理由的前提下，法庭准许上诉人可以在 30 日期限后提出上诉。"充分理由"一语意味着存在法律上的充足理由。该充分理由应能说服法院在行使司法裁量时，将延误视为可以原谅的。这些规定使法院有足够的权力和空间妥当解释并适用法律，确保立法目的不会落空。

在"尼昆宁开发商诉维纳开发商案（判决于 2013 年 3 月 14 日作出）"中，法庭认为：

……"充分理由"一词保持足够的空间，并引入合理性概念加以解释……应该以实用主义为导向，从公正的角度来考虑"充分理由"一词，而不是对迟延的理由是否充分作技术审查。

（本案案卷第 9—10 段）

在"帕雅瓦兰·桑拉克尚·桑戛西·撒米提·里帕诉印度联邦案（判决于 2011 年 12 月 15 日作出）"中，法庭认为：

立法机关使用的"充分理由"一词具有足够的灵活性，使法院能够合理地适用法律，达到维持公正的目的。

（本案案卷第 14 段）

在一个案件中，若上诉人具备充分的理由，国家绿色法庭可以特许他在 30 日上诉期满后，向法庭提出上诉。这起上诉主要针对一项采伐森林的行政许可决定。因当地开发建设的需要，有关部门决定在喜马偕尔邦内兴建一处水利枢纽工程，该工程获得了采伐森林的行政许可，这引发了当地居民的不满。喜马偕尔邦地处偏远、交通不便、通信困难，国家绿色法庭充分考虑到上述情况，故特别允许上诉人在 30 日上诉期满后，仍然可以提出上诉。

在"帕拉布诉国家级专家评估委员会案（判决于 2015 年 8 月 17 日作

出）"中，根据《国家绿色法庭法》第 16 条的规定，国家绿色法庭允许上诉人可以在 30 日上诉期满后，多延迟 6 日提交上诉申请。上诉人的延迟理由在于：他向法庭申请上诉，收集相关上诉材料，要遵照《信息权法》（2005 年）的有关规定，这将耗费一定的时间。国家绿色法庭接受了上述理由并允许延迟。法庭认为，该案上诉人已在上诉申请中对延迟情况作出了充分说明，其确非蓄意延迟上诉，而且其延期上诉之行为并未影响到本案的审理。法庭认为，这类延期理由属于程序技术问题，不会影响上诉人的法定上诉权利。

3. 60 日最长延时期限

《国家绿色法庭法》第 16 条规定，法庭自由裁量允许上诉延期的权限须遵循法定最长期限。当事人自知道法庭命令、决定或指令之日起，在 30 日法定上诉期限届满后的 60 日内仍未提起上诉的，则上诉权消灭。在"苏迪普·希里瓦斯塔瓦诉印度联邦案（判决于 2014 年 9 月 25 日作出）"中，根据《国家绿色法庭法案》第 16 条的规定，国家绿色法庭驳回了上诉人的上诉申请，拒绝接受将该案上诉期限延长至 90 日以上。该案的上诉人是一位社会活动家，也是一位环保倡导者。他的上诉申请旨在质疑一项露天煤矿项目的环境清拆许可命令，对其合法性及正当性提出异议。这项环境清拆许可命令是在 2011 年 12 月 21 日作出的，而上诉人直到 2013 年 3 月 19 日才向法庭立案登记部门对此提呈上诉申请。根据《国家绿色法庭法》第 16 条的规定，上诉申请应当从命令作出之日起，在法定上诉期限 30 日内提出。若需要延期，至多可再延长 60 日，即最长总天数不得超过 90 日。

由此可见，《国家绿色法庭法》对于诉讼期限有相当严格的规定。只有基于充分的理由，法庭才允许上诉人延期上诉，但法庭可自由裁量允许延期的时限不得超过 60 日。延期的理由必须真实善意。疏忽大意、故意不作为或主观恶意而导致的时效延误，都不能被法庭所接受。而且，法庭作出准许延期决定也应当符合程序法的相关规定。当满足上述条件，法庭则会根据事实，综合考量，作出判断。

特别司法管辖权

《国家绿色法庭法》第 15 条授予国家绿色法庭特别司法管辖权。基于特别司法管辖权，国家绿色法庭可判令加害方对环境污染受害人和附录 1 所规定的其他环境损害的受害人进行救济和赔偿。同时，法庭亦有权在认为合适的情况下，判令加害方赔偿生态损失，修复区域生态环境。法庭特别司法管辖权除了可判令单位团体承担责任外，也可以针对公民个人。判令公民个人承担责任是对《公共保险法案》（1991年）所规定的个人法律责任的补充。

根据特别司法管辖权，《国家绿色法庭法》第15条第3款规定，受害人请求赔偿的申请必须在5年内提交法庭，申请期限从需要赔偿救济的诉讼事由首次发生之日起算。此款但书还规定，国家绿色法庭在有充分理由的情况下还可以适当延长5年之期，但延长时间最多不可超过60日。

此外，鉴于某一个环境损害行为会导致对公众健康、私人财产、生态环境等多方面破坏，法庭根据《国家绿色法庭法》附录2的规定，主张区别对待损害结果，即以不同的方式进行救济，以兼顾赔偿私人财产损失和修复公共生态环境。"拉姆达斯·加纳尔丹·库利诉环境和森林部秘书（判决于2015年2月27日作出）"案是一例具有里程碑意义的案件。在该案中，国家绿色环境法庭谴责了加瓦拉尔·尼赫鲁港信托机构（JNPT）持续填海、开垦土地的违法行为。加瓦拉尔·尼赫鲁港信托机构填海开发的目的是想在新孟买市（Navi Mumbai）新建一个港口泊位，这显然违反了《沿海管制区公告》的规定。法庭判处城市与工业发展公司（CIDCO）、加瓦拉尔·尼赫鲁港、石油和天然气公司（ONGC），向住在加瓦拉尔·尼赫鲁港这一区域，受到填海开发项目影响的1630户渔民家庭支付共计9.5192亿卢比（合951.92万英镑）赔偿金。国家绿色法庭同时判罚被告向地方行政税收官①莱加德（Raigad）支付500万卢比（5万英镑）环境损害修复费。

上述案件已被载入史册，法庭称其为"传统克里瓦塔斯渔民的经典民事诉讼"。克里瓦塔斯（Koliwadas），多年来都是马哈拉施特拉邦考利渔民的主要居住地，被告选择在这里填海开发新建项目，导致渔民们无法正常出海捕鱼，无奈丧失生计，居无定所。渔民们只能在《国家绿色法庭法》第15条的支持下，寻求相应的赔偿救济，以重建家园。

案件主要原告——渔民拉姆达斯·加纳尔丹·考利，代表渔民组织，

---

① Collector是District Collector的缩写，必应词典翻译为地方行政长官、收税员之意，负责地区税收征管，具体解释见https：//en.wikipedia.org/wiki/District_Collector_（India）。——译注

在此案中进行陈述。他诉称有来自4个居民社区的共计1630户渔民家庭受到了被告（尤其是城市与工业发展公司，加瓦拉尔·尼赫鲁港信托机构，石油和天然气公司与新孟买经济特区）填海开发项目的影响，要求被告赔偿损失并恢复原状。他说，渔民们世代在此依靠捕鱼为生，可是被告的填海工程却不幸扰乱加瓦拉尔·尼赫鲁港附近海域的自然潮汐运动，并干扰了潮涨潮落的规律，导致渔民船只无法正常进出入海口，渔民们也无法再依靠自然规律入海捕鱼，收入锐减。其起诉状进一步指出，被告填海开垦土地，还严重破坏了周围海域栖息的大片红树林森林资源。失去了红树林的保护，鱼类繁殖大幅度减少，甚至消亡殆尽，加上开发工程使渔船的传统航运船道变得狭小不堪，这一系列的不利影响加剧了渔业社区的荒芜落寞。

法庭认为：

> 我们得出的结论是，在此项目的筹划期间以及项目开始以后，红树林资源的毁灭性破坏，随之带来加瓦拉尔·尼赫鲁港地区环境功能大幅度下降。该项目甚至在未得到环境清拆许可的情况下就在该区域进行施工筹备，环境影响评价报告也存在重大缺陷。报告不仅没有提出预防或者减轻不良影响的对策和措施，也缺少执行该项目的预期风险估量和收益审计。现在，原告面临着一系列的严重后果：当地生态环境受损，鱼类繁殖地破坏，鱼群消失，渔民们丧失生计，原告安身立命之地日渐萧条，如要帮助他们重建家园，需要被告支付大量的赔偿金给予原告补偿。但即便如此，也很难将当地的环境功能恢复原状。

（"考利诉森林部秘书"：第55、68段）

"卡吉里诉高德哈瓦里生物燃料有限公司案（判决于2015年5月19日作出）"，原告依据《国家绿色法庭法》第14条和第15条的规定，以一个工厂和其监管部门为被告，向国家绿色法庭提起诉讼。本案的原告是一个村落的村民，他们诉称被告工厂的工业排污污染了当地的地下水，影响了地下水源质量，也污染了戈达瓦里河（the River Godavari），损害了农业生产。工厂的酿酒厂在戈达瓦里河畔产生了大量高污染排放物，工厂也缺乏有效的废水处理系统，大量未经处理的污水被排放在临时氧化塘①，然后再从氧化塘排出，污染地下水，影响农用耕地土壤质量，最终导致农作物减产。监管当局，即污染控制委员会，意识到该工厂污水管理系统存在的问题，但并未采取任何积极的严厉措施来阻止被告工厂的排污行为。基于已经掌握的充分证据，国家绿色法庭支持了原告对工厂排污行为的指控——工厂对污染物不科学的管理模式、不负责的管理态度，直接导致地下水源的破坏。被污染后的地下水源，水体样本显示亲核物质浓度指数尤高，这是证明工厂擅自排放大量工业废水污染地下水体的有力证据。由此可见，工厂的环境污染损害行为对地下水体质量和农民粮食收成都造成了严重的负面影响。

国家绿色法庭认为，当务之急应当立即启动补救措施，改善地下水质，缓解土地退化。因此，被告工厂须承担所有恢复地下水及土壤质量的修复费用，包括修复措施的研究费用和执行费用，还应包括向当地村民支付赔偿金。所以，从判决宣告之日起四周内，工厂须将初步修复费用500万卢比（5万英镑）交付给该地区的地方行政税收官，另外50万卢比（5000英镑）的修复费用交付给污染控制委员会。除此之外，每名原告有权因其农用耕地和当地水质遭受的损失，得到20万卢比（2000英镑）的赔偿金。

"纳威尔卡诉果阿邦案（判决于2015年4月8日作出）"也涉及农用耕地的严重破坏。国家绿色法庭根据《国家绿色法庭法》第15条的规定，支持原告所主张的经济赔偿和恢复生态环境的诉求。此案的原告——当地农民诉称，被告的采矿工厂任意倾倒采矿所产生的废弃物，并随意排放未经处理的工业废水，导致农业耕地及周围环境受到污染。工厂在原告人耕作的稻田区域内堆放矿产及其他固体废物余料。根据当地行政税收官的报告记录，倾废废物的覆盖面积达到10752平方米，总量约达21504立方米。堆积如山的工业废渣侵蚀了农业用地。国家绿色法庭责令采矿工厂支付40万卢布（4000英镑）赔偿农业损失。40万卢布（4000英镑）费用的计算来源于对农业损失全局性的评估，其中包含即时补救措施的短期性成本，还包括恢复土地原状所需养料的长期性投入。除此之外，采矿工厂还须按照受损土地每公顷20万卢布（2000英镑）的标准，支付受害农

---

① 氧化塘，又称稳定塘或生物塘，是一种利用天然净化能力对污水进行处理的构筑物的总称。其净化过程与自然水体的自净过程相似。通常是将土地进行适当的人工修整，建成池塘，并设置围堤和防渗层，依靠塘内生长的微生物来处理污水。——译注

民赔偿金。

"卡尔帕瓦里种植者互助合作社有限公司诉印度联邦案（判决于2013年7月10日作出）"，原告基于《国家绿色法庭法》第15条规定，针对被告爱纳康印度有限公司在森林林区安装大型风车的行为提出诉讼。此案原告是树木种植者联盟以及森林附近受到影响的村民。他们诉称这片森林是政府公认的保护生物多样性自然遗产地，而被告却在此大兴土木。为了建造55架大型风车，被告必须修建直达山顶的公路，安装输电线路。这项工程导致超过3万棵成年树木被砍伐一空，数以万计的小树和灌木丛林被破坏殆尽，塑胶残渣、金属碎片散落各处，大量的残渣废料涌入毗邻土地，污染林区贮水槽，侵蚀水体，从而使森林水源部分甚至全部受损。总而言之，大型风车工程对森林林区造成了长期且不可逆转的生态损害。对此指控，被告辩称，该风车建筑工程所在地并非森林林区，按照当地人均收入记录，此乃一处废墟之地。被告亦强调风能作为一项绿色能源的重要性，也不会造成任何环境风险。国家绿色法庭认真审查了案件事实理由，最终确认该风车建筑工程地处森林林区，大兴土木当然会对森林林区生态系统造成破坏。因此，法庭判令被告支付500万卢比（5万英镑）作为生态环境损害赔偿金。

回顾以上这些判例，可以发现，《国家绿色法庭法》第15条规定的国家绿色法庭司法管辖权的运用，既有利于对环境污染受害者的赔偿、救济，也有利于对受损生态系统的整治、修复，这才是全面而有效的补救方式，也是国家绿色法庭力求达到的完美结果。这是一个非常昂贵且耗时耗力的过程，需要环保专家、政府机构、公司企业多方合作发挥能效。国家绿色法庭作为客观中立的司法机构，则督促环境监管机构明晰权责，任命环保专家科学评估，以个案为基础，有效地制定救济措施、确定赔偿金额和部署恢复计划。

诉讼程序要求

权力和程序

法庭在遵循《国家绿色法庭法》第19条规定的前提下，逐步形成了一套既符合自然正义原则，又适合自己的诉讼程序规则。[①] 这套特殊的诉

---

① Section19（2）NGT Act.

讼程序规则并不受 1908 年印度《民事诉讼法》的约束。① 其立法目的在于，扫清程序上的障碍，以确保快速有效处理环境案件。而且，《国家绿色法庭法》第 19 条第 4 款授予了国家绿色法庭与《民事诉讼法》中的民事法庭相同的权能，包括：传唤证人出庭作证、查阅和制作法庭文书、获取证人证言、征用公共档案和文件、复查判决、驳回缺席申请或缺席判决、颁布临时禁令、延期执行决定等相关权能。除此之外，以 1860 年的印度《刑法》第 196 条所确立的立法目的为基础，按照《国家绿色法庭法》第 193 条、第 219 条和第 228 条的规定，法庭所执行的所有程序都可视为司法诉讼程序。以 1973 年《刑事诉讼法》第 26 章第 195 条确立的立法目的为基础，按照《国家绿色法庭法》第 19 条第 4 款、第 5 款规定，国家绿色法庭亦可被视为一个民事法庭。

《国家绿色法庭法》第 25 条规定，国家绿色法庭作为一个民事法庭，其所作出的判决、命令或者决定，以及所有的裁判文书都具有司法执行性。因此，国家绿色法庭具备作为民事法庭的权能。例如，在"果阿邦基金会诉环境和森林部案（判决于 2016 年 2 月 3 日作出）"中，国家绿色法庭普纳分庭认为立鼎酒店（Leading Hotels）藐视法庭，因为立鼎酒店在泰瑞克赫尔（Terekhol）砍伐树木，危害当地生态环境，全然不顾环境法律和国家绿色法庭的存在。国家绿色法庭依据先前民事判例，没收了立鼎酒店 50 万卢布（5000 英镑）的保证金。

但是，《国家绿色法庭法》第 19 条关于国家绿色法庭处理案件的程序以及权力仍然存在三个问题。第一个问题是对哪些判决有权进行"复审"。通过处理一系列的环境案件，国家绿色法庭指明，复审案件范围应当有限，而且复审本身也并非上诉。② 对于原被告要求案件复审的申请，国家绿色法庭只有在三种情况下才可以接受：（1）发现案卷中出现明显的错误；（2）发现审理中遗漏重要事实；（3）有其他任何充分的不可忽视的理由。③ 也就是说，案卷上的错误，或案件中有其他违法行为而导致

---

① Seciton19 (1) NGT Act. The CPC consolidates and amends the laws relating to the procedure of the courts of civil judicature.

② The power to review its own decisions would be guided by the principles underlining Order XLVII, rule1, CPC.

③ *Nisarga Nature Club v S B Prabhudessai* Order 31 May 2013; *State of West Bengal v Kamalsen Gupta* (2008) 8 SCC 612; *S P Muthuraman v Union of India* Judgment 1 September 2015.

审判不公，国家绿色法庭将直接迅速干预。但法庭不会因为申请人对案件仅仅存在一个不同的观点而接受复审申请。若申请人只是就案件主要争议事实不认同而提出复审申请，法庭将会拒绝，因为这相当于在要求对案件本身重新进行审理，这种申请主张显然不妥。因此，由于复审司法权的范围有限，法院不接受要求重新审理案件事实的复审申请。

第二个问题是国家绿色法庭在环境案件上是否拥有完全独立自主的司法管辖权。[1] 这个问题很具有争议，在《国家绿色法庭法》中也未作明确规定。据我们看到的新闻报道，国家绿色法庭已经在多个案件中行使过它独立自主的司法管辖权。例如，科瓦兰河口[2]固体废物污染案[3]，这两起案件便是国家绿色法庭展现其独立司法管辖权的充分例证。[4] 对这一问题采取肯定态度的观点认为，由于国家绿色法庭被授权可以制定一套专门的诉讼程序，涉及公共利益的保护和环境保护因素都是启动环境专门诉讼程序的理由，独立自主的司法管辖权在其专门化诉讼体系中当然存在。但是，司法实践中，也有一些声音对这项权力持保留意见，比如，环境和森林部、马德拉斯高等法院就认为它僭越了法定权力的范围。[5]

第三个问题是关于国家绿色法庭能否赋予自己司法审查的权力，这又是一个富有争议性的问题。[6] 国家绿色法庭主张其在环境司法上的绝对主导性，这自然包括享有司法审查权，并阐明这是它"作为民事法庭的必备条件"。国家绿色法庭认为，设立司法审查权是快速而有效处理案件的内在需要。

《国家绿色法庭法》赋予国家绿色法庭专门且独立的司法权力，并保障其法律地位与普通法院一致，确保它可以充分履行环境司法职能。在"威尔弗雷德诉环境和森林部案（判决于2014年7月17日作出）"中，国家绿色法庭行使司法审查权来审视案中所依据法律法规的合宪性。[7] 这

---

[1] For further discussion see Chapter 5 and 7.
[2] *Tribunal on its Own Motion v State of Kerala* 2014 SCC Online NGT6763.
[3] *Tribunal on its Own Motion v Secretary, MoEF* 2013 SCC Online NGT 1083.
[4] For further discussion and case illustrations, see Chapter 5.
[5] For discussion on suo moto, see Chapter7.
[6] See also Chapters 5 and 7.
[7] See also Chapter 7.

一行为引起了社会多方面的不同反应。环境保护主义者们认为，国家绿色法庭不仅须确保判决结果的公正，同时也应致力于保障产生结果过程的合理性和合法性。作为一个独立的司法机构，国家绿色法庭努力帮助并保护公民个人免于政府当局滥用权力而带来的侵害。[1] 一些律师则认为，国家绿色法庭正在试图获得相当于高等法院的权力。国家绿色法庭是不能质疑一项既定法律的，它只可以审查依此作出的判决是否符合《国家绿色法庭法》第20条所设置的三项基本原则。[2]

政府直言不讳，认为国家绿色法庭享有司法审查权有篡越其权力之嫌。国家绿色法庭只能对判决结果负责，而不能过界审查一项既定法律。这是国家绿色法庭与环境和森林部之间的又一分歧。[3]

司法管辖权的上诉与阻碍

当事人不服法庭判决，可以自法庭判决书送达之日起90天内，向最高法院上诉。上诉人因为一些恰当且充分的事由而未能在法定时间及时上诉的，最高法院可以宽延时限。[4] "在布拉吉基金会诉北方邦政府案（判决于2014年8月5日作出）"中，国家绿色法庭曾提到："《国家绿色法庭法》规定，国家绿色法庭作出的所有判决和决定，均可依据《民事诉讼法》（1908年）第100条上诉至最高法院，上诉只能针对实质性法律问题提起（第25段）。"但是，普通民事法庭则对环境案件没有司法管辖权，普通民事法庭所受理的民事案件，不能涉及任何有关环境的实质性问题，亦不能涉及《国家绿色法庭法》附录1中规定的法律执行问题[5]。简言之，国家绿色法庭享有专门独立的司法管辖权。

《国家绿色法庭法》第22条、第29条规定了国家绿色法庭的独立的司法管辖权，这个司法管辖权与高等法院的司法管辖权之间又是一种怎样的关系？第22条、第29条是否暗示国家绿色法庭可以将高等法院

---

[1] Statement by environmental activities (who happen to be lawyers) Ritwick Dutta and Rahul Choudhary www.firstpost.com /india/ national-green-tribunal-asserts-independence-environment-minister-listening-1625527.html.

[2] Statement of Rajeev Dhavan, senior advocate www.downtoearth.org.in/coverage/tribunal-on-trial-47400.

[3] Ibid.

[4] Section 22 NGT Act.

[5] *Gadbad v. Ramrao* 2013 SCC Online Bombay 82, para 87.

的司法管辖权排除在外？当事人又是否可以根据印度《宪法》第226条的规定，针对国家绿色法庭的判决向高等法院提出上诉？① 的确，在《国家绿色法庭法》第22条中只规定了不服国家绿色法庭的判决，可以向最高法院提起上诉。而是否可以向高等法院上诉的条款并没有在《国家绿色法庭法》中明文规定。第29条也只是明确排除了普通民事法庭的司法管辖权，也没有提到高等法院。针对这些疑问，在"考利达姆·阿阿鲁·帕图卡普·南拉·桑贾木诉印度联邦（2014）最高法院在线案（默多克报道4928）"中，马德拉斯高等法院分法庭提出了它们的看法，即高等法院作为宪法法院，有受理针对国家绿色法庭的判决上诉的司法管辖权。《国家绿色法庭法》第29条明确禁止了普通民事法庭的司法管辖权，而印度《宪法》第226条和第227条规定的高等法院司法管辖权，并未排除在《国家绿色法庭法》之外。尤其鉴于"尚德拉·库玛尔诉印度联邦（1997）3最高法院案261"，马德拉斯高等法院分法庭认为《宪法》第226条和第227条款所授予的高等法院司法管辖权以及第32条授予的最高法院司法管辖权，都是印度《宪法》中已经确定的不容置疑的基本性结构，不可摒弃。针对国家绿色法庭判决的上诉当然可以向最高法院或者高等法院提出，当事人向高等法院提出时，并不需要向国家绿色法庭和最高法院作出解释，也不需要最高法院办理特别移送管辖申请。马德拉斯高等法院分法庭援引一个最高法院早期的案件——"苏德哈卡尔·普拉萨德诉安得拉邦政府（2001）1最高法院案516"，如是说：

> ……司法管辖权不应当在地位和从属性上产生混淆……
> 我们对国家绿色法庭行使相当于高等法院的司法管辖权并无偏见，从某种意义上说，可以认为是对高等法院司法职能的有效补充，但这并不意味着国家绿色法庭和高等法院享有同等的地位，国家绿色

---

① Article 226 Constitution of India deals with the power of High Courts to issue certain writs. It states: Notwithstanding anything in Article 32 every High Court shall have powers, throughout the territories in relation to which it exercises jurisdiction, to issue to any person or authority, including in appropriate cases, any Government, within those territories directions, orders or writs, including writs in the nature of habeas corpus, mandamus, prohibitions, quo warranto and certiorari, or any of them, for the enforcement of any of the rights conferred by Part III and for any other purpose…

法庭还是应当受到高等法院司法审查和司法监督的制约。

（本案案卷 42 段）①

"法院基于主动审判权诉印度国家公路管理局（2015）最高法院在线案（孟买 6353）"中，孟买高等法院同意马德拉斯高等法院的观点：

> 我们尊重并赞同马德拉斯高等法院的意见。由此可以清楚地看到，高等法院行使司法审查的权力，对所有位于其管辖范围内的法院有效。

（本案案卷第 42—43 段）

从其他司法实践中，如"米拉亨达尔市政公司诉纳格里·哈卡·桑哈希·撒米提（2015）最高法院网案 孟买 6992"，可以看出，国家绿色法庭服从孟买高等法院的司法管辖，因此，针对国家绿色法庭的上诉当然可以由高等法院审理。②

可是，随即而来又出现一个新的情况，马德拉斯高等法院在随后的两起案件中，虽然有印度《宪法》226 条的支持，但它仍然放弃了这两个案件的上诉司法管辖权，这是为什么呢？我们需要从案例中找到答案。

这两起案件分别是"印度联邦诉西里·康特·沙尔玛少将（2015）6（最高法院案 773）"和"桑德拉拉羌诉南区国家绿色法庭副书记（2015）（最高法院在线案 中央邦 10338）"。在西里·康特·沙尔玛少将案中，因为《宪法》第 226 条的规定，高等法院当然对此享有上诉管辖权，但这个案件涉及军队内部问题，主要适用 2007 年《武装部队法》。即便高等法院的司法管辖权来源于《宪法》，但考虑到法律规定背后所彰显的立法意图，即法院行使司法管辖权应当尊重相关特殊部门法的规定。我们既然区分了特殊法律部门来处理诉讼纠纷，那么在受理案件时也应当按照部门法分门别类，尽量尊重特殊部门法的规定，高等法院不能草率笼统受理上诉状（本案案卷第 804—805 页）。

---

① See also *Vijaylakhmi Shanmugam v Secretary*, *MoEF*（2014）SCC Online Mad 256.
② See also *Anil Hoble v Kashinath Jairam Shetye*（2015）SCC Online Bom 3699.

在"桑德拉拉羌诉南区绿色法庭副书记员案"（2015）6 SCC 773中①，马德拉斯高等法院提及国家绿色法庭时说道：

> 我们受理上诉案件需要对不同类型的案件区分对待，尽量尊重特殊部门法中的规定：有的规定由专门司法法庭受理上诉的，可以优先交由专门司法法庭管辖，有的规定由最高法院受理上诉的，可以优先交由最高法院管辖。所以，当我们按照印度《宪法》第 226 条的规定行使司法管辖权时，要注意适当克制，分清情况，各司其职地行使我们的司法管辖权。
>
> （本案案卷第 8 段）

在该案中，马德拉斯高等法院还说：

> 针对上述立场，我们没有很好地掌握如何适当地行使司法管辖权……我们需要重新思考"印度联邦诉西里·康特·沙尔玛少将（最高法院案 773）"中的那些观点，现有的司法审级制度也不允许本法院受理上述案件的上诉。
>
> （本案案卷第 4 段）

以上高等法院对司法管辖权谨慎的考量，又使两个新的问题浮出水平。第一，作为专门法院，国家绿色法庭和高等法院之间模糊不清的司法管辖权关系需要厘清；第二，更迫在眉睫的是，最高法院对上诉案件处理效率和速度有待提升，因为待审案件应接不暇。正如最高法院法官马登·B 洛克（Madan B Lokur）所说："最高法院目前有 6.5 万件案件悬而未决，各个法院的案件堆积如山。"② 全国有超过 3000 万件案件积压待办。据《彭博商业周刊》（*Bloomberg Business Week*）报道：

---

① See also *P S Jayachandran v Member secretary*, *Tamil Nadu Pollution control Board*（2015）SCC Online Mad 10336.

② 'Supreme Court swamped with pending cases' *Hans India*, 22 November 2016 www.thehansindia.com/posts/index/Telangana/2015-11-22/Supreme-Court-Swamped-with-pending-cases-Judge/188090.

……如果全国的法官不眠不休地处理这些积压待办的案件，以每小时处理100起案件的速度，仍需超过35年的时间才能赶上进度。据2013年统计结果显示，印度每百万人口只有15.5名法官，而最高法院悬而未决的案件数量到2014年12月1日为止达到64919件。[1]

目前，如此海量的案件已经造成印度大多数法院工作延迟，进而导致司法系统普遍瘫痪，庆幸的是，国家绿色法庭暂时还没有受到影响，但前景也不容乐观。国家绿色法庭受理的案件日见增多，如不及时补充法官人手或其他资源，工作延迟同样不可避免。官方数据表明，2012年（国家绿色法庭运行的第一年度），德里和金奈率先设立的区域性绿色法庭受理了548起案件，完成处理523起。此后，其他区域性绿色法庭开始运行。截至2015年年末，国家绿色法庭受理的6158起案件中处理了2191件，2144件被搁置。[2]

诉讼费用

国家绿色法庭认为在必要的情况下有权判令一方当事人承担诉讼费用，这些情形包括一方当事人败诉、虚假诉讼、无理纠缠的滥诉。[3] 在"巴吉纳斯·谱拉贾帕提诉环境和森林部案（判决于2012年1月20日作出）"中，由于上诉人滥用环境司法程序，轻率起诉，国家绿色法庭判令其承担50000卢布（500英镑）的诉讼费。法庭认为：

> 法庭期望确保有效的环境司法管理……在这一方面，国家绿色法庭的司法管辖权不应该被无聊的滥诉随意启动，这些滥诉不仅浪费法庭的时间，而且与设立法庭的初衷不相符。
>
> （本案案卷第7段）

另外两起案件，"维贾纳·辛格诉巴拉吉·格里特·乌鲁蒂案（判决于2013年9月26日作出）"和"阿阿迪物业诉州级环境影响评价委员会案（判决于2014年4月25日作出）"，国家绿色法庭分别对两案的上

---

[1] www.bloomberg.com/news/articles/2015-01-08/indias-courts-resist-reform-backlog-at-314-million-cases.

[2] *NGT International Journal on Environment*（2016）volume 1.

[3] Section 23 NGT Act.

诉人判令缴纳5万卢比（500英镑）和1万卢比（100英镑）的诉讼费用。原因是这两个案件的上诉人提起诉讼的目的都是一己私欲，而非公共利益问题。

惩罚

《国家绿色法庭法》规定，不遵守法庭命令的个人、公司以及政府部门将受到藐视法庭罪的指控。不遵守法庭判决的个人将面临被处以3年监禁或者1亿卢比的罚款（100万英镑），或者两者兼而有之。如仍不遵守，在这期间，额外每日判处罚金高达2.5万卢比（250英镑），自第一次违反法庭判令时起算。① 例如，在"布拉吉基金会诉北方邦政府案"中，国家绿色法庭就曾于2014年8月5日的判决中写道：

> ……法庭在执行其判决上有强制权，针对消极或者积极违反判决的任何人，法庭亦有处置惩罚权……即使在其他方面，《国家绿色法庭法》也允许法庭这么做。根据《国家绿色法庭法》第26条，针对这些违法者，要么判处监禁，要么判处罚金……

（本案案卷第23—24段）

在该案中，北方邦政府被判处实施沃林达文森林（Vrindavan forests）恢复计划，判决执行中法庭发现北方邦政府有拖延的行为。经过调查，国家绿色法庭排除了北方邦政府并非蓄意不服判决②，而是由于行政上的原因，因此没有对其拖延行为予以判罚。

又如，在"西鲁西提·帕雅瓦兰·曼达尔诉印度联邦案（判决于2015年9月7日作出）"中，国家绿色法庭德里法庭基于《国家绿色法庭法》第26条，向马哈拉施特拉邦州环境和森林部长、印度国家高速公路管理局（NHAT）首席总经理、森林首席负责人发出通知，对他们之前违反法庭判决，在曼萨尔（Mansar）和哈瓦亚（Khawasa）之间的国家7号高速公路上砍伐树木的行为，国家绿色法庭启动了藐视法庭罪的诉讼程序。

接到通知后，马哈拉施特拉邦印度国家高速公路管理局与环境和森林

---

① Section 26 NGT Act.

② See also *Lokendra Kumar v State of Uttar Pradesh* Judgment 14 January 2015.

部马上诉至孟买高等法院，请求孟买高等法院保障其不受国家绿色法庭藐视法庭罪的指控，理由是他们砍伐高速公路沿途的树木这一行为符合高等法院的决议。孟买高等法院当即中止了国家绿色法庭的审理程序，且态度强硬，认为此案基于属地原则，属于高等法院司法管辖权范围，国家绿色法庭对于在马哈拉施特拉邦州提起的诉讼没有司法管辖权：

> 我们认为，国家绿色法庭对本案原告进行藐视法庭罪的指控，不符合司法正义。因为如果这样做，就是对该案的政府官员们的过分苛责，让他们无所适从。显然，这不符合宪法法院的指引。
>
> （本案案卷第64段）

这一案件又成为高等法院和国家绿色法庭之间司法管辖权冲突的另一实证。

法律委员会第186次报告建议在《国家绿色法庭法》中加入"藐视法庭罪"这项罪名，审议《国家绿色法庭法》的议会常设委员会也表示赞同。但是，中央政府却没有将此列入法案终稿中。取而代之的是，前文所提及的惩罚条款，被写进《国家绿色法庭法》。可是，根据《国家绿色法庭法》第19条第4款，国家绿色法庭作为民事法院的基础就是享有启动藐视法庭诉讼程序的权力。[①] 国家绿色法庭的主席——斯瓦坦特·库马尔大法官认为："法庭有权惩罚不遵守法庭判决的人。《国家绿色法庭法》第19条第4款授予了我们作为民事法庭的这项权力。我们当然可以发出藐视法庭罪的通知。"[②]

无论如何，在司法实践中，国家绿色法庭已经发布过各种各样的藐视法庭的通知。包括：针对德里污染控制委员会不遵守判决，停止在瓦兹拉巴德及贾巴尔普尔地区的亚穆纳河床进行非法采矿；[③] 中央邦首席部长辛

---

① Section 19（5）NGT Act.

② 'Green Court to hear contempt plea against Sri Sri Ravi Shankar' NDTV, 26 May 2016 www.ndtv.com/india-news/green-court-to-hear-contempt-plea-against-sri-sri-ravi-shankar-1411307. The legitimate exercise of contempt power was challenged in *Manoj Misra v Delhi Development Authority*（Order 25 May 2016）and is posted for hearing.

③ 'NGT issues notice to pollution panel over "illegal" sand mining' *Tribune*, 26 September 2016 www.tribuneindia.com/2014/20140927/delhi.htm#3.

格的凯里萨特绿化带案;① 安得拉邦政府,不遵守判决,继续在阿马拉瓦蒂施工;② 德里政府,不服从法庭不准其砍树的判决。③

上述法人主体均被罚款2.5亿卢比(250万英镑),相关工作人员也需要承担个人责任。④ 但是,值得注意的是,在如今法人犯罪频频发生的时代,我们有必要重新审视追究法人责任的适当性和充分性。对于不能修复的环境损失、生物多样性的丧失、公众健康受到的严重侵害来说,2.5亿卢比显得无足轻重。在博帕尔,亦出现类似的情形。若没有严厉的救济措施,要求责任人承担严格的生态环境修复责任,单处区区2.5亿卢比定额罚款,将会日渐削弱《国家绿色法庭法》的设立初衷,无法保障环境正义与公平。所以,《国家绿色法庭法》第28条规定国家绿色法庭可以判处违反环境法律的政府部门、政府官员监禁或罚款。

小结

就目前来说,国家绿色法庭的司法管辖权十分广泛,这些权力有的是来自成文法的明文规定,有的是在司法实践中获得,但都涉及环境实质性问题。而且,和《国家绿色法庭法》附录1规定的法律有关。国家绿色法庭严格遵循《国家绿色法庭法》附录1的有关规定,以发散灵活的说理和不拘一格的裁判扩大其管辖范围,对社会和经济产生了深远的影响。在司法裁判上,国家绿色法庭的一个重要特色,就是能在当事人起诉或提起上诉后六个月内判决,效率和速度兼而有之。然而,随着未来案件日益增多,案件审判延迟也将成为国家绿色法庭的一个重大问题。⑤ 这一问题给国家绿色法庭带来巨大挑战:案件数量逐年增加;⑥ 法庭资源有限;巡回法庭不足;法官经常性轮换和调任;当事人拖延时间;政府当局态度冷

---

① 'NGT admits contempt plea against Madhya Pradesh CM' *Times of India*, 18 May 2015 http://timesofindia.indiatimes.com/city/bhopal/NGT-admits-contempt-plea-against-Madhya-Pradesh-CM/articleshow/473325.

② 'NGT issues contempt notice to government' *The Hindu*, 6 November 2016 www.thehindu.com/todays-paper/ngt-issues-contempt-notice-to-govt/article7848293.ece.

③ Order 20 November 2015 Principal Bench.

④ Section 27 NGT Act.

⑤ See n 1 page 120.

⑥ See Chapter 6, for caseload data.

漠，等等。这些因素都使案件大量积压，数量剧增。① 耐人寻味的是，国家绿色法庭的首席大法官斯瓦坦特·库马尔曾在一天中，用 11 个不同的判决解决了 112 起案件和大量庞杂的申请。②

从积极的方面来看，国家绿色法庭在环境生态方面与日俱增的主导意识，促使社会大众看待环境的态度发生转变。国家绿色法庭希望社会大众对环境利益积极认可，这种认可包含了人们对公共利益的关怀以及对个人福祉的追求。国家绿色法庭的成功得益于其兼容并蓄的公众参与机制，广泛的司法管辖权使得政府不得不在政策的制定和实施过程中优先考虑环境因素；透明公正的诉讼程序，试图确保行政监管部门和私人企业在做任何决策的时候，能为自己的行为负责。

参考文献

Boyd, D R (2012) *The Environmental Rights Revolution: A Global Study of Constitutions, Human Rights, and the Environment* (UBC Press).

Boyle, A (1996) 'The role of international human rights law in the protection of the environment' in A Boyle and M Anderson (eds), *Human Rights Approaches to Environmental Protection* (OUP).

dnaSyndication (June 2014) 'HC pulls up government over mafia nexus' http://dnasyndication.com/showarticlerss.aspx?nid=641PWB3cuoqPagLpt9dgwlnfZ5P2eOVVKBLkwN7tFgo=.

Central Pollution Control Board (January 2015) 'Status of Compliance by CPCB with MSWs (Management and Handling) Rules 2000' (MoEF).

Centre for Science and Environment (1999–2015) *Annual Reports* www.cseindia.org/node/222.

Chandra, N (June 2013) 'New study warns "dangerous" levels of noise pollution in New Delhi are causing age-related hearing loss 15 years earlier than normal' *Mail Online India* www.dailymail.co.uk/indiahome/indiancws/article-2334486/Delhi-uncivilised-city-Dangerous-levels-noiscpollution-Capital-causing-onset-age-related-hearing-loss-early-60-new-study-

---

① Interviews with advocates between 2014–2015 in all NGT benches.
② Official Note, NGT, 13 January 2015 www.greentribunal.gov.in/news_detail.aspx.

wams. html.

Davis, M and Lemezina, Z (2010) 'Indigenous Australians and the preamble: towards a more inclusive constitution or entrenching marginalization?' 33 (2) *University of New South Wales Law Journal* 239-266.

Fraser, N (2001) 'Recognition without ethics?' 18 (2-3) *Theory, Culture and Society* 21-42.

International Human Rights Clinic/ESCR-Net (2013) *The Price of Steel: Human Rights and Forced Evictions in the POSCO-India Project* (*NYU School of Law*).

Jessup, B (2012) 'The journey of environmental justice through public and international law' in B Jessup and K Rubenstein (eds), *Environmental Discourses in Public and Inters national Law* (CUP).

Kiss, A and Shelton, D (2003) *International Environmental Law* (UNEP).

Korsah-Brown, D (2002) 'Environment, human rights and mining conflicts in Ghana' in L Zarsky (ed.), *Human Rights and the Environment* (Earthscan) 81.

Lalchandani, N (January 2013) 'Rules on paper, Delhi stays noisy' *Times of India* http://timesofindia.indiatimes.com/city/delhi/Rules-on-paper-Delhi-stays-noisy/article-show/18190784.cms.

Nandi, J (November 2013) 'Mosc parts of Delhi in grip of noise pollution' *Times of India* http://timesofindia.indiatimes.com/home/environment/pollution/Most-parts-of-Delhi-in-gripof-noisepollution/articleshow/25717955.cms.

Rajamani, L (2010) 'The increasing currently and relevance of rights-based perspective in the international negotiations on climate change' 22 (3) *Journal of Environmental Law* 409.

Rana, R, Ganguly, R and Kumar Gupta, A (2015) 'An assessment of solid waste management in India' 20 (6) *E-Journal of Geotechnical Engineering* 1547-1572.

Sahu, G (2008) 'Implications of the Indian Supreme Court's innovations for environmental jurisprudence' 4 (1) *Law, Environment and Development*

Journal 375–393.

Schlosberg, D (2007) *Defining Environmental Justice* (*OUP*).

Twomey, A (September 2011) *Constitutional Recognition of Indigenous Australians in a Preamble* (Constitutional Reform Unit Sydney Law School).

第四章

国家绿色法庭：规范性原则

国际条约及协议规定各国有义务采取适当的国内行动，以执行其为履行国际义务所颁布的法律。印度《宪法》要求其成员邦积极履行国际法及条约所规定的义务。① 在印度语境下，国际法的范围及界限被作出如下解释：

> 当今，国际法的适用范围不断扩大，已不再局限于规范国家之间的关系。除人权外，健康、教育、经济等社会问题也纳入国际法规制的范畴。国际法比以往任何时候都更聚焦于个人权益。印度将与其法律不相冲突的国际惯例法认定为其国内法的一部分，这已成为人们接受的法律共识。
> [公民自由联盟诉印度联邦（1997）1 最高法院案 301，311]

印度已认识到履行国际环境公约规定义务的重要性，也承诺会承担起作为"良好国际成员"所应承担的责任（Cordes-Holland 2012：288）。印

---

① Article 51 Constitution of India states:

The State shall endeavor to (a) promote international peace and security; (b) maintain just and honorable relations between nations; (c) foster respect for international law and treaty obligations in the dealing of organized peoples with one another; and (d) encourage settlement of international disputes by arbitration.

Further, it confers plenary powers on Parliament to enter into treaties and agreements and enact necessary legislation. Article 253 states:

Notwithstanding anything in the foregoing provisions of this Chapter, Parliament has power to make any law for the whole or any part of the territory of India for implementing any treaty, agreement or convention with any other country or countries or any decision made at any international conference, association or other body.

度在 2010 年《国家绿色法庭法》的序言部分规定，印度政府应当执行 1972 年斯德哥尔摩会议与 1992 年里约热内卢会议通过的各项决议。① 值得注意的是，《国家绿色法庭法》第 20 节明文规定，绿色法庭在作出任何判决、决定及裁定时，应当适用可持续发展原则、风险预防原则和污染者付费原则。② 上述三项原则应当与《国家绿色法庭法》序言规定的国内环境权结合适用，以保护国家及全球的环境公共利益。绿色法庭必须遵守和适用上述三项原则，以确保印度能够有效行使环境权力并履行相应的环境义务。同时，上述三项原则也是绿色法庭实现环境正义过程中的基础性

---

① UN Conferences on the Human Environment, Stockholm, and Environment and Development, Rio de Janeiro. The use of general environmental protection and conservation legal principles also appear in basic law and judicial construction. The NGT has explained the principle of environmental protection by interpreting its enabling Act in a manner that achieves better results for the environment and ecology by insisting on the adoption of robust environmentally friendly measures. For example, see S C *Pandey v Union of India* (Judgment 20 August 2014), *Deshpande J N Samiti v State of Maharashtra* (Judgment 22 April 2014) and *Bhousaheb v State of Maharashtra* (Judgment 5 November 2014). Its approach includes: the classic elements of protection and preservation, including restoration and the safeguarding of ecological processes and genetic diversity besides management of natural resources in order to sustain their maintenance by sustainable utilization' (Birnie et al. 2009 590). The broadened perception and treatment of conservation has given effect to the doctrine of public trust (Sax 1970 471) as an affirmation of state power to conserve natural resources for public use and enjoyment within a rights and justice discourse. The principle of inter-generational equity (Weiss 1984) underpinning international environmental law has also been absorbed into this doctrine. State responsibility to safeguard natural resources must benefit present and future generations through careful and objective planning and management. In *Goa Foundation v Union of India* (Judgment 18 July 2013), para 17, the NGT observed:

the Preamble of the NGT Act is a sufficient indicator of the jurisdiction that is vested in the Tribunal. This is the first indicator of the legislative intent which provides that a case could relate to environmental protection, conservation of forests and other natural resources or even enforcement of legal rights relating to environment and other matters mentioned thereto. Environmental protection and conservation is not only the obligation of the state but in fact all concerned.

For a detailed discussion, see Gill (2014: 190-194).

② *Manoj Misra v Union of India* (judgment 13 January 2015); *Ajay Kumar Negi v Union of India* (judgment 7 January 2015); *R Lohakare v Maharashtra Prevention of Water Pollution Board* (Judgment 24 September 2014); *J K Pharande v MoEF* (Judgment 16 May 2014); *M P Patil v Union of India* (Judgment 13 March 2014); *Durga Dutt v State of Himachal Pradesh* (Judgment 6 February 2014); *Jeet Singh Kanwar v Union of India* (Judgment of April 2013); *Rana Sengupta v Union of India* (Judgment 22 March 2013).

原则。本章将阐述《国家绿色法庭法》第 20 节规定的三项原则在具体案例中的适用情况。

风险预防原则

风险预防原则是实现可持续发展的基础性原则，该原则在国际及国家层面都发挥着重要作用。根据 1992 年《关于环境与发展的里约宣言》（简称为《里约宣言》），风险预防原则只有在环境损害[①]缺乏科学确定性的情况下才予以适用，以避免对环境或者人类健康造成严重的、不可逆转的损害。同时，"在面临科学不确定因素的情形下，风险预防原则能够为环境保护公共政策的制定提供理论依据"（Cameron 1999：29；Cross 1996；Stone 2001）。如果环境风险是可确定的，则无须适用风险预防原则（Birnie et al. 2009：156）。由此可见，科学上的不确定性是适用风险预防原则的关键所在。[②]

风险预防原则涉及的参与者众多，具体包括科学家、法律及政策制定者、环境保护者、经济学家、民族学家、政府当局等来自不同利益集团、拥有不同专长的成员。上述利害关系成员之间的交流，通常会产生模糊不清、歧义不明或者事与愿违的结论，这促使人们对各类议题及争论予以重新审视。这种重新审视的过程，"有助于促进各方相互理解，从而使其能够尊重知识输出的多样性及判决作出的差异性"（Ellis 2012：128）。国际协议中通常会包含风险预防原则，由此衍生出"风险预防原则在国际协议中处于何种法律地位"的争论。有人认为，风险预防原则是国际协议中的通用方法（Hey 1992）；也有人认为，风险预防原则已成为国际惯例法中的通用原则（Freestone 1994；Cameron 1999：30）。还有些人认为，国际条约中所使用的上述术语存在矛盾之处，并指出欧洲条约及欧盟法律中通常会将其作为风险预防原则看待，而国际协议往往会将其作为风险预

[①] See also European Commission (2000：4)：'recourse to the precautionary principle presupposes that potentially dangerous effects deriving from a phenomenon, product or process have been identified, and that scientific evaluation does not allow the risk to be determined with sufficient certainty'; Beck 1992; Breyer 1993; Fisher 2002; 2006.

[②] Descriptors such as 'risk', 'ignorance', 'indeterminacy' and 'uncertainty' have made the concept of scientific uncertainty complex. The threshold of scientific evidence of harm which warrants precautionary action is debatable. For a detailed discussion, see Wynne 1992; Harding and Fisher 1999.

防方法或者措施看待（Birnie et al. 2009：155）。因此，风险预防原则概念所面临的挑战，在于如何建立起对其核心含义的统一解释机制，以及如何探索出具有预测性、可行性的执行方法。①

尽管风险预防原则的国际法律地位尚待明确，"但就欧洲及英联邦国家的国内法而言，该原则已经成为上述国家在制定环境法律及政策时需要考虑的重要'议题'"（Fisher 2001：315）。有时，风险预防原则会被认为是"英联邦国家国内法院的一项重要法律议题，并被最高法院所适用"（Birnie et al. 2009：159）。人们对风险预防原则的理解及适用会受到民族文化差异的影响。哈丁（Harding）和费舍尔（Fisher）认为，"诸如公众对风险防控的态度、科学及科学家在决策过程中所起的作用、决策制定过程的公开性、国家经济状况（包括'发展'水平及'自然环境'特性）等因素，均会影响到风险预防原则的适用成效"（1999：14）。

印度最高法院认为，风险预防原则既是国际惯例法的重要组成部分，也是可持续发展原则的基本构成要素。② 在印度语境下，下文阐明了应当适用风险预防原则的三种情形：③

1. 印度各邦政府及相关法定机构必须预防、阻止和消除导致环境恶化的各类因素；

2. 在遇到有严重威胁及不可逆转的损害时，相关部门不得以缺乏科学确定性为由，延迟采取防止环境恶化的措施；

3. 行为人或者开发者/企业家必须承担相应的"举证责任"，证明其

---

① Bodansky (1991) remarks: 'it is difficult to speak of a single precautionary principle at all'; whereas Dovers and Handmer (1991: 174) state: 'the precautionary principle is a composite of several value-latten notions and loose, qualitative descriptors'. For a detailed discussion, see Harding and Fisher 1999.

② *Vellore Citizen's Welfare Forum v Union of India* (1995) 5 SCC 647; *Narmada Bachao Andolan v Union of India* (2000) 10 SCC 664; *N D Jayal v Union of India* (2004) 9 SCC 362.

③ *M C Mehta v Union of India* (2004) 12 SCC 118; *Research Foundation for Science v Union of India* (2005) 13 SCC 186; *Karnataka Industrial Area Development Board v C Kenchappa* (2006) 6 SCC 371; *AP Pollution Control Board v Professor M V Nayadu* II (1999) 2 SCC 718; *AP pollution Control Board v professor M V Nayodu* II (2001) 2 SCC 62; *T N Godavarman Thirumalpad v Union of India* (2002) 10 SCC 606; *Tirupur Dyeing Factory Association v Noyal River Ayacutdars Protection* (2009) 9 SCC 737; *M C Mehta v Union of India* (2009) 6 SCC 142; *In re Delhi Transport Department* (1998) 9 SCC 250.

行为有助于保护环境。

国家绿色法庭诠释并适用了《国家绿色法庭法》第 20 节所规定的风险预防原则。国家绿色法庭遵循并支持最高法院的判决,[①] 并宣称风险预防原则是印度国内环境法必不可少的组成部分:

> 国家绿色法庭在判决或者处理环境案件的实质性问题时,应当适用风险预防原则。因此,当出现可能或者故意违反风险预防原则的行为时,任何人均可将其诉诸法庭。在特定事实及特定情形下,不作为行为本身可能会有悖于风险预防原则,因而需将不作为的行为本身纳入《国家绿色法庭法》所规定的绿色法庭管辖权限内。
>
> ("果阿邦基金会诉印度联邦案
> (判决于 2013 年 7 月 18 日作出),第 42 段)

在"格拉姆·托图村委员会马伊斋诉喜马偕尔邦案(判决于 2011 年 10 月 11 日作出)"中,国家绿色法庭经审查后认为,该项目的支持者(市政委员会)没有从政府当局获得在居民区新建设城市固体废弃物处理厂的强制性环境清拆许可。依据风险预防原则,城市固体废弃物处理厂在投产使用之前,应当采取必要的污染防控措施。具体而言,新建城市固体废弃物处理厂不仅需要符合有关环境影响评价的法律规定,而且需要获得法定的环境清拆许可。采取上述预防措施旨在避免新建固体废弃物处理厂可能产生的不良环境影响(尤指对地下水及地表水的不良影响)。

在"杜尔迦·达特诉喜马偕尔邦案(判决于 2014 年 2 月 6 日作出)"中,所涉环境问题主要有当地环境退化及罗唐帕斯冰川(Rohtang Pass Valley)("旅游宝地")遭受破坏。由于管制缺乏、旅游超载、拥挤过度、自然资源滥用、建筑物及基础设施违规建设、废弃物随意丢弃、

[①] M C Mehta v Union of India (2004) 12 SCC 118; Research Foundation for Science v Union of India (2005) 13 SCC 186; Karnataka Industrial Area Development Board v C Kenchappa (2006) 6 SCC 371; AP Pollution Control Board v Professor M V Nayadu II (1999) 2 SCC 718; AP pollution Control Board v professor M V Nayodu II (2001) 2 SCC 62; T N Godavarman Thirumalpad v Union of India (2002) 10 SCC 606; Tirupur Dyeing Factory Association v Noyal River Ayacutdars Protection (2009) 9 SCC 737; M C Mehta v Union of India (2009) 6 SCC 142; In re Delhi Transport Department (1998) 9 SCC 250.

森林砍伐及全球变暖等原因，该生态敏感区域出现了一系列环境问题。这类旅游景点独特且脆弱，其生态环境极易恶化。因此，只有对旅游业（直接或间接）的负面影响进行充分的识别及评估后，才能对其环境风险进行有效管控。上文提及的直接环境影响主要是由络绎不绝、接踵而至的游客活动所引起，间接环境影响则是由新建基础设施及服务设备所致。国家绿色法庭曾建议，为减缓当地冰川的恶化速度及修复该地受损的生态环境，人们有必要采取一系列预防措施。这些措施主要包括管控与限制车流量、设立严格的污染物排放标准、使用洁净的天然气及环保型燃料、严禁使用塑料袋、严禁乱扔垃圾、严禁开展商业活动等。

在"阿西姆·萨罗达诉马哈拉施特拉邦污染控制委员会案（判决于2014年9月6日作出）"中，国家绿色法庭同样适用了风险预防原则，禁止任何个人及企业在未经授权的情况下，在开阔地域及公共区域实施非科学焚烧轮胎的行为。之所以如此规定，主要是考虑到焚烧轮胎所排放的烟雾中含有有毒气体及其他污染物，这会对公众健康及生态环境产生不良影响：

> 在开阔地域焚烧轮胎会产生高毒性、突变性和危险性的污染物。这些污染物可分为"标准化"污染物和"非标准化"污染物两大类。其中，"标准化"污染物包括颗粒物、一氧化碳、二氧化硫、氮氧化物和挥发性有机化合物等；"非标准化"污染物主要包括多环芳烃、二噁英、呋喃、氯化氢、苯、多氯联苯和有害气体污染物，而且还包括砷、钙、镍、锌、汞、铬和钒等金属污染物。露天焚烧轮胎所产生的标准化和非标准化污染物会对公众健康造成重大的、急性的（短期）及慢性的（长期）的危害。根据人们接触污染物的时间长短及程度的不同，各类污染物可能会不同程度地伤及人的皮肤、眼睛及黏膜，进而导致人们出现呼吸道感染、中枢神经系统紊乱等不良反应，甚至可能导致人们变得抑郁、罹患癌症等严重疾病。由于堆积的破旧轮胎既易成为疾病（由害虫所引发）的滋生地，也易引发火灾，故而会对人体健康造成不良影响。
>
> （该案案卷第5—6段）

当前，人们正在想办法处理好焚烧轮胎的问题，但尚未找到有效的解决方案。

在"伽珍德来格卡尔诉斯里电影院案（判决于 2015 年 7 月 22 日作出）"中，案件焦点在于如何适用风险预防原则来防治被告电影院所产生的噪声污染。斯里电影院位于住宅及商业混合区（该混合区包含医院）。由于斯里电影院产生的噪声分贝超过了法定标准，不仅严重损害起诉人及附近居民的健康，而且使人们的日常交谈变得十分困难。国家绿色法庭合理适用风险预防原则，要求斯里电影院安装自动扩音控制系统，并设立 9—10 英尺的声学橡胶隔层，以控制和减少噪声污染。

"贾尔·毕拉达里诉环境和森林部案（判决于 2015 年 1 月 22 日作出）"是国家绿色法庭适用风险预防原则保护沿海地区环境的又一例证。此次行政行为由法定机构［马哈拉什特拉（Maharashtra）沿海地区管理局及环境和森林部］授权，由孟买市区域发展局及邦政府执行。不过，此次环保活动受到非政府组织的质疑。非政府组织认为此次活动未能遵循法定程序。具体来说，上述授权旨在通过清理冲积平原的侵蚀物和采取其他清淤措施，加深和拓宽米提河（Mithi）河道，以提高该河道的防洪泄洪能力。事实上，孟买市区域发展局曾对米提河两岸及周边湿地生态系统开展过混凝土的加固工作，此举非但没能有效保护当地环境，反而对米提河流域生态系统产生了不可逆的环境损害。具体而言，新建混凝土建筑将对地下水渗漏产生影响，这会加剧洪水泛滥。由于马哈拉什特拉沿海地区管理局及环境和森林部违反了有关环境清拆许可的法定程序，同时没有考虑建设项目关键部分的设计是否合理、被授权清污前的环境保护准备措施是否到位、环境保护条款是否得以落实、现有结构是否会对河流和红树林产生不良影响、潮汐循环及水质是否会因生态系统得到充分拓展而发生改变等因素，最终，国家绿色法庭适用了风险预防原则。

在"印度斯特里特工业有限公司诉泰米尔纳德邦污染控制委员会案（判决于 2013 年 8 月 8 日作出）"中，上诉人就被告依据 1981 年《大气污染防治法》第 31 条 a 款所作指令内容的合法性提出质疑。鉴于某铜矿冶炼厂过度排放二氧化硫的行为可能危及公众健康，故而被告责令某铜矿冶炼厂停产整顿。在本案中，泰米尔纳德邦污染控制委员会主要依据风险预防原则行使其职权。但上诉人声称，被告无法举出有效、合理及科学的证据来证明某铜矿冶炼厂存在排污行为，而且被告难以证明某铜矿冶炼厂的生产活动与当地环境受损之间存在因果关系。同时，上诉人称，被告在缺乏充分考量的情况下，就作出责令某铜矿冶炼厂停产整顿的指令是过于武断和草率的。国家绿色法庭裁定，上述停产整顿的指令尽管具有惩罚性，但并未遵循风险预防原则。而且，责令某铜矿冶炼厂停产整顿意味着"剥夺当地公民的生存权"，这不仅会导致某铜矿冶炼厂生产力下降，而且会对当地经济、社会及劳动力市场产生不良影响。因此，泰米尔纳德邦污染控制委员会在作出停产整顿的指令之前，理应提供可靠、有力的证据或者合理的科学数据。鉴于泰米尔纳德邦污染控制委员会难以证明上述工厂生产泄漏事故与当地环境空气质量及公众人身健康受损之间存在直接因果关系，最终，国家绿色法庭判决泰米尔纳德邦污染控制委员会责令某铜矿冶炼厂停产整顿的指令无效。

在"穆鲁甘达姆诉环境和森林部案（判决于2012年5月23日、2014年11月11日作出）"中[①]，国家绿色法庭适用了风险预防原则，并要求以色列有限公司和泰米尔纳德邦电力公司对拟建的煤电厂进行环境影响评价。上述要求旨在制订出能够有效保护及改善当地环境的措施，以避免对当地脆弱的红树林生态系统及海洋生态环境产生不良影响。

通过梳理和回顾上述案例，可以发现，印度在其环境司法中所适用的风险预防原则具有指导性和总括性。目前，风险预防原则已被正式确立为法定原则，并影响及贯穿于国家绿色法庭的全程决策中。而且，风险预防原则绝不是仅仅停留于纸面的辞藻，而是具有决定性意义的原则。国家绿色法庭利用其司法审查制度的优势，最大限度地扩张了风险预防原则的司法适用范围。作为权威性司法机构，绿色法庭已成为国家的主要决策者，其具备就不合理法律条款、特定决策的技术评估事项进行深入审查的权力。例如，在"印度斯特里特工业有限公司案"中，国家绿色法庭曾发表过如下声明：

> 作为具有司法权威性的机构，国家绿色法庭在行使其法定权力时，须全面考虑环境案件在事实、技术及法律等层面的因素。此外，绿色法庭依据其法定职权进行"司法审查"的范围，不应局限于温斯伯里原则规定的范畴。最后，绿色法庭在总结案件争议焦点时，也应当重点考虑案件的证据是否可靠、数据是否科学、权威机构是否存在滥用职权行为等因素。

（该案案卷第143段）

---

① See Chapter 6.

司法审查的范畴不仅包括判决结果的合理性，还包括诉讼程序的合法性。国家绿色法庭在行使其有限司法审查权时，必须依据《国家绿色法庭法》的有关规定，审查判决在程序上的合法性。在"威尔弗雷德诉环境和森林部案（判决于2014年7月17日作出）"中，国家绿色法庭曾声明："……《国家绿色法庭法》的诸多条款已通过语言上的必要表述，充分赋予了绿色法庭以司法审查权，而且该法没有任何条款明文规定要排除绿色法庭的司法审查权"[1]（该案案卷第88段）。

然而，在地方层面适用风险预防原则时，需要基于环境损害的科学信息，将"不确定性"及"绝对或合理的确定性"相结合予以考虑。因此，预防环境风险的范围及临界值问题变得颇有争议。为澄清这一问题，詹姆斯·卡梅伦（James Cameron）指出：

> 风险预防原则适用范围的标准，主要取决于环境风险的确定性程度……如果发生环境污染事故的概率及其损害后果的严重程度是已知的，由于其不确定性较低，则该标准不具有可预防性。相反，如果环境污染事故的概率及其损害后果的严重程度是相对未知的（例如，环境污染事故的原因和损害后果之间的关系是未知的），由于环境风险存在相对不确定性，此时则认为该标准具有预防性。
>
> （1997：37-38；另见 Deville and Harding 1997：31）

举例来说，在"萨朗·亚德瓦德卡诉浦那市政公司案（判决于2013年7月11日作出）"中，绿色法庭作出如下陈述：

> 所谓"风险预防原则"，是指人们对那些可能造成环境损害及威胁的活动予以事前预防的原则。事前预防胜于损后修复，这就要求印度各邦政府及地方当局，应当事先预测引起环境污染及生态破坏的原因，再有针对性地采取风险预防措施。在预测环境污染及生态破坏的结果时，必须以科学的信息、可靠的数据和有据的分析为依据。人们应当对生态环境影响给予最高程度的重视，在资源不可再生或者环境损害结果不可逆转的情况下更是如此。风险预防原则涉及环境损害的

---

[1] See also S P *Muthuraman v Union of India* (Judgment 7 July 2015).

预期问题，人们应当力争采取避免环境损害或者选择环境损害最小化的措施。此外，需要重申的是，风险预防原则主要适用于环境科学存在不确定性之时①（着重强调）。

无独有偶，在印度斯特里特工业有限公司案中，法庭评论道：

> 风险预防原则是可持续发展涉及的最重要概念之一。风险预防原则本质上包括预防和控制两个方面。为了实现保护环境的目的，有必要采取一些预防措施，同时禁止或控制某些活动。我们作出预防与控制的决定，理应基于准确的科学信息和有效的风险分析。即便环境风险存在不确定性，但只要有潜在的环境风险，就有必要采取预防措施……如果有合理的科学证据表明，一旦不采取恰当的风险预防措施就可能会导致生态环境破坏或者人类身体健康受损时，此时应当适用风险预防原则。②

（该案案卷第120和148段，着重强调）

上述判决将预防和控制环境风险相结合，导致风险预防原则的适用范围存在一些不确定性。尽管判决理由并不明确，但风险预防原则的解释及适用，强化了最为先进的污染防治方式，此乃采取环保措施的基石所在。绿色法庭需要根据确凿的证据或者依据因果关系推定原理，来认定某种行为是否会对环境产生不利影响。即便产生上述不利影响的概率较小，绿色法庭也应当适用风险预防原则；对环境损害结果、侵权行为与损害结果之间的因果关系进行科学评估后，可知评估环境风险会存在一定的不确定性。这种不确定性使得人们很难有足够的信心来评估风险进而作出合理的环境决策。③

---

① *Sarang Yadwadkar v Commissioner*, para 30.
② See also Gurpreet *Singh Bagga v MoEF* (2016) SCC Online NGT 92.
③ Good reason to believe that harmful effects may occur are demonstrated by empirical evidence; by analogy with another activity, Product or situation shown to carry a substantial adverse risk or by showing a sound theoretical explanation (tested by peer review) as to how harm might be caused. This interpretation is directly borrowed from the UK Interdepartmental Liaison Group on risk assessment www.hse.gov.uk/aboutus/meetings/committees/illgal/pppa.htm.

"阿杰·伊库马尔·内吉诉印度联邦案（判决于 2015 年 7 月 7 日作出）"让人们有充分理由相信，环境损害后果发生的概率与科学不确定性的程度之间存在一定关系。国家绿色法庭曾就此解释道：

> 风险预防原则要求人们积极主动地处理环境问题。如果当前活动造成的环境损害后果是不确定的，但存在环境高风险而且有可能导致不可逆转的环境损害时，人们应当在不确定因素形成前就采取预防行动。事前预防之目的在于，能够在最严重损害后果及消极作用发生前就规避重大的环境问题。从严格意义上来说，风险预防原则又称为"无损害"原则，这是制定环保政策的有效手段。风险预防原则旨在防患于未然，而非事后进行补救。通俗地说，也就是"有备无患，未雨绸缪"。由此可知，风险预防原则要求人们主动承担预防环境损害的责任……近期，人们常常对绿色法庭适用风险预防原则的依据进行质疑。其实，绿色法庭就环境案件作出判决时，需要综合考虑最佳科学信息、风险分析、环境影响和环境治理成本等因素，并将上述因素作为是否适用风险预防原则的依据所在。
>
> （该案案卷第 20 和 22 段）

在当前环境风险所涉因素复杂多样的情况下，印度就风险预防原则规定了较为正确的适用方法，这有利于人们观察、预防和减轻尚未确定的潜在环境威胁。

污染者付费原则

污染者付费原则在国内乃至国际环境政策中均有着举足轻重的地位。一些国家明确将污染者付费原则载入其国内立法；还有一些国家在制定环境管理及追责制度时吸纳了该原则。适用污染者付费原则，旨在要求污染者承担预防、控制及减少环境污染的费用（参见 Forsund 1975；Baldock 1992；Seymour et al. 1992；Birnie et al. 2009）。此外，适用污染者付费原则，意味着环境污染者应当承担修复生态及防止生态损害扩大的责任。可见，污染者付费原则具有总括性，是实现可持续发展的必要组成部分。

污染者付费原则看似简单，但其功效问题却广受批评。尼古拉斯·德·萨德勒尔（Nicolas de Sadeleer）认为，污染者付费原则的主要功能在于将政府当局为防治环境污染所承担的社会成本内部化。因此，污染者付费被视为一种经济手段，即污染者将部分费用支付给负责环保工作的政府主管部门，以换取可以污染环境的权利。换言之，如果污染者支付了费用就允许其污染环境，也就是"因为我付了钱，所以我可以污染"（Sadeleer 2002：34；另见 Coase 1960；Gaines 1991）。因此，如果污染者愿意并能够支付罚款，那么他们可以继续污染环境，这是污染者付费原则唯一的弊端所在，此乃基于成本效益的选择。但是，当生态破坏已经产生时，如何适用污染者付费原则仍存争议。

适用污染者付费原则有时会复杂而困难，其主要困境在于难以准确界定污染者，难以明确责任分配及承担方式。由于生态系统一旦遭到破坏，就会导致生物多样性的丧失、栖息地的破坏、地下水和表层土壤污染等环境问题。因此，评估生态系统修复费用会变得异常困难。此外，付费实则是经济赔偿，但这种赔偿很难真正弥补生态破坏及资源浪费所造成的损失。因此，即便污染者已支付一定费用来修复生态环境，但实则并未真正为其污染行为买单（参见 Moreno-Mateos 2012；Mauerhofer et al. 2013：第5章第68节）。

基斯（Kiss）和谢尔顿（Shelton）认为，在适用相同环境法的地域范围内（如在同一个国家内）（2003：119），适用污染者付费原则会变得较为简单有效。此外，当环境影响呈现地方性与明确性时，适用污染者付费原则也会变得较为容易。

在印度语境下，污染者付费原则涉及的费用，包括环境治理费用、环境污染造成的第三者人身及财产损失等。最高法院已详细论述，"修复受损生态环境是实现可持续发展的应有之义，污染者有义务对环境污染受害者进行赔偿，并承担修复受损生态环境的责任"[1]。国家绿色法庭已经接受并执行了最高法院的判决。在"印度斯坦可口可乐饮料有限公司诉西孟加拉邦污染控制委员会案（判决于2012年3月19日作出）"中，绿色法庭指出：

> 现有法律已明确规定，污染者有责任赔偿并消除其行为所导致的生态环境损害，并且应当做好相关的环境修复工作。同时，污染者也

---

[1] *Indian Council for Enviro-Legal Action v Union of India* (1996) 3 SCC 212; *Karnataka Industrial Area Development Board v C Kenchappa* (n 8); *M C Mehta v Union of India* (2006) 3 SCC 399.

需就其污染行为间接导致的损害进行赔偿。

(该案案卷第 17 段)

为了更好地了解国家绿色法庭究竟如何适用污染者付费原则,我们可以参考盖恩斯（Gaines）和萨德勒尔（Sadeleer）的研究结论。盖恩斯的研究结论表明,污染者付费原则最初被政府主管部门应用于环境污染防治费用的分配上（Gaines 1991：473）。盖恩斯认为,污染者付费的范围相当广泛,大致可分为三类：一是针对单个污染设施的防治费用；二是针对多个污染者的集体性防治费用；三是相关的行政管理费用。

第一种类型的费用应当由污染设施的所有者承担,公共财政不对其进行直接或间接补贴。如果污染者未能遵守环境标准,则其必须支出相应的费用。经济激励机制是污染者付费原则的良好运用,该机制旨在激励污染者保护环境,非让其单纯而严格地执行量化的污染限额标准（Gaines 1991：473）。"维特塔尔·戈比昌德·彼亨盖斯诉冈格阿凯德食糖和能源有限公司案（判决于 2014 年 7 月 30 日作出）"就印证了上述观点,即污染者应当就因其重大过失所导致的污染后果承担相应赔偿责任。就本案而言,被告制糖厂未经任何处理就将其工业废料、糖浆及化学废水排入当地环境,被告理应就周边地区及曼纳特湖（Mannat Lake）的环境损害结果承担相应赔偿责任。绿色法庭曾作如下阐述：

> 本案中被告需承担的赔偿费用,主要包括曼纳特湖水质恶化、当地农用地特征改变及当地百姓收入减少等方面的费用。被告制糖厂有责任承担共计 50 万卢比（5000 英镑）的费用,用于修复当地受损的生态环境。[1]

在"海曼舒·波拉特诉古吉拉特邦案（判决于 2014 年 4 月 22 日作出）"中,由于某淀粉厂产生的粉尘颗粒浓度超过了法定标准,国家绿色法庭适用污染者付费原则,要求该淀粉厂承担 100 万卢比（1 万英镑）的排污费用。

在"前瞻性基金会诉卡纳塔克邦案（判决于 2015 年 5 月 7 日作

---

[1] See also, *Sandip Kayastha v Alandi Municipality* (Judgment 1 October 2015).

出）"中，由于被告未经授权就在阿加拉（Agara）及贝兰杜尔湖区（Bellandur Lake）的湿地及集水区非法建设，从而导致当地生态环境受到严重损害。一审中，绿色法庭适用污染者付费原则，判令被告承担1398500000卢比（14126164英镑）的费用，用于修复当地受损的生态环境。由于被告未遵守法定的环境清拆许可程序，加之其开采地下水的行为超出相关标准，因而被告应当承担占该建设项目费用5%的赔偿金。①

在"哈兹拉·曼切·斯特齐阿尔委员会诉印度联邦案（判决于2016年1月8日作出）"中，被告在哈吉拉港口（Hajira）的作业活动超出了沿海管制区制定的环境清拆标准，故而国家绿色法庭要求其支付2.5亿卢比（250万英镑）费用。如果被告不支付上述费用，绿色法庭将强制拆除其已经开发的25公顷填海工程。

在"古佩特·辛格·巴戈诉环境和森林部案（2016）最高法院在线案国家绿色法庭第92号"中，一些环保人士作为原告提起诉讼，他们认为被告在萨哈兰普尔地区（特别是亚穆纳河岸及河床）实施了非法采矿行为。国家绿色法庭受理了该申请。考虑到本案被告未经授权就过度开矿导致当地环境恶化的事实，为全面禁止被告继续在亚穆纳河的洪泛区从事开采稀有矿物的活动，国家绿色法庭适用了污染者付费原则，判令5位租赁者代表13个矿产租赁公司支付合计5亿卢比（500万英镑）的"生态补偿"费用。此外，对于那些未经国家污染控制委员会许可就从事非法碎石活动的公司，绿色法庭要求其支付2500万卢比（25万英镑）的费用。

根据盖恩斯的研究结论，第二种类型的费用是指由多个污染者采取集体性污染防治措施所产生的费用。当存在数个污染者时，每个污染者需按一定比例承担治污设施的成本及运营费用（1991：474）。具体而言，建立污水处理厂或者公共污水处理厂就属于上述提及的集体性防污措施。在印度，污染控制委员会既是环保监管机构，又是环保科技机构。印度1974年《水污染防治法》是一部旨在保护水体与水道的立法，该法第25条对未经污染控制委员会许可就新建排水及排污口的行为予以了规制，该法第26条对印度已有的工业污水及废水排污口予以了规制。公共污水处理厂兴起于20世纪80年代，旨在解决小型企业的污水处理问题。新建公共污水处理厂，能够帮助小型企业低价有效地处理废水，并督促其遵守相

---

① See Chapter 3.

关法律法规。随后，公共污水处理厂被广泛应用于大中型企业。一般而言，大中型企业都拥有自己的污水处理设施，而且会借助上述设施对污水予以处理，进而将污水转换为可再次利用的水资源，以实现循环利用之目标。公共污水处理厂不仅有助于企业控制污染，也有利于改善社会的环境卫生状况。公共污水处理厂具有单点控制的优点，可以通过均化及中和作用实现废水兼容。此外，通过建立单一或者固定数量的排污口，有助于执行及落实水污染防治方面的法律法规。经过多年的发展，公共污水处理厂已成为印度工业区中环境基础设施的重要组成部分（参见 Guha and Harendranath 2013：7）。[1]

在商业运作模式下，各企业习惯组成集体来共同运营。在这一背景下，国家绿色法庭适用了污染者付费原则。国家绿色法庭会根据国家污染控制委员会提供的各企业的历史运营时长、废水排放量、废水质量及污水达标水平等数据，明确各企业需要缴纳的费用。虽然印度已经建立了大量的公共污水处理厂，但这很难确保治污设施能够一直正常运转。因此，仍可能发生企业故意排放未经处理废水的情况。例如，印度曾经出现过水质恶化、河流生态破坏等存在严重环境污染后果的案例。在"瓦纳萨克蒂公共信托机构诉马哈拉施特拉邦污染控制委员会案（判决于 2015 年 7 月 2 日作出）"中，6 家工厂在没有正常运行其污水处理设施的情况下，肆意排放未经处理的、有毒有色的工业废水，严重污染了乌尔哈斯（Ulhas）河和瓦尔德胡尼（Waldhuni）河等流域的水体环境，严重损害了周边地区的地下水资源。依据国家污染控制委员会所提供的数据，绿色法庭适用污染者付费原则，判令各企业在 4 周内向区委会缴纳 7.6 亿卢比（760 万英镑）的费用。如果企业不遵守上述判决，则需承担相应的刑事责任。

在"尔克·帕特尔诉印度联邦案（判决于 2014 年 2 月 18 日作出）"中，瓦皮（位于古吉拉特邦）的常用危险废物贮存设施因不科学处置及泄漏等原因，造成约 7320.4 吨有毒有害废物泄漏。由于工业企业及废水管理公司的不当行为，周边农用地、土地、地下水及毗邻河流均受到污染，附近农民及居民的合法权益也受到侵害。据此，国家绿色法庭判令被

---

[1] See also Maharashtra pollution control Board, 'concept of CETP' mpcb. gov. in/images/pdf/ Concept_ of_ CETP. pdf; MoEF&CC, ' Common effluent treatment ' www. envfor. nic. in/ divisions/ cpoll/ cept. htm; *Central Pollution Control Board Industry Specific Standards* www. cpcb. nic. in/ Industry_ Specific Standards www. cpcb. nic. in/Industriy_ specific_ Standards. php.

告支付100万卢比（1万英镑）的费用。

此外，在"拉文德拉·布萨里诉环境和森林部案（判决于2015年11月6日作出）"中，绿色法庭判令各污染者承担与其责任相对应的环境污染费用。根据污染者付费原则，每个爆竹经销商必须向邦政府支付3000卢比（30英镑）的"清污费用"，此笔费用将用于清理爆竹燃放所产生的固体废物。如果爆竹经销商不履行上述义务，邦政府便会采取将其列入黑名单或者拒绝为其更新营业执照等严厉的惩罚措施。同时，国家绿色法庭对爆竹燃放所产生的噪声污染、空气污染及危险固体废物污染深表忧虑，认为上述污染将严重威胁人类健康和生态环境。

然而，盖恩斯认为，当环境损害后果来自数量众多且各不相同的污染源（如机动车排气或者城市垃圾处置）时，污染者付费原则将难以适用。因为此时污染源多而杂，这使得污染源的界定、污染费用的分担颇有难度。在这种情况下，地方当局往往无法选取精确的污染成本计算公式，从而导致污染者付费原则难以有效适用（Gaines 1991：474）。

为达成有效的实践方案，国家绿色法庭在污染者付费原则的基础上，又引入了"生态补偿"制度。在"马娜吉·米斯拉诉印度联邦案（判决于2015年5月8日作出）"中，不论人们是否建立了排污口，国家绿色法庭均会要求邦政府就德里地区的每户家庭，每月征收与其财产税或者水费（以两者中的高者为准）成正比的"生态补偿"费，这笔费用将用于建立污水处理厂和研发其他净化亚穆纳河的新技术。对于未被授权的邦属地，政府相关部门将在住户每月电费、水费及财产税费的基础上，另征收100卢比（1英镑）或者500卢比（5英镑）的费用，再将这笔资金转交给德里政府。亚穆纳河持续不断的诉讼迫使国家绿色法庭作出上述指令。[①] 在"瓦尔德赫曼·考西柯诉印度联邦案（判决于2015年10月7日作出）"中[②]，国

[①] The Yamuna is Delhi's lifeline, providing a constant water supply. It is undisputed that the Yamuna is critically threatened by unrelenting encroachments on its floodplain and increasing population load, with pollutants emanating as much from domestic refuse, as agricultural practices in the floodplain and industrial effluents from the catchment area. The floodplains and riverbed are under increasing pressure of alternative land use, driven primarily by economic growth economy at the cost of the river's integrity as an ecosystem. The state and citizens have failed to discharge their fundamental duty of protecting. And preserving the Yamuna. It is polluted by large and diverse polluters. The only way to rejuvenate and maintain its wholesomeness of the river is by introducing an 'environmental compensation' cost.

[②] See Chapter 3.

家绿色法庭适用污染者付费原则，判令柴油卡车及重型车辆的驾驶人在进入印度首都德里时，需支付相应的"生态补偿"费用。其中，两轴汽车、三轴汽车、四轴汽车的驾驶人，分别需要支付700卢比（7英镑）、1000卢比（10英镑）和500卢比（5英镑）的"生态补偿"费，上述费用由德里污染控制委员会管理并用于改善当地的环境空气质量。

根据盖恩斯的研究结论，第三种类型的费用为环境保护行政管理及其辅助费用（如环境开发许可等费用），具体包括申请审查、监测、拟订法规、研究空气质量建模等费用。

在"尔克·帕特尔诉印度联邦案"中，国家绿色法庭判令瓦皮工业协会及废物管理公司，向国家污染控制委员会支付150万卢比（1.5万英镑）的费用，这笔费用将用于研究如何修复被污染地区（包括农田及水体）的生态环境。依据污染者付费原则，环境监测、取样分析、调查监管等费用也应纳入上述费用范畴。

萨德勒尔在其著作中介绍了一个终局性的决定因素，该因素主要强调污染者付费原则的贡献：通过发挥其预防功能，减少环境污染，并确保生态损害受害者获得救济。萨德勒尔认为，应当将污染者付费原则视为一种预防性规范。如果适用污染者付费原则会导致污染者承担过高的费用，就能起到阻止污染者污染环境的作用。然而，在实践中，污染者付费原则的预防作用似乎比较有限。据萨德勒尔所述：

> ……为实现预防功能，污染者付费原则不应再被解释为"只要污染者付费，就允许其继续污染环境而不受惩罚"。污染者付费原则的真正目标是制定防治污染的政策，该政策旨在鼓励污染者减少污染物排放，而并非让污染者欣然支付排污费。可见，在防治环境污染领域，污染者付费原则和风险预防原则是相互补充而融为一体的关系。
>
> （Sadeleer 2002：36）

"克里尚·康德·辛格诉国家河流管理局案（判决于2014年10月16日作出）"充分显示了污染者付费原则的预防功能。在由一名环保人士和非政府组织萨菲联合提交的诉状中，原告称，西布霍利制糖厂、蒸馏厂将未经处理的高毒性有害废水直接排入与圣河（River Ganges）相连的普德拉（Phuldera）下水道。由于废水的污染程度极高，因而不仅污染了纱那（Synana）排水渠和恒河流域，并且威胁到海豚、乌龟等濒危水生物种。此外，原告还指控了因被告违法排污行为导致毗邻村庄地下水污染的事实。最终，国家绿色法庭认定该制糖厂是重大污染源，并指出：

>……该制糖厂一直未遵守相关法律规定，既未履行法定义务，也未承担企业责任，因此该厂应当对其违法排污行为所造成的生态破坏、环境污染承担相应的环境修复责任（特别是针对恒河流域水污染的修复责任）。

（该案案卷第59段）

据此，国家绿色法庭适用污染者付费原则判处该制糖厂支付5000万卢比（50万英镑）的费用。此外，绿色法庭还强制要求该制糖厂自行承担安装焚烧装置（用于洗涤和浓缩废水）的费用，并要求该制糖厂集中处理污水以实现零污染排放。在本案中，制糖厂支付2亿卢比（约合250万英镑）的费用存在一定困难，但这不是其可以不承担环境污染费的合法抗辩事由。绿色法庭还判令，要求该制糖厂在三个月内清理掉普德拉下水道的淤泥及废水。如果该制糖厂未能按要求承担上述责任，则须再向环保监管机构缴纳1000万卢比（10万英镑）的费用。

污染者付费原则所发挥出的救济受害者之功效，"标志着环境保护的进程又迈进了一步。具体而言，污染者付费原则不仅要求污染者承担修复环境的费用，而且要求污染者赔偿环境受害者的损失"（Sadeleer 2002: 37）。污染者付费原则所具有的生态补偿功能与《国家绿色法庭法》第15节的规定相一致。国家绿色法庭依据其司法审查权，可以判令被告对环境污染受害者的人身及财产损失进行救济和赔偿、对《国家绿色法庭法》附录1中所列环境损害进行修复。[①] 在"拉姆达斯·贾纳丹·库利诉环境和森林部秘书案（判决于2015年2月27日作出）"中，有1630户渔民家庭因受环境污染影响而丧失生计，因此他们获得了共计9.5192亿卢比（951.92万英镑）的赔偿金。与此同时，污染者需要修复那些存在环境问题且尚未完工的建设项目。根据"尔克·帕特尔诉印度联邦"案，国家绿色法庭判令污染者给予21位农民一定的赔偿金。具体而言，每位农民

---

① See Chapter 3.

获得了 326225 卢比（3300 英镑）的赔偿金，这笔资金旨在赔偿农民的直接损失、可得利益、非金钱损害（精神损失）及由于土壤肥力下降而导致的损失。如果污染者不承担上述费用，则会被处以扣押资产等惩罚。

通过回顾上述判决可以发现，国家绿色法庭已经开始在司法实践中适用污染者付费原则，明确界定了当事人的权利义务，并且提供了完善的判决信息。但是，在涉及利益团体、有政治影响力的当事人时，污染者付费原则的适用却引发了争议。"马娜吉·米斯拉诉德里发展管理局案（判决于 2016 年 3 月 9—10 日作出）"① 是其中受到公众广泛关注的典型案例。该案中，生活艺术基金会在举办文化节活动时，被指控其行为有损亚穆纳洪泛平原的生态环境，绿色法庭判令其支付 5000 万卢比（约合 50 万英镑）的费用。之后，国家绿色法庭作出一定让步，提出只要生活艺术基金会支付 250 万卢比（约合 2.5 万英镑）的费用，就允许其如期举办文化节活动。值得注意的是，印度总理莫迪及其内阁曾受邀参加此活动。此外，生活艺术基金会的精神领袖拉维·山卡尔（Sri Sri Ravi Shanka）表示："我们没有做错任何事情，我们一直是单纯善良的，并且会继续保持善良。我们宁可进监狱，也绝不会支付一分钱。"②

考虑到生活艺术基金会已经在洪泛区完成了其主体工程的建设，面对这一"既成事实"，起诉者选择延期向国家绿色法庭提出诉求，最终文化节活动得以如期举行。③ 后来，国家绿色法庭并未执行其对生活艺术基金会的判决。更具讽刺意味的是，国家绿色法庭已于 2015 年 1 月 13 日在"亚穆纳

---

① The NGT on 9 March 2016 stated: the flood plains have been drastically tampered with while destroying the natural flow of the river, reeds, grasses, natural vegetation on the river bed. It has further disturbed the aquatic life of the river and destroyed water bodies. Furthermore, they have constructed ramps, roads, compaction of earth, pontoon bridges and other semi-permanent or temporary structures etc. Even without the permission of the concerned authorities including Ministry of Water Resources. For the damage caused to the environment, ecology, biodiversity and aquatic life of the river, the Foundation should be held liable for its restoration in all respects... (Paras 6-7)

② 'Everything's fine, says Sri Sri Ravi Shankar, except the fine' *Indian Express*, 11 March 2016 indianexpress.com/article/india/india-news-inda/pay-fine-by-tomorrow-or-face-action-ngt-tells-aol-sri-sri-ravi-shankar.

③ A different note was struck by the NGT in other cases. For example, in *Forward Foundation v State of Karntaka* (Judgment 7 May 2015), it rejected the plea that the projects 'construction is nearing completion and huge amounts of the respondents' money is at stake. The respondents cannot be permitted to take advantage of their own wrong.

河案（马娜吉·米斯拉诉印度联邦案）"中，明令禁止任何人在洪泛平原开展建设或者庆祝活动。在"马娜吉·米斯拉诉德里发展管理局案"中，由于绿色法庭的判决违背其之前作出的禁令，因而受到了社会各界的严厉批评。环境律师利威克·杜塔（Ritwick Dutta）就此表示：

> 国家绿色法庭的上述判决创设了一个糟糕的先例，传达出"付费即可污染"的信息。同时，该判例也向公众清晰地传达了权贵之人（如本案的拉维·山卡尔等人）可以藐视法律、逃避罪责的信息。①

法律从业者和社会活动家谢赫扎德·波纳瓦拉（Shehzad Poonawala）赞同上述观点，并说道：

> 我对于国家绿色法庭在裁判时无原则、无信仰的表现深感失望。国家绿色法庭的上述判决，使得"污染者付费"原则转变为"付费即可污染"原则（尽管两者间的差别较小）。此外，绿色法庭还存在对污染者减少付款金额、延长付款期限的情况。更糟糕的是，绿色法庭竟让步于违法者，而违法者居然还是印度总理的好朋友，这真的具有讽刺意味！这会向普通民众传达出什么信息呢？面对违反环境法律法规、挑战司法权威、藐视法庭/法院等厚颜无耻的行为，绿色法庭难道要选择视而不见和忍气吞声吗？②

公益律师和维权人士普拉桑特·布尚（Prashant Bhushan）曾在推特上写道："国家绿色法庭专家小组声称其要求被告支付12亿卢布的费用。但至今为止，被告仅支付了5000万卢比的费用，而且这笔费用还延期了如此之久。显而易见，拉维·山卡尔处于免受处罚的状态！"③ 前环境和

---

① 'NGT vs AOL: how the green Tribunal flouted its own order against Sri Sri's organization' *First Pose India*, 11 March 2016 www.firstpost.com/india/ngt-vs-aol-how-the-green-tribunal-Routed-its-own-order-against-sri-sris-organisation-2670494.html.

② Ibid.

③ 'How Art of Living managed to circumvent the NGT ruling' Legally India, 12 March 2016 www.legallyindia.com/bar-bench-litigation/how-art-of-living-managed-to-circumvent-the-ngt-ruling-and-get-away-paying-only-rs-2-5-cr-despite-its-open-defiance.

森林部部长杰伦·兰密施就此猜测，可能有国家绿色法庭的"上级部门及要员"来电介入此案，才导致出现了当前的局面。①

生活艺术基金会一案暴露出印度环境监督管理体制存在诸多问题，并且表明政府当局愿意在权势之人的要求下扭曲法律规定。该案中，国家绿色法庭关于"既成事实"的论断令人深感不安，这显然是一种司法退步的表现。污染者付费原则能否得到有效落实，主要取决于监管机构的监管及执行力度。通常来说，监管机构的腐败、监管人员的玩忽职守都将对生态环境及社会公众构成巨大威胁。生态补偿制度只有切实有效得以执行，才能发挥其惩罚性，进而对社会公众起到一定的威慑作用。只有这样，生态补偿制度才能有效发挥作用。国家绿色法庭作为环境司法的中坚力量，在处理这些具有全国争议性的环境案件时，不应受到外界及高层压力的影响，而应该敢于保持其司法独立性和判决公正性，这样才能为全社会树立法治典范。

可持续发展原则

实现可持续发展，已是世界各国及国际法律文件中所规定的政府主要职能及重要目标。随着时间的流逝，多数人将可持续发展理解为"视野的拓展、价值的变化、道德的发展、社会的重组及转型的过程"（Gladwin et al. 1995：876；另可参见 Clark 1989；Lee 1993）。也有人认为，可持续发展是一个富有挑战性的概念，其本质上是"实现以人类为中心的代内及代际公平，主张人类有权过有尊严的生活……具体包括体面生活、公众参与以及生活于美好和谐、健康舒适环境的权利"（Hak et al. 2009：2）。虽然人们对可持续发展核心问题的认识逐渐明晰，但就可持续发展的定义而言，不同学派间仍存在较大争议，这使得可持续发展成为一个复杂而多维的议题。②

萨克斯的研究表明，可持续发展既是一门复杂而系统的科学，也是一个规范性概念（Sachs 2015）。萨克斯之所以将可持续发展视为一门复杂而系统的科学，是考虑到"它产生的行为及模式很难从其潜在成分中加

---

① 'Maybe someone called up NGT to clear Sri Sri event' Indian Express, 18 March 2016 http：//indianexpress. com/article/india/india-news-india/wcf. ngt-aol-sri-sri-jairam-ramesn/.

② For a literature review, see Dernbach 1998；Bosselmann 2008；Ciegis et al. 2009；Cordonier-Segger and Khalfan 2004；Bandi et al. 2014；Dernbach and Cheever 2015；Grant and Das 2015.

以分辨,从而形成一种'整体大于局部之和'的效应"(Sachs 2015: 7)。合理运用可持续发展的专业知识,有助于解决技术性、复杂性的环境问题。①

萨克斯在《规范化前景》一书中指出,可持续发展"是世界各国应当共同追求的目标之一……可持续发展要求人们树立一种整体性思维框架,以实现经济、社会和环境协调发展的目标"(Sachs 2015: 3)②。所谓"可持续发展",是指"采取'既满足当代人的需要,又不对后代人满足其需要的能力构成威胁'的路径,协调好经济发展、社会进步与环境保护三者间的关系"(布伦特兰委员会 1987: 41)。此外,整体性和公平性这两个基本概念交织在可持续发展原则中,它们代表了一种直观的、具有吸引力的观点,即经济发展、社会进步与环境保护之间理应实现综合平衡。里约+20峰会③重新强调了上述三个部分的愿景,这使可持续发展目标重焕光彩。④

---

① For a discussion of scientific expertise and sustainable development, see Chapter 6.

② According to Sachs, the definition of sustainable development has developed into a more practical approach, focusing less on intergenerational needs.

③ 'The Future We Want' A/RES/66/228 GA Resolution 27 July 2012: We recognize that poverty eradication, changing unsustainable and promoting sustainable patterns of consumption and production and protecting and managing the natural resource base of economic and social development are the overarching objectives of and essential requirements for sustainable development. We also reaffirm the need to achieve sustainable development by promoting sustained, inclusive and equitable economic growth, creating greater opportunities for all, reducing inequalities, raising basic standards of living, fostering equitable social development and inclusion, and promoting integrated and sustainable management of natural resources and ecosystems that supports, inter alia, economic, social and human development while facilitating ecosystem conservation, regeneration and restoration and resilience in the face of new and emerging challenges (Para 4) https://sustainabledevelopment.un.org/futurewewantf.html.

④ 'Transforming our World the 2030 Agenda for Sustainable Development' A/RES/70/1 GA Resolution 25 September 2015: We envisage a world in which every country enjoys sustained, inclusive and sustainable economic growth and decent work for all. A world in which consumption and production patterns and use of all natural resources-from air to land, from rivers, lakes and aquifers to oceans and seas-are sustainable. One in which democracy, good governance and the rule of law as well as an enabling environment at national and international levels, are essential for sustainable development, including sustained and inclusive economic growth, social development, environmental protection and the eradication of poverty and hunger… (Para 9) https://sustainabledevelopment.un.org/post2015/transformingourworld.

此外，就其规范形式而言，善治原则是实现可持续发展的基础。据萨克斯所言，"从规范视角来看，好的社会不仅是经济繁荣的社会（有着较高的人均收入），而且是具有包容性、能够实现生态可持续发展并且得到良好治理的社会"（Sachs 2015：12；另可参见 Choudhury and Skarstedt 2005：21；Grant and Das 2015：303—304）。落实问责、公开、公众参与制度以及适用污染者付费原则与可持续发展原则，均为贯彻和落实善治原则的必然要求。为实现可持续发展的目标，政府机构、社团组织也需贯彻和落实善治原则（Sachs 2015：502—505；另可参见 Santiso 2013：166）。

根据萨克斯的研究结论可知，国家绿色法庭是实现可持续发展的重要支点。考虑到印度法律中很少有实质涉及禁止环境损害的条款，因而国家绿色法庭需要援引善治原则以实现可持续发展。立法机关及执法机关在客观上缺乏必要的运作资金，在主观上怠于处理好既得的工商利益，加上外部存在政治干预等因素，故而出现了印度环境监管不力的局面（Divan and Rosencranz 2001：2—3；南亚人权文献中心 2008：423）。环境、森林和气候变化部（隶属于环境和森林部）任命的苏布拉马尼亚姆曾向萨勃拉曼尼亚委员会[①]提交过一份报告[②]，着重强调了印度环境监管不力的局面：

> 工作人员恣意的管理态度、松散的决策过程、分散琐碎的环境治理已成为当前印度环境监管的常态……从印度联邦到各邦政府，法律仅仅是政府部门贪赃枉法的工具，各级政府均利用法律来满足其寻租的需求。伴随着"环境清拆许可制度"的出现，政府的不良形象进一步强化，这主要是由于政府工作人员在批准个案申请时存在严重拖延的情形。还需注意的是，印度的商人及企业家并非都是清正廉洁之人。尽管大多数商人及企业家在主观上并不愿意贿赂政府工作人员，但是他们在客观上的确存在积极寻求捷径的行为，他们乐于为政府工作人支付一笔"费用"，以确保其项目能够顺利推进；在许多情况下，政府专制会导致尚未获得资格的人被排除于许可范围之外。印度

---

① MoEF & CC, Government of India OM No 22-15/2014-IA. III 29 August 2014. The MoEF was renamed as MOEFCC in 2014.

② Report of the High Level Committee on Forest and Environment Related Laws, November 2014. See also Chapter 7.

政府部门及其工作人员专断蛮横、政务不公、延迟拖沓、无动于衷的状况（如各级环境和森林保护主管部门怠于行使议会授予的职权，放弃履行其职责），使得印度的环境监管陷入不利局面，此时亟待司法公权力的介入。①

印度环保监管机构未能秉公行事，从而失信于众，并导致国内环境公共利益的损害日益严重。近年来，由于印度政府追逐经济增长速度，其草率作出的环境清拆许可大多不符合法律规定。例如，2014年6月—2015年4月，印度政府非法颁发了103个采矿项目及54个基础设施项目的环境清拆许可。② 贫困居民及底层百姓往往是受不良环境影响最大的人。③ 由于上述居住区蕴藏着丰富的矿产、森林等自然资源，所以水坝、电力、采矿和工业生产等大规模开发项目通常建于上述区域。例如，多年来的采矿及工业活动导致该地区森林覆盖面积减少，加之补偿造林方案执行不力，导致当地环境退化严重、区域边界位移明显。其实，上述建设项目属于国家现代化建设及政府发展议程的重要组成部分，项目建设与经济自由化及企业进驻同步。然而，在建设上述项目的过程中，印度政府却忽略了相关利害关系民众的权利（部落事务部 2014）。

将可持续发展原则适用于关系国计民生的重大工程和涉及广大百姓的利益（尤指对社会最底层人民产生的不利影响）中是一项极具挑战性的工作，它需要对各方因素进行综合平衡。将"发展"一词（Sarkar 2009：16)④ 解释为"改善经济状况"实则是一种错误的理解。当经济发展与环境保护、部落及社会底层民众的人权、国家发展计划、跨国经营形成冲突时，这种分歧便会展现出来。在很多案例中，存在一些强势的地方精英，他们有能力且有意愿来操控政治、法律及司法制度。

---

① High Level Committee Report（n 35），8 and 22.
② See Introduction.
③ Note：'backward class' is collective term used by the government of India to classify castes that are educationally and socially disadvantaged. It is one of several official classifications of the population of India other than the Scheduled Castes and Scheduled tribes in the lists prepared by the government of India. See http：//socialjustice. nic. in/ aboutdivision4. php.
④ Sarkar writes：'For most practitioners and theorists...The overall objectives of alleviating poverty and human suffering and of improving the human condition more generally are（he desired end product of the development process.'

鉴于上述讨论可知，印度当前持续的争议焦点在于，一方认为"印度应强调有形且可量化的经济利益，而非无形潜在的环境保护等社会公益"（Woolley 2014：25；另可参见 Owens 1997）；另一方认为"印度的经济增长速率应当与其生态系统的承载力相匹配并受其制约"（Garver 2012：322—334；另可参见 Bosselmann 2011：204—213）。

国家绿色法庭认为，以保护生态环境和促进人类福祉为目的的"发展"才是务实、进步社会的本质所在，它需要"综合平衡"公民、政治、文化、经济、社会等因素。在一系列的司法案件中，绿色法庭将可持续发展解释为：

> ……发展依赖于自然资源/生态环境。在适用可持续发展原则时，我们必须牢记以衡平理念为基石的"比例原则"，适用该原则来衡平经济发展与环境保护之间的关系。具体来说，绿色法庭一方面需要思考优先发展事项，另一方面也需考虑环保问题，需要通过利益衡平作出最终抉择。因此，可持续发展需要人们处理好经济发展与环境保护间的关系，并要求经济发展以环境承载力为限，确保经济发展不会带来重大的环境损害后果。此外，我们应当从"理性人视角"出发，重点考虑公共利益，而非个体与集体利益。[①]

下述案例正是国家绿色法庭为实现经济、社会和环境可持续发展目标而平衡后所作判决的例证。"里奥·萨尔德哈尼亚诉印度联邦案（判决于2014年8月27日作出）"是一起变更土地用途的案例。此案中，阿米特·马哈尔·卡尔瓦（Amrit Mahal Kaval）草原本为草原生态系统，后因开发城区基础设施及研究国防项目的需要，草地被变更为非林用地。在诉

---

① *Shobha Phodanvis v State of Maharashtra* (Judgment 13 January 2014); *Sarang Yadwadkar v Commissioner* (Judgment 11 July 2013); *Devender Kumar v Union of India* (Judgment 14 March 2013); *Pathankot Welfare Association v State of Punjab* (Judgment 25 November 2014); *K L Dagale v Maharshtra Pollution Control Board* (Judgment 18 February 2015); *A Gothandaraman v Commissioner* (Judgment 17 March 2015); *K G Mohanaram v Tamil Nadu Pollution Control Board* (Judgment 22 April 2015); *T V N Sangam v Secretary, MoEF* (Judgment 7 August 2015); *Paryawaran Sanrakshan Sangarsh Samiti Lippa v Union of India* (Judgment 4 May 2016); *M/S Riverside Resorts Ltd v Pimpri Chinchwad Municipal Corporation Judgment* 29 January 2014.

诸国家绿色法庭之前，环境保护者里奥·萨尔达尼亚（Leo F Saldanha）曾恳请国家绿色法庭直接向中央政府部门提议，以确保阿米特·马哈尔·卡尔瓦草原不被变更和侵占，同时请求设法拆除已经非法建设的工程，并将当地环境恢复原状。众所周知，阿米特·马哈尔·卡尔瓦草原生态系统的生物多样性丰富、生态属性独特。自古以来，当地部落享受着阿米特·马哈尔·卡尔瓦草原的恩赐。部落人们收集的柴火、绿蔬及水果均来自该草原，上述物质是当地牲畜和人们生存的重要保障。因此，有必要保护阿米特·马哈尔·卡尔瓦草原中的土壤、水体及珍贵濒危野生动物，这对于保护生物多样性至关重要。阿米特·马哈尔·卡尔瓦草原属于独特的半干旱生态系统，它不仅供养着很多植物和动物（其中有很多濒临灭绝且当地特有的物种），而且为很多濒危动物（包括黑色雄鹿、印度大鸨、印度小鸨等）提供栖息之地。

被告人（巴巴原子研究中心、印度国防研究与发展组织、印度科学理工学院、印度空间研究组织）纷纷反驳上述指控。被告人为捍卫其立场，坚称该土地是由国家依法分配，而且专门用于建设国家安全重点战略项目。巴巴原子研究中心作为原子能部的组成机构，该中心致力于原子能开发的各项核科技活动，不仅涉及能源安全的政策要求，而且涉及医疗、食品、农业和饮水等社会需求。印度国防研究与发展组织是国防部的下属机构，该组织专门从事无人驾驶机的研究，旨在有效监控路面状况、减少人员伤亡。印度科学理工学院是国内一家高端的学院。该学院考虑到其外币融资已获批准，因而打算扩建其气候研究室。印度空间研究组织隶属于中央政府，是一家专门负责空间开发研究的机构。该机构的通信卫星不仅能够有效改善移动电话、电信、卫星电视及因特网的通信系统，而且能够有效应用于全国卫星远程教育项目。

依照最高法院法官的意见，[①] 国家绿色法庭适用了可持续发展原则中"较大公共利益"规则，旨在平衡相互对立的利益关系。国家绿色法庭认为，如果新建一个项目会给绝大多数人带来益处，即便该项目会给少数人带来不便，那也是可以接受的。我们既需要公正地考虑政策需求，也需要适用"边际增值"理论学说。在作出选择与决定之前，我们不仅需要考

[①] *Narmada Bachao Andolan v Union of India*（n 7）；. *Lafarge Uranium Mining private Ltd v Union of India*（2011）7 SCC 338；*T N Godavarman Thirumapad v Union of India*（n 8）；*N D Jayal v Union of India*（2004）9 SCC 362.

虑环境风险管控问题，而且需要思考环境保护的力度、成效及方式（如是否可以将自然资源另作他用以更有效地实现环境保护的目的）等问题。正是这些思考，促使人们来保护阿米特·马哈尔·卡尔瓦草原生态系统。然而，考虑被告在其被分配土地上所从事的开发建设活动有利于国家发展，而且维护了多数人利益，最终，绿色法庭选择不干预被告，允许其在被分配的土地上从事相关活动。

在"普拉富拉·萨曼巴耶夫诉印度联邦案（浦项钢铁公司案）（判决于2012年3月30日作出）"中，① 国家绿色法庭尝试确保社会公正并实现可持续发展，并实现对"发展"一词的总括性解释。近年来，受影响的人们（在物质上、文化上严重依赖生态环境的人）生活于围城之下，其基本人权遭受侵犯，这就是他们愿意付出一定代价来反对浦项钢铁公司（该公司由韩国公司投资，建立于奥里萨邦）的原因所在。2013年，一家独立的非政府组织在其报告中，讲述了由一个大型开发项目（综合性炼钢厂）所引发的人权及可持续发展危机的故事。该炼钢厂原本旨在促进海港发展，但实则导致了成千上万的穷人被迫迁徙的后果。具体而言，该报告指出：

> 印度政府强行驱逐成千上万的穷人的行为，有违国际法及国内法之规定。印度政府必须终止与韩国钢铁巨头（浦项钢铁公司）共同侵犯人权的行为。与此同时，印度政府必须停止非法征收土地的行为，以避免奥里萨邦中多达22000人被强行驱逐的后果。如果继续推进该项目，则该地所有的村庄将会被摧毁，人们将无家可归、流离失所。受上述项目影响地区的村民就像生活于围城之下，他们的人身安全、行动自由、不被任意逮捕及居留、不受歧视（尤指因政治原因及观念不同而受到歧视）等人权会受到明显侵犯。村民们生活于围城之下，其就医、上学、买卖及耕种的能力下降，进而有损于他们的健康权、教育权、工作权及食物权。就环境方面的影响而言，新建工厂及港口将威胁该地独有的生物多样性。许多动物生存繁衍于该地的流域、河口和森林之中。在这些动物中，包括濒临灭绝且受到印度法律保护的太平洋丽龟。拟建港口的选址范围中包含一片海滩，该海滩

---

① See Chapter 3.

每年可供10万只以上的太平洋丽龟产卵筑巢。事实上，全球也只有三个这样的地方，而东半球仅此一个。此外，蝎鲎具有重要生态价值，其生存主要依赖于沿海港口的沉积物，鱼虾也经常以河口及沿岸水域为其繁殖地。因此，人们对于空气污染及水资源分配的担忧是有充足理由的。

（国际人权办事处/社会及文化权利组织网站2013：1—4，15）

为支持和维护受害地区居民的合理诉求，国家绿色法庭废止了该项目的环境清拆许可。绿色法庭认为，授予浦项钢铁公司建设许可确有不妥，因而责令环境和森林部依法重新对该项目予以审核。

在建设水坝的过程中，往往会出现不同利益团体间的博弈。此时，就需要国家出面并承担相应的责任，以公平妥善地处理好收集、储存、供应及使用水资源的问题。印度供水在一定程度上依赖于季风带来的降水，而且面临工业、新农业生产及人口不断增加等方面的压力，故而存在供水不规律的现象。对于人们倾向于新建大型水坝而非多个小型水坝的议题一直存在争议，其争议焦点在于效率及环境影响程度方面。其中，新建大型水坝将会淹没及毁损森林，而且会产生重大的社会影响，包括大规模的人口迁徙及安置、家庭及社区的瓦解、移民的重新就业等问题。这些问题在马哈拉施特拉邦撒多撒罗瓦坝的建设过程中已经出现（Cullet 2010）。[1] 由此可见，国家及政府有关机构作为监管人，在评估建设项目的技术数据、社会及环境影响以及批准符合环境法律规定的发展项目中发挥着重要作用。

国家绿色法庭裁定，环境和森林部与曼尼普尔邦（Manipur）政府未经法律程序，就批准了新建马皮特尔大坝的项目。大坝建成将会淹没778公顷的农田和595公顷的森林，并导致数千个部落的居民流离失所。根据2006年《林权法案》的规定，将林用地变更为非林用地应当遵循法定的审批程序。同时，该法明确规定，变更土地用途不仅应当咨询受影响村民的意见，而且只能在征得其同意后变更。由于受影响村民中有80%的人都依赖农林产品，因而政府官员企图规避该法规定，选择无视当地村民的权利。于是，村民们将其委屈诉诸国家绿色法庭（"探雷·图伊登诉曼尼普尔邦案"，即2013年第167号案，原始诉求于2013年8月5日提出）。

---

[1] 'The Ups and Downs of Dams' *Economist*, 20 May 2010 www.economist.com/node/16136280.

一方面，村民们认为，该项目并没有获得环境和森林部的许可；另一方面，村民们称，曼尼普尔邦的新自由主义政策旨在吸引外来投资以建设大量的基础设施，但是这些开发自然资源的行为是以牺牲居民利益为代价的，它会导致土地流转、社区迁徙和人权遭受侵犯的不良后果。2013年11月12日，国家绿色法庭作出判决，认定该大坝建设项目并未遵循相关环境保护的法律规定，而且有损公共利益，因而责令停止建设该大坝。

在"罗尔·帕欣加·达兰·维罗迪诉马哈拉施特拉邦案（判决于2014年3月10日作出）"中，国家绿色法庭面临着一个难题，即需要在综合权衡社会、经济及环境影响后，作出是否允许新建大坝的决定。为保护生态环境及村民利益，原告请求法庭判定灌溉工程（水坝）的环境清拆许可无效。依据原告的说辞，新建项目将会对包括森林在内的9万公顷土地产生不良影响，而且需要搬迁7102个家庭和35399名村民（他们世代居住于该地区）。此案中，由于未经公开听证程序就作出了环境清拆许可，因此该许可是违法的。

但是，被告却主张其环境清拆许可是合法的，并且提交了一份由专业机构出具的对灌溉项目可行性评估的报告。在该份报告中，被告向印度部落事务部提交了重新安置受影响村民的方案，以确保这些村民能够得到及时补偿及安置。国家绿色法庭在审阅了大量文件后，认定该灌溉项目的配套环保措施符合环保规划及监管要求，而且符合可持续发展原则的要求。据此，绿色法庭指出：

> 新建灌溉设施将帮助耕作者最大程度上降低其对年降雨量（通常情况下不具有可预测性）的依赖性。由于发展权原本含有保障基本人权之意，因此，如果新建灌溉工程旨在为社会谋求更大福祉，那么就必须确保受其影响的居民能够得到合理安置。这种安置不仅仅是为他们提供基本的设施、食物和住处，而且应当帮助其获得谋生的技能。

（该案案卷第44段）

尽管国家绿色法庭认可社会底层群体的权利，而且明确规定经济发展必须符合环境保护相关法律法规的规定，然而，在2014年6月，印度审计总长却针对马哈拉施特拉邦灌溉工程的管理事宜出具了一份令人震惊的报告。该份报告指出，在水污染防治和水资源保护领域，政府部门并没有依法履行其环境保护职责，也没有承担相应的社会责任。印度审计总长的报告所示，仅就维达巴灌溉发展公司而言，就存在249个项目没有获得法定的环境清拆许可（该许可由环境和森林部或者联邦环境保护部门作出）。[①]

总而言之，国家绿色法庭是贯彻可持续发展原则的主力军。因此，绿色法庭的判决旨在最大程度鼓励人们采取谋求福祉的发展方式，反对以损害环境为代价的发展方式。尽管可持续发展原则的适用尚存挑战和困难，但该原则仍以迅猛之势渗入决策的全过程，以实现人与自然的和谐及社会的可持续发展。综上所述，将环境保护与经济、社会发展相结合，功在当代，利在千秋。

小结

本章回顾了与环境保护有关的且被印度采纳的国际条约及协定。其实，它们大多已被载入印度《国家绿色法庭法》。目前，已经确立的全球性原则为环境法理的发展提供了支撑。上述原则主要包括风险预防原则、污染者付费原则与可持续发展原则。不过，每一项原则的适用都伴随着挑战，而且具有无数种解释的可能性。因此，学界将持续关注并仔细分析上述三项原则，重点考察这些原则在公平救济、环境保护领域的优缺点及有效性。其实，在国家绿色法庭适用上述原则的司法实践中，很多学术争论都得到了验证。因此，绿色法庭所面临的挑战和选择是关系重大且意义深远的。新建巨型大坝可以为人们提供充足的水源，但这会对大坝附近居民的生活产生巨大影响。大坝附近居民的生计很可能毁于人们对水源的需求。因此，绿色法庭必须在这两者之间予以平衡后作出判决。国家绿色法庭每天都要作出这样艰难的抉择。在这一体制框架内，上文所述的原则能够为法官作出合理判决提供指导意见。

参考文献

Baldock, D (1992) 'The polluter pays principle and its relevance to ag-

---

[①] 'Rampant environmental violation of Maharashtra Water Resource Department' South Asia Network on Dams, Rivers and People, 21 June 2014 https//sandrp. wordpress. com/2014/06/20/press-release21-06-14-rampant-environmental -violations-of-maharashtra-water-resource-department/.

ricultural policy in European countries' 32 (1) *Sociologia Ruralis* 49-65.

Bndi, G, Szabo, M and Szalai, A (2014) *Sustainability, Law and Public Choice* (Europa Law).

Beck, U (1992) *Risk Society* (Sage).

Birnie, p, Boyle, A and Redgwell, C (2009) *International aw and the Environment* (OUP).

Bodansky, D 'Scientific uncertainty and the precautionary principle' 33 (7) *Environment* 4-44.

Bosselmann, K (2008) *The Principle of Sustainability* (Ashgate).

Bosselmamn, K (2011) 'From reductionist environmental Iaw to sustainability law' in P Burdon (ed.), *Exploring Wild Law: The Philosophy of Earth Jurisprudence* (Wakefiedd Press).

Breyer, S (1993) *Breaking the Vicious Circle Toward Effective Risk Regulation* (Harvard UP).

Brundtland Commission (1987) *Report of the World Commission on Environment and Development: Our Common Future* www.un-documents.net/our-common-future.pdf.

Cameron, J (1999) 'The precautionary principle core meaning, constitutional framework and procedures for implementation' in R Harding and E Fisher (eds), *Perspectives on the Precautionary Principle* (Federation Press).

Choudhury, N and Skarstedt, C E (2005) 'The principle of good governance' CISDL Draft Legal Working Paper (C1SDL).

Ciegis, R, Ramanauskiene, J and Martinkus, B (2009) 'The concept of sustainable development and its use for sustainability scenario' 2 *Inzinerine Ekonomika-Engineering Economics* 28-37.

Clark, W C (1989) 'Managing planet earth' 261 (3) *Scientific American* 47-54.

Coase, R H (1960) 'The problem of social cost' 3 *Journal of Law and Economics* 1-44.

Comptroller and Auditor General (2014) *Performance Audit on the Management of Irrigation Projects of Government of Maharashtra* (CAG New Delhi).

Cordes-Holland, R (2012) 'The national interest or good international citizenship? Australia and its approach to international and public climate law' in B Jessup and K Rubenstein (eds), *Environmental Discourses in Public and International Law* (CUP).

Cordonier-Segger, M and Khalfan, A (2004) *Sustainable Development Law* (OUP).

Cross, Frank B (1996) 'Paradoxical perils of the precautionary principle' 53 *Washington and Lee* LR 859.

Cullet, P (May 2010) *The Sardar Sarovar Dam Project* (Ashgate 2007).

Dernbach, J (1998) 'Sustainable development as a framework for national governance' 49 (1) *Case Western Reserve* LR 1–103.

Dembach, J C and Cheever, F (2015) 'Sustainable development and its discontents' 4 *Transnational Environmental Law* 247–287.

Deville, A and Harding, R (1997) *Applying the Precautionary Principle* (Federation Press).

Divan, S antI Rosencranz, A (2001) *Environmental Law and Policy in India* (OUP).

Dovers, Stephen R and Handmer, John W (1999) 'Ignorance, sustainability, and the precautionary principle towards an analytical framework' in R Harding and E Fisher (eds), *Perspectives on the Precautionary Principle* (Federation press).

Ellis, J (2012) 'Perspective on discourses in international environmental law expert knowledge and challenges to deliberative democracy' in B Jessup and K Rubenstein (eds), *Environmental Discourses in Public and International Law* (CUP).

European Commission (2000) *Communication on the Precautionary Principle* COM 1 (Brussels EU).

Fisher, E (2001) 'Is the precautionary principle justiciable?' 13 (3) *Journal of International Environmental Law* 315.

Fisher, E (2002) 'Precaution, precaution everywhere developing a "common understanding" of the precautionary principle in the European community' 9 (1) *Maastricht Journal of European and Comparative Law* 7.

Fisher, E (2006) 'Risk and environmental law: a beginner's guide' in B Richardson and S Wood (eds), *Environmental Law and Sustainability* (Hart).

Forsund, F R (1975) 'The polluter pays principle and transitional period measures in a dynamic setting' 77 (1) *Swedish Journal of Economics* 56–68.

Freestone, D (1994) 'The road from Rio: international environmental law after the Earth Summit' 6 (2) *Journal of International Environmental Law* 193.

Gaines, S E (1991) 'The polluter-pays principle: from economic equity m environmental ethos' 26 *Texas International Law Journal* 463.

Garver, G (2012) 'Introducing the rule of ecological law' in L Westra, C Soskolne and D W Spady (eds), *Human Health and Ecological Integrity* (Routledge).

Gill, G N (2014) 'The National Green Tribunal of India a sustainable future through the principles of international environmental law' 16 (3) *Environmental LR* 183–20Z.

Gladwin, T N, Kennelly, J J and Krause, T S (1995) 'Shifting paradigms for sustainable development implications for management theory and research' 20 (4) *Academy of Management Review* 847–907.

Grant, E and Das, O (2015) 'Land grabbing, sustainable development and human rights' 4 (2) *Transnational Environmental Law* 289–317.

Guha, S and Harendranath, C S (2013) 'Common effluent treatment plants (CETPS): the concept, Problems and case study' *Directions* 7–15.

Hak, T, Maidan, B and Dahl, A (2009) *Sustainability Indicators* SCOPE 67 Series (Island Press).

Harding, R and Fisher, E (eds) (1999) *Perspectives on the Precautionary principle* (Federation Press).

Hey, E (1992) 'The precautionary concept in environmental policy and law institutionalizing caution' 4 *Georgetown. International Environmental* LR 303.

International Human Rights Clinic /ESCR-Net (2013) *The Price of Steel: Human Rights and Forced Evictions in the POSCO-India Project* (NYU

School of Law).

Kiss, A and Shelton, D (2003) *International Environmental Law* (UNEP).

Lee, K N (1993) 'Greed, scale mismatch and learning' 3 (4) *Ecological Applications* 560–564.

Mauerhofer, V, Huhacek, K and Coleby, A (2013) 'From polluter pays to provider gets: distribution of rights and costs under payments for ecosystem services' 18 (4) *Ecology and Society* 41.

Ministry of Tribal Affairs (2014) *Report of the High-Level Committee on Socio-Economic, Health and Educational Status of the Tribals of India* (Ministry of Tribal Affairs).

Moreno-Mateos, D, Power, M, Comin, F and Yockteng, R (2012) 'Structural and functional loss in restored wetland ecosystems' 10 (1) *PLOS Biology* e1001247.

Owens, S (1997) 'Negotiated environments needs, demands and values in the age of sustainability' 29 (5) *Environment and Planning* A 571–580.

Sabharwal, Y K (2006) 'Role of judiciary in good governance' keynote address, B M Patnaik Memorial Lecture, 18 November.

Sachs, J (2015) *The Age of Sustainable Development* (Columbia UP).

Sadeleer, Nicolas de (2002) *Environmental Principles: From Political Slogans to Legal Rules* (OUP).

Santiso, C (2013) 'Towards democratic governance the contribution of multilateral development banks in Latin America' in P Burnell (ed.), *Democracy Assistance* (Routledge) 150–190.

Sarkar, R (2009) *International Development Law Rule of Law, Human Rights, and Global Finance* (OUP).

Sax, J L (1970) 'The public trust doctrine in natural resource law effective judicial intervention' 68 (3) *Michigan* LR 471–566.

Seymour, S, Cox, G and Lowe, P (1992) 'Nitrates in water: the politics of the "polluter pays principle"' 32 (1) *Sociologia Ruralis* 82–103.

South Asian Human Rights Documentation Centre (2008) *Human Rights and Humanitarian Law Developments in Indian and International Law* (OUP).

Stone, C (2001) 'Is there a precautionary principle?' 31 (7) *Environmental Law Reporter* 10790.

Weiss, E B (1984) 'The planetary trust conservation and intergenerational equity' 11 (4) *Ecology Law Quarterly* 495–582.

Woolley, S (2014) *Ecological Governance Reappraising Law's Role in Protecting Ecosystem Functionality* (CUP).

Wynne, B (1992) 'Uncertainty and environmental learning reconceiving science and policy in the preventive paradigm' 2 (2) *Global Environmental Change* 111.

第五章

国家绿色法庭：科学与法律

本章是对印度实地调查数据的分析与总结。技术专家在法庭决策中扮演着核心角色，促进环境正义的实现（Gill 2016）。认可专家的重要性是因为：

> 专家们定义了"现实世界"，他们告诉我们世界是什么样子的，他们识别并量化这个世界存在的主要变数。专家们为我们认识这个世界提供了测量统计与风险分析的方法，他们通过解释这些变数进而提出提高总体幸福水平的方法。专家们明确地阐释了该方法。
> （Lawrence 2014：186）

大量的学术文献证实了专家参与法庭决策的过程，并且肯定了他们对决策作出的贡献（Buchanan and Keohane 2003；Steffek 2003；Ericsso et al. 2006；Kronsell and Backstrand 2010：38-39；Ambrus et al. 2014）。环境决策中可能涉及科学知识。[①] 因此，科学知识可以为复杂的、技术性的环境问题提供适当的解决方法。有效的环境治理要体现程序价值，如透明、包容、协商和专家参与，专家参与的同时可以为环境治理提供科学的和有效的解决方法。这些程序价值对于追求环境正义尤为必要。

作出决策的法官是上述程序中的主要专家，其在国家绿色法庭的制度、组织机构、立法价值和目标方面发挥着基础性作用。专家参与决策的决定虽然得到了广泛的支持，但仍然存在着争议和不稳定性。例如，一些人提出专家知识的获得和专家知识的利用之间存在一定的差距，使人们对

---

① In environmental regimes, the use of science and scientific expertise as problem-identifiers and problem-solvers is well documented. See Kunh 1970；Andresen et al. 2000；Green and Epps 2007：302-307；Feldman 2009；Shaffer 2010：19；Gupta et al. 2012.

专家参与环境决策过程的方式以及专家承担责任的范围感到担忧（Weiss 1979；Lindquist 1988）。这些争议主要包括鉴定和挑选专家、同类别或不同类别的专家组、专家协同决策、政策决策中引入和应用专家知识，上述争议对专家依据科学知识所作出的环境决策的合法性提出了质疑。

本章的重点是国家绿色法庭中专家们的角色以及专家知识。在国家绿色法庭中，专家们充当着环境纠纷的决策者。专家们在国家绿色法庭中处于中心位置，并非边缘化位置。到目前为止，关于"专家"和"专家知识"的条款并不包括司法人员，但涉及运用专业科学知识的技术人员，包括环境科学、环境分析、环境工程、技术、生态学、林学、植物学、土壤学、动物学以及相关分类的技术人员。有经验的科学家，具有实践能力的生态学家以及自然资源管理者也算得上是专家（Dresher et al. 2013：2）。因此，从国家绿色法庭的性质、判决和工作实践方面来说，专家知识及其对决策的投入是至关重要的。

本章分为三节。第一节简略地回顾了科学及其可靠性，以及专家知识的价值。第二节引入了认知社群和知识利用两套理论框架。第三节根据实地调查数据，以国家绿色法庭为实例，将前述理论框架应用于国家绿色法庭的实践运行中，从而对这两套理论框架进行检验。同时，本章的内容也包括对相关判例的介绍。

存疑的科学和专家证词

在学术讨论中，专家和专家知识在政策与决策方面的参与占据重要地位。然而，科学与政策之间的关系是不确定的，且存在较大争议（Limoges 1993；Oreskes and Conway 2010；Sprujit et al. 2014）。科学证据可以被篡改为支持特定的既得利益者的主张，包括政府、工业和商业资本集团。这些既得利益者可能会资助或促进研究，以满足他们的特殊利益。[1] 例如，2015 年哈佛公共卫生学院表彰了 22 篇经过同行评审的文章，这些文章引导医学期刊支持一项主张，即含糖饮料的消费性增长是肥胖流行病的主要成因。[2] 另外，鲜为人知的是可口可乐公司花费 660 万英镑成

---

[1] See Council for Tobacco Research, USA, funded by Philip Morris (McGarity 2004; Collins and Evans 2007; Lesser et al. 2007; Jasanoff 2011; Maclean 2015).

[2] 'Clear as Coke' *Times*, 9 October 2015 www.thetimes.co.uk/tto/opinion/leaders/article4580514.ece.

立了欧洲水合作用研究所，这是一个非营利的团体。自 2010 年以来，仅在美国范围内，全球可口可乐公司就对科学研究以及非营利组织投入了 1.2 亿美元的巨额资金。嘉莉·鲁克斯顿（Carrie Ruxton）是一名苏格兰食品标准董事会的成员，2010 年曾参与撰写英国糖业局赞助的一份报告，该报告中得出的结论是糖的消耗与肥胖症之间似乎没有什么联系。西班牙研究学者对上述研究报告以及其他 17 份研究报告进行评估，这些研究学者发现食品和饮料工业或与其有关的工业已经确认在糖和肥胖症之间找不到任何联系的可能性，并且是经过五次反复确认。这显示了科学的证据可以充分支持特定的观点。的确，2015 年英国政府曾表示不愿意对摄入过量糖对人体健康有害这一观点作出回应。①

例如，将蜜蜂数量的减少归咎于杀虫剂的使用等这类研究结论就反映了这些既得利益者对科学的误用。一组泄露的记录显示一群科学家已经决定要支持该主张，即对某一化学物质实施禁令。通过这种主张来说服欧盟监管当局暂停使用杀虫剂。因此，将以证据为基础的决策转变为基于政策的证据选择。②

在政府层面，对阻碍和反对官方行政政策的证据进行挑选和隐瞒再常见不过了，正如美国基地科学家联盟（2004）的发现显示，对科学调查结果的曲解和隐瞒使得其无法支持或者否定布什政府的政策。这是政府跨越学科，严重破坏科学的一种模式，包括气候变化、生殖健康、食物链中的汞以及林业。

如同彗星客机致命的技术设计缺陷、疯牛病技术争论的回应或饲养坎伯兰羊的农民对科学顾问有关切尔诺贝利核电站污染回应的质疑一样，对科学的解释或前进发展过于轻信都存在着缺陷（Collins 2014）。此外，科学可能被政治家公然利用，如苏联斯大林灾难性的农业政策，或南非政府对艾滋病危机的回应（如前所述）。因此，当政策问题受到讨论或得到解决时，科学的客观性是受到质疑的。对科学中立性的异议反映在一种观点中，这种观点根植于广泛的社会、政治和经济环境中。需要明确的是，关于专家角色的研究大部分是理论性的。虽然理论已发展良好，但却只有有

---

① 'Clear as Coke' *Times*, 9 October 2015 www.thetimes.co.uk/tto/opinion/leaders/article4580514.ece.

② 'Scientists accused of plotting to get pesticides banned' *Times*, 4 December 2014 www.thetimes.co.uk/tto/environment/article4286838.ece.

限的经验证据支持这些变化和程序。①

然而，法律的合理性中引入专家所提出的科学的决定因素，这种引入就指出了司法创造性的作用和局限性问题。司法机构应该被确认授权行使这样扩张性的权力吗？如果回答是肯定的，那么法官适合被授予该权力吗？法官很少受到科学的训练，因此，法官可能对专家（这些专家代表案件当事人）基于事实证据提出索赔或者保留起诉的要求并不知情（Twinning 1992: 1, 14; Faigmann 1999）。② 这已经显示出司法"守门员"的训练不足，使得他们受到伪科学的打击。普通法法庭是一种对抗辩护式的法庭，有时法庭中有许多专家证人参与，促进了有竞争力的科学证据的发展。一种结果可能是一场科学观点间的较量，在激烈的争论、测试、解析以及质疑中坚守自己的观点（Bocking 2006）。法庭也特别容易受到经济实力雄厚的一方当事人影响，因为他们能够雇用一群专家（Huber 1991）。法庭意识到未经证实的科学的危险性，正如在"西恩丘维奇诉格雷弗英国有限公司（2011）2 上诉案件 229"中菲利普勋爵（Lord Phillips）指出的一样，法庭认识到科学证据的局限性："流行病学资料可能不值得信赖"，因为"事实上科学对因果关系如何发生仍旧是无知的"。有一种真实的危险叫作"流行病学证据"，"这将带来一种虚假的权威"（261, 290）。一种潜在的结果就是法律事实和法律合理性将被存疑的、有偏见的、已获得的科学知识所影响或取代（Jasanoff 1995, 2006; Cooper 2013）。

这一章没有涉及社会学中具有挑战性的问题，包括专家对政策创造和促进的多重作用。科学与政策之间的关系已经催生了一个充满生机和持有不同观点的团体，这已经超出了本书的研究范围。本章没有考虑用向法庭介绍专家证人间的关系或功能的方法来促进当事人诉讼。作者承认对于一

---

① As early as 1945 this was highlighted by Merton (1945); see also Sprujt et al. (2014).

② See *Case Concerning Pulp Mills on the River Uruguay* (*Argentina v Uruguay*) (ICJ Judgment 20 April 2010), in particular the dissenting and separate opinions of judges Alkhasawneh, Simma, Cancado Trindade, Yusuf, and Vinuesa regarding the role of experts: …the Court has had before it a case on international environmental law of an exemplary nature a 'textbook example', so to speak, of alleged trans-frontier pollution yet, the Court has approached it in a way that will increase doubts in the international legal community whether it, as an institution, is well-placed to tackle complex scientific questions. (Para 3)

个问题可能存在以科学为基础的多个、二选一或有竞争的解决方案，而不是只有一种单独的解决方案，即"这种方案"。这些可能是由聘请的专家证人向法庭提出的，或由内部的科学专家在法庭内依据科学提出的。因此，在科学中仍然存在着灵活性和不确定性。

本章追溯和评估一种方式，这种方式是由印度议会法案创造产生的，在法律和科学专家之间所存在的一种共生关系，如同科学专家在国家绿色法庭背景下作为政策制定者和环境冲突的裁定者。法庭是调解纠纷的地方。它不是强大的利益集团之间争论或者协商政策"可以讨论"的地方。国家绿色法庭的法定机构和职责的重要性在于决定并宣布胜诉方和败诉方。

国家绿色法庭通过指定程序、科学专家的选择以及公共和个人决策过程，已经处理了法庭中科学与法律之间潜在的不一致。本章认可国家绿色法庭对达成包含和反映"良好的科学"决定所做的努力。在决策过程中将科学专家集中起来作为合议庭成员，由此促生一个集体的、共生的、多学科的平台来追求法律规范和科学知识之间的协调。

理论框架：认知社群和知识利用

政治科学知识提供了一种分析工具，可以应用到国家绿色法庭展开和审查以后的数据。因此，在这里存在着理论的轮回，它的应用从一种社会科学学科到另一种：政治科学法律。

政治科学家通常应用"认知社群"的概念，为了"更清晰的国家理论"和为了"制定利益并协调不同的利益"（Haas 2014：30）。彼得·哈斯（Peter Haas）描述"认知社群"的显著特征如下：

> 以权威专家为组成基础的跨国网络公司，要求相关政策知识要在他们的专业领域内。他们的成员分享关于因果关系现象的知识以及一套通用的规范理念，这些规范理念是关于在这样一个领域内哪些活动将造福人类福祉。成员都是经过专业训练的专家，这些专家以富有公正的专业知识享誉社会。

（Haas 2007：793）

认知社群对专业知识和公正性的认可是通过外部社会标准来判断的，比如"同行评议，来自权威委员会授予的荣誉而进行的非政治任命、过去的成绩、出版物以及训练"（Haas 2014：30）。

在决策过程中，国家绿色法庭内科学专家的参与，同哈斯提出的环境管理体制内认知社群的运行相类似。这表明在环境决策中专家作为"建设性的科学学者"的参与受制于类似的分析。

而且，另一位政治科学家斯凯瑞福勒（Schrefler）认为交互式科学家的参与增加了制度、治理方式或政治秩序的收益（Schrefler 2010：2014）。她认为专家知识在独立监管机构成功运行和公信力方面发挥着关键作用，这个机构以"技术政策制定者的操作不受政治因素影响"为前提基础运行。斯凯瑞福勒提到"独立监管机构是相关政策知识的核心生产者和使用者。其专家知识是他们独立的核心特征"（Schrefler 2014：65）。科学知识的专业使用为上述收益提供合法性证明，从而证明独立监管机构的管理决策是合理的。

决策者审查了关于专家知识使用和重要性的文献资料，斯凯瑞福勒创立了知识利用的三个主要方法：工具性、战略性和象征性。该理论基础是以专家知识的使用为基础的，这些专家知识是由组织机构中的专家提供的（Lawrence 2014：193）。此后，这些方法通过国家绿色法庭的数据资料及其专家成员得以应用和检测。

象征性使用往往涉及"逻辑的恰当性"以及与决策的分离，其旨在获得合法性以及巩固机构的名声，正如政策领域中可靠的参与者要符合外部期望并且能够经受压力。

将知识作为工具使用是因为该机构认为这种运用在危急关头是解决问题的最佳方案。解决问题的方法在于该机构需要执行命令和交付与其目标一致的产出，该目标是由机构分配的或从政治主体处接收的。解决问题的技能可通过"运用积累的相关专业知识处理短期内具体的政策问题和未来的问题"来选择（Schrefler 2014：69）。

知识利用的第三种类型是战略性的。这种类型可以再分成两类：政治性的和实质性的。为了说服"政治主体审查或扩大机构的授权、战略政治使用，韦斯（Weiss）（1979）将其定义为'战术上的知识使用'，扩大监管机构的权力以及扩张其资源"（Schrefler 2014：70）。战略实体化方法包含精心设计的科学知识，这种知识支持和证明预先决定的或首选的政策解决方案是合法的。这种方法也能起到"敌对语境中的弹药"的作用（Schrefler 2010：315）。

专家知识可以以不同的方式使用。也不是每个独立监管机构都要对科学知识采取完全相同的方法。斯凯瑞福勒认识到采用不同方法使用知识的实证研究是受到限制的，因为运作和衡量专家知识利用是相对困难的，更明显的是把专家知识的影响同其他影响政策决定的因素相区分也是相对困难的（Schrefler 2014：71）。变数很可能影响到独立监管机构科学知识的利用和产出，这些变数，包括足够的人力资源和财政资源的可获得性，参与者对政治环境中包含的政策价值和目标存在的分歧，代理人和其主体之间的权力分配，以及来自多样化利益相关者的压力。为了克服这个问题，斯凯瑞福勒建议"在过程跟踪和案例研究中使用定性方法"以便更好地理解在决策中导致不同知识利用的情况，这些情况可能与监管机构的内外专家有关（如前所述）。

独立监管机构的建立提供了允许利用专家知识的平台，因此独立监管机构可以公正地和中立地履行它们的职责。然而，据斯凯瑞福勒所说，这种设想很难将它作为一种简单的技术力量来进行维护，这必然会导致政治后果：监管政策的制定，能更好地将"政府的专家"与"政府的政客"连为一体。我们不得不接受监管政策制定的一部分是政治性的（Schrefler 2014：76）。为了确保专家知识的产出和使用是合法的，斯凯瑞福勒同意维贝尔（Vibert）（2007）的主张，即"把一个既独立又有迹可循的政策制定"嵌入"建立有效的程序和组织中"（如前所述）。

尽管斯凯瑞福勒的工作集中在独立监管机构，但是她把专家分析的理论应用到国家绿色法庭中产生可靠的证据来支持她的分析框架。和独立监管机构一样，国家绿色法庭是一个法定的组织，并且它的构成和权力都在2010年《国家绿色法庭法》中得以确定，该法案也确保它的独立性免受政治干预或控制。通过一系列程序和上诉机制的建立，在法院和国家绿色法庭里，问责制得到实现。国家绿色法庭的决定不受司法审查的管辖，这与独立监管机构不同，但是却受到最高法院的上诉管辖。而且国家绿色法庭的诉讼程序是在公开审理中进行的，这反映了普遍接受的既定原则和程序。裁判和相关理由也要在公开审理中作出。其后，当决定和相关原因作为案例报告在网上公开时，这是受到公众监督的。[①] 就像斯凯瑞福勒著作中描述的一样，专家参与是作出最终决定的

---

① www.greentribunal.gov.in.

关键和唯一的因素，这是一种在机构内完全的、充分的和有效的参与；这种参与是法定的权利，而不是由政策决定的。斯凯瑞福勒的分析被应用到绿色法庭的实地调查中，特别提到了参与法庭决策的科学家，在决策过程中允许他们作为平等的参与者运用自己的知识为法庭决策作出贡献。

国家绿色法庭环境决策的合法性，在一定程度上依赖于内部科学专业知识的兼容性与参与性——决策制定过程中的一个重要特征。在国家绿色法庭中科学和法律之间的联系是显而易见的，在该法庭之中科学专家与专门法官在一起工作，作为相同的集体决策者。

在该背景下，我提交了印度实地调查报告，来分析国家绿色法庭中科学的"认知社群"以及它的实际应用。

将该理论应用到国家绿色法庭

这一节将讨论哈斯（Haas 2007；2014）和斯凯瑞福勒（2010；2014）这两位政治科学家提出的重要理论，尽管他们两个都没有在像国家绿色法庭这种审判机构中工作过。哈斯认为认知社群的特点是包含专业训练的专家，这些专家享有社会权威，以参与公正的活动著称。斯凯瑞福勒主要是将其知识运用嵌入具体的法庭（国家绿色法庭）程序性决策中。这节以哈斯的理论应用为开始，接下来是关于斯凯瑞福勒知识在国家绿色法庭中的运用。

专家价值

一种科学共识创造了"认知社群"理论，这种共识就是适用法规和促进科学投入来实现环境可持续和人类福利。这个"共同体"由中立的科学家组成，这些专家是国家绿色法庭决策的积极贡献者。

多样性的专家知识会为国家绿色法庭环境决策的合法性提供进一步的证明。被国家和国际认可的不同环境领域的专家均具备不同能力，这些专家的"认知品质"促使其从政党路线、组织偏向或企业协会中独立出来。国家绿色法庭法官席上包括在环境科学、环境工程、环境治理、环境保护、工业和城市环境管理、城市环境污染、环境法律和政策以及森林学方面具有专业知识的科学家。对"被全国和国际公认的专家"而言，可以通过外部指标来判断国家绿色法庭专家的地位，这些指标包括之前被任命为高级委员会委员、代表印度在环境问题上起草和协商多方环境协定、同行评审的出版物以及专业奖的认可。①

司法人员承认和重视专家成员的价值。（在调查中，受访的）1号法官说："专家成员具有广博的知识。具有广泛环境知识的教授、技术专家和行政人员，在国家绿色法庭决策过程中扮演着重要的角色。他们的贡献是实质性的。"② 2号法官与5号法官补充说："真正的解决方案来自专家成员。专家成员的投入对解决环境问题来说具有更多的价值。"③ 3号法官和4号法官评论说："这就是该法庭的独特之处，不仅有司法人才还有专家人才。这是该法庭的特点，也是一种平衡的工作方式。"④

上述五位法官对专家的科学投入的评论得到了律师和诉讼当事人的赞赏，例如1号高级律师说：

> 国家绿色法庭法官席上专家成员的存在是迈向正确方向的第一步。专家成员能够更好地理解和权衡复杂的环境问题。专家成员在环境问题上具有专业的知识，这是很多时候律师都不具有的。⑤

2号高级律师具有25年的出庭经验，并且曾经被任命为二号法庭临时法律顾问，他说：

> 这个法庭里有具有相关专业知识的专家成员，这是一个倾向于解决环境问题的机构。你不必说你为何参与这个案件，但你必须讨论你的案件。印度高等法院的法官不一定熟悉环境法，这就导致律师不得不从头开始。然而在国家绿色法庭中，专家成员知晓和了解该问题。我曾经见到过专家成员问的问题，是双方当事人都未曾考虑的。⑥

法庭中2号和3号青年律师认为专家成员是在加强生态意识和试图解决问题，而不是简单地判案：

---

① www.greentribunal.gov.in.
② Interview 16 July 2014.
③ Interviews 4 August 2014 and 8 April 2015.
④ Interviews 25 and 30 July 2014.
⑤ Interview 17 July 2014.
⑥ Interview 31 July 2014.

国家绿色法庭法官和专家成员的组合是解决环境问题的有效方式。高等法院或最高法院的法官们未能理解这些环境问题。像这种具有专家成员的法庭，正在建立新的环境法学。专家成员帮助青年律师理解环境问题。①

同样的，诉讼当事人也称赞该法庭，1号、2号和3号诉讼当事人说道：

国家绿色法庭是我们唯一的希望，因为坐在里面的专家理解我们的问题。我们只是普通市民，每天看见环境被破坏并且影响我们以及后代。老实说，环境是一个敏感问题，该问题只能由专家来处理。我们在国家绿色法庭里的感受是震撼的。我们亲自参与该案件，并且来国家绿色法庭已经有3—5次了。法官是非常敏感的并且能够理解摆在他们面前的问题，以及在我们不了解法律的情况下，他们能够接受我们的理由。对我们来说，这是一次鼓舞人心的经历。国家绿色法庭是生活救助者。国家绿色法庭还我们正义，并且在未来我们将会得到正义，因为这些法官是专家，他们关心环境和理解我们所说的是什么。更重要的是，这是我们在其他法庭，比如高等法院所不能实现的。②

专家中立性

国家绿色法庭现在有八位专业资质的专家成员，因此现在对增加区域法庭专家成员的数量有着较大的需求。③ 然而他们必须在相关领域具有至少15年的经验或者行政经验，包括在著名的国家机构、中央政府或州政府的环境事务方面有5年的实践经历。④ 同有合法资格的法官在一起工作的这些专家成员组成一个跨学科的决策机构。

---

① Interviews 30 July and 1 August 2014.
② Interview 1 August 2014.
③ See n 8. The figure taken from the NGT website is accurate as of May 2016.
④ Section 4 (1) NGT Act provides that the NGT consists of a full-time chairperson and no fewer than 10 (maximum 20) full-time judicial and expert members. Section 5 (2) NGT Act spells out that judicial members must have the requisite legal expertise and experience and expert members will include technical experts from life sciences, physical science, engineering or technology.

法院委任规则中列出的遴选程序，旨在将行政影响减至最低，促进透明度、问责制、中立性和独立性。① 在"威尔弗雷德诉环境和森林部案（判决于 2014 年 7 月 17 日作出）"中，国家绿色法庭宣称：

> 国家绿色法庭法中没有任何直接或者必要的条款来暗示对国家绿色法庭有任何外部的控制。环境和森林部对国家绿色法庭来说，仅仅是一个用来提供财产和资金的行政部门。该部门一旦提供完预算，就不能对国家绿色法庭的职能进行任何干涉。整个任命甚至免职的过程，都在印度最高法院的有效控制下，因为如果没有印度最高法院法官的批准和参与，任何任命和免职都是不可能的。该机构仅仅是在该法案框架下的一个执行机构。

（该案案卷第 34 段）

国家绿色法庭的 1 号法官称自己是一个团队的领导者，因此参与了选拔过程。他寻找有经验、具备专业知识和环境保护意识的专家，从而能够对印度环境事务作出有效判决。他强调：

> 我对这些专家很满意，这些专家都是由我挑选的，我是最高法院的一名法官以及选举委员会的主席。在这件事上，我还做了一些贡献。我发现这些人在他们的领域是非常杰出的。②

在印度国家和邦层面，提供闲职、分配工作给退休的前任法官、高级管理员以及司法和准司法机构技术专家的任免文化已经受到质疑，并且人们提出了"平等交换"的控告。③ 人们已经提出诸如透明选举过程，或在接受任何职位前有三年或四年的"冷却期"之类的建议，这些建议用来

---

① The NGT (Manner of Appointment of Judicial and Expert Members, Salaries, Allowances and other Terms and Conditions of Service of Chairperson and other Members and Procedure for Enquiry) Rules 2010 and 2012.

② Interview 16 July 2014.

③ 'Stormy sinecures: should former judges get post-retirement jobs in the government?' *Telegraph India*, 24 September 2014 www.telegraphindia.com/1140924/jsp/opinion/story_18866574.jsp#.VIx04nuHjtU.

阻止将要退休的、"资深和最受崇敬的人"与不适当的或遭到质疑的企业、公共机构或有影响的个人产生联系。例如，在"卡尔帕夫里克奇诉印度联邦案（判决于 2014 年 7 月 17 日作出）"中，国家绿色法庭处理相关资格问题，即环境和森林部任命处理环境事务委员的资格问题，特别是专家鉴定委员会或国家专家鉴定委员会。国家绿色法庭要求，环境和森林部根据 2006 年《环境影响评价通知》关于专家鉴定委员会和国家专家鉴定委员会主席与成员任命的规定，确定修改后的资格标准以及明确要求。警告如下：

>……如果不够资格的人，以及在环境领域不适格的人当选，最明显的结果就是不恰当的应用。这会导致对项目单位申请的清拆许可作出不适当的考量和处理。

（该案案卷第 33 段）

一位美国环境法官在访问印度期间评论说："这个法庭对我们国家来说是一个实证经验的模型，因为它是由独立的、精心任命的法官组成，这些法官是不畏惧作出艰难决定的。国家绿色法庭是司法勇气的典型。"[①]对国家绿色法庭来说，任命过程要符合法定条款规定的要求，这个过程受制于公众监督。这就会减少任人唯亲的可能性以及鼓励作出独立和公正的决定，也就是透明、有效的环境决策。反过来，这就强化了公民意识并且促进了公民之间的信任。来自法庭律师和诉讼当事人的采访记录证明他们赞赏这个选举程序，该程序任命合格的科学家，这些科学家运用专业知识作出明智的决定来促进环境正义实现。[②]

斯凯瑞福勒的影响因素

斯凯瑞福勒建议，从事有效的、实证的制度研究会受到变量因素的影响，如多方外部利益相关者寻求参与环境监管的权利。斯凯瑞福勒强调说："利益相关者的数量越多，冲突的程度就越大，因为每一个人都可能对该机构产生冲突压力和要求"（2010：316）。幸运的是，作为司法机构，国家绿色法庭对利益相关者的发展享有较高但不绝对的管辖豁免权，

---

① Interview 14 March 2015.

② Interview 15 March 2015; see nn 15 and 16 above.

并且，国家绿色法庭主要依据自己的条件承认利益相关者，比如"利益相关者咨询协商过程"①。协商在国家绿色法庭内进行，并且，在国家绿色法庭的主持下，利益相关者依据国家绿色法庭的管辖和程序参与协商。

而且，通过建立有效的、独立的印度司法体系，国家绿色法庭得以免遭外部利益相关者对法庭事务的潜在威胁。② 然而，国家绿色法庭的决定受制于最高法院，③ 尽管本章通过具体的实地调查来确定和解释该过程，说明该过程是建立在"共治原则"之上的，但上诉过程是内部的、机密的决策过程。这个过程不是公开的。因此，在缺乏外部利益相关者带来压力的情况下，国家绿色法庭的法官们独立行使司法权④，这就允许国家绿色法庭建立其自己内部的决策过程。为数不多的法官成员在自己领域内运用共同构建的决策程序，促进共治意识的产生并且减少外部利益相关者的重要性和影响力。

科学专家通过共治参与来提供一个有效的方法以增强合法性和公众认同。哈里·爱德华兹（Harry Edwards）提到共治引起一个"过程"，这个过程创造条件，最后产生一个有原则的协议：判决。他不认为共治只是简单建立在友好和一致基础上的。相反，为了获得法律权利，这是一个共同关心的问题："在缓和党派政治和个人意识形态上，共治扮演着一个非常重要的角色，其允许具有不同观点和价值观的法官们进行交流，并且最终用具有建设性和守法性的方式来影响彼此"（2003：1656）。⑤

这并非否认当个体拥有个人的、社会的或者政治的职位时，可以影响到他们的决定。相反地，这个最重要的共治过程能够确保这些决定不会受到无关联的思想影响。这个过程是非单一结构的，它是由原则、习惯、惯

---

① See text accompanying n 41 below.

② *Namit Sharma v Union of India* (2013) 1 SCC 745; *C Ravichandran Iyer v Justice A M Bhattacharjee* (1995) 5 SCC 457.

③ Section 22 NGT Act. The appeal under section 22 NGT Act 2010 can be filed only on grounds provided under section 100, Civil Procedure Code 1908, that includes a substantial question of law (a debatable question, not previously settled by the law of the land or having binding precedent not involving pure question of fact). See *Amol v State of Maharashtra* (Judgment 17 February 2015).

④ This is not to say that this independence is total and absolute, see section below on *suo motu* powers and this chapter's conclusion.

⑤ For a criticism on 'collegiality', see Paterson (1982; 2013: 142-143). Also see Annison (2014).

例、法律义务、领导技能、相互信任、个人信心以及共同目标和共同信念这些复杂的结合所组成的。它们一起创造了共治。

强有力的、积极的同事关系能够促进司法独立以及互助的和跨学科决策过程的讨论。这会确保每个人的智力和审判优势都得到认可并得以引入集体决策过程中。这样的过程允许法官根据可能更有见识或经验丰富的同事的另一种观点来审视他们的个人立场。爱德华兹欢迎这种多样性："由于个人专业背景、专业领域的不同,法官的多样性可以引发一个更明智的讨论"(2003:1668)。

协商是共治最重要的部分之一。该结构的原则是将法官作为一个群体聚集在一起。共治的作用是将法官制度化,共享共识和行动,特别是一些小法官。国家绿色法庭的共治通过协商起草一份判决书的过程来阐明。通过五位法官的团队合作以及集体实践锻炼来反映共治和凝聚力。1号法官领导的团队合作实践是基于一种协作的方法展开的:"他们要做的就是举行预审以及预审结束后的听证会,听证会被定义为国家绿色法庭之前的辩论。即使依照正常程序通过一项小小的命令,1号法官仍然喜欢和司法人员以及专家成员互动一下,这样才是一个完整的讨论,从而达到一致同意,因为有些时候你想的可能是错的,其他人的建议可能是正确的。他给这种可能性提供了充分的余地。无论谁作出的判决,他们都会举行准备会议,在这个会议上他们讨论事实,并且他和其他司法成员陈述什么是法律和法律地位。然后专家给他们讲述技术方面的问题。1号法官告诉技术专家做一个简短的技术说明。然后他们进行衡量。接着,1号法官或其他司法人员或专家成员准备一份草案并进行商议。接着他们每位专家和司法人员开始起草一份协议。最后完成判决。到此为止,这个过程运行良好。他希望随着时间流逝,有些事情能够变得更好。"①

1号、2号和6号专家(一号庭)发现该起草过程是非常有价值的:

关于重要的问题,在开庭前,他们总是早上10点在会议室进行讨论。他们坐在一起谈论着。这是一个平台。但是司法人员在书写判决之前,都会要求提供一份技术说明。很多时候整个技术说明都被复

---

① Interview 16 July 2014. For a detailed discussion on 'Collegiality and the NGT', see Gill (2014b).

制，并且构成判决的一部分。虽然他们经常讨论和达成协议，但他们在宣布判决前从来没有争吵过。最终的判决通常以草案形式在所有成员间传阅，且成员都要在判决上签名。每位成员阅读它并且都有权利去调整、删除或者修改，即使这部分是判决的重要部分。这种行为都是得到允许的。最后他们签署判决并宣布。这是国家绿色法庭的惯例，并且也是他们主席规定的一项程序性要求。即使判决没有书写规则，但他们会按照惯例来书写判决。主席总是说你有权利来做任何修正、增加、删减和提议。任何事情都是被允许的。①

五号庭也遵循着类似的程序，根据 2 号法官和 7 号专家的说法：

在事情开始之前，他们就传阅这些文件。他们会个别地仔细检查这些文件。他们都准备好了。他们以开放的心态坐在法庭中，听取当事人陈述。当提出技术问题时，他们会在法庭上进行讨论。在听证结束后，他们一起坐在室内并且讨论判决的交付方式和专家成员提供的环境材料。司法人员据此起草一份判决，并且传阅给该专家成员。有些时候司法人员也会邀请专家成员一起起草判决。另外，在草案判决中进行删除、修改或建议，这都是得到允许的。然后制作出最终的判决并交付。②

3 号法官和 4 号专家（四号庭）认为，团队合作是非常明智的：

在进行听证之前，他们也不参与任何类型的讨论。他们只是听听这个事件。在听证之前，他们自己仔细检查这些记录和文件。在听证后，他们进入讨论。在国家绿色法庭，他们得到律师的帮助。没有最初的审判，但是作为一个法庭，我们不得不加速这个过程，并且在任何情况下不应当有所犹豫地传唤证人。首先是律师的援助。许多律师对环境问题不熟悉。这可能使其对环境问题的理解存在分歧。这些分歧由专家成员来理解和识别。仅仅通过阅读宣誓书不能获悉完整的意

---

① Interviews 14, 15 and 16 July 2014.

② Interview 4 August 2014.

思。专家成员提供专门技术,并且提交一份技术说明。因此在这样的援助下,他们得出结论,然后他们讨论并得出答案,从而作出决定。这都反映在判决中。起草和传阅这些判决。因为他们理解彼此,他们很容易得出结论并且处理案件。①

根据4号法官和5号专家(三号庭)的看法,共识和透明度是对实现环境正义的观点的融合:

许多案件都包含技术观点,因此需要技术专家。在作出决定之前,司法和技术成员都必须就这个问题进行深入的讨论。判决的作出需要清醒的头脑和成员的一致同意。这不仅是无可挑剔的,而且要站起来并回答问题。在书写判决之前,他们必须工作。一场清晰的讨论,一致的同意,以及同样的心境才能带来一份好的判决。②

据5号法官和8号专家(二号庭)所说,观点和专业知识的结合是一份成功草案的本质:

这意味着这个决定是基于法律和科学专业知识的结合,在这种情况下,这就是国家绿色法庭的决定。他们有两位成员。他们定期会见——早上、下午和晚上。沟通不是问题。在他们去听证之前,他们正式的和非正式的讨论决定任何判决或判决的主题。由各自成员提供司法和技术的支持。因为是定期的交流才会发生这样的情况。思维过程是一样的。共同的融合意味着定性判决,并且从这样的结合中实现正义。③

根据爱德华兹所说,共同的习惯、程序、原则、法庭和工作以及餐厅——要么通过私下交谈,要么通过视频会议,一起参加正式会议以及共同出席听证——在共治和内部原则之间会促进交流的效果(2003:1664)。

---

① Interview 25 July 2014.
② Interview 22 July 2014.
③ Interview 30 July 2014.

这种交叉交流有利于促进国家绿色法庭法官之间的同事关系与合作。定期举行的、正式的、内容丰富的法庭会议是维持共治的一种方式。1号法官解释说："我们举行了内容丰富的法庭会议，我们不但讨论行政事务，而且还讨论了关于完善司法制度的司法问题。"①

尽管存在明显的地理距离，但新兴技术的出现（视频会议、邮件、国家绿色法庭网站）让法官们的即时联系变为现实。采用视频会议的1号法官说道："即使一个最小的问题，我也会让他们进行视频会议，并且让成员商议此事，而后再作出决定。这就促使达成共识的方法得以产生。"②法官也认可新兴技术带来的便利。它不仅提供了一种信任、安全的联系，而且还提供了印度各地的即时通信，从而鼓励了在法官之间进行富有成效的讨论。

通过交换邮件和网站③，这类非正式的讨论和协商也能促进共治。在分享关于国家和国际发展的新消息，以及扩大国家和国际发展的知识基础方面这是非常有帮助的。定期的接触和讨论促进客观性，即公平、公正和中立，依照爱德华兹引用特拉维克（Traweek）描述的那样，"在物理科学中的纯粹客观性被默认为是不可能的，但是可以预估错误并且将其最小化。这种方法就是同行评审或者集体监督；最后的命令，来自人类制度本身"（Traweek 1992: 125; Edwards 2003: 1685）。这同样适用于环境研究、环境管理和环境法律。

法官的本质就是，最终法官有义务作出决定并且适用法律。久而久之，个体法官在他们自己的角色以及和同事相处之间的角色中变得更加自信。这些法官在他们的思想里和决策中变得更灵活、能以更开放的心态听进劝导、原有思想不再那么根深蒂固以及更加雄心勃勃。最初，国家绿色法庭的申请以狭义的法定解释和严格的规则为开始。然而久而久之，这样的想法中也吸收了法律的目的性解释、以政策为基础的决定，甚至吸收了政策发展建议或需求。爱德华兹的评价是：一个有经验的法院是由一个强有力的领导者领导的，法院内部具有不同性格的法官，这些法官一起工作，分享自己的经验和见解以及法庭内部原则，这样的法庭通过共治将会发现共同点以及达成更好的决定。

---

① Interview 16 July 2014.

② Ibid.

③ www.greentribunal.gov.in/.

我的实地调查数据显示，国家绿色法庭成员之间有密切的个人和工作关系，该法庭在某种程度上反映了每个审判庭的人员构成。似乎在法庭中也不存在等级、纪律优先或外部压力这些在决策过程中导致科学上或法律上出现偏差的因素。成员对其内部运作过程和人际关系的描述反映了大家对实现环境正义这一共同目标的认可。

专家知识的应用

斯凯瑞福勒指出了监管机构对专家知识的三种可能用途：工具性的（定义为解决问题的最好方案）、战略性的（提倡事先确定政策立场或提供论据来扩大机构的权力）以及象征性的（巩固该机构的名誉和合法性，脱离政策决定）(Schrefler 2010；2014)。

实地调查数据显示，法官—科学家通过独立的科学应用，使其从政治思考中解放出来，从而对国家绿色法庭决策作出贡献。它展示了科学专家在案例和访谈中的参与，说明了专家知识使用的不同类型，并为斯凯瑞福勒分类的实证应用提供了机会。

象征性

在国家绿色法庭中体现了专家知识的利用，因为它是一个必须由专家来处理环境纠纷的专门组织，包括多领域的问题。在"威尔弗雷德诉环境和森林部案"中，一份由5位法官共同作出的判决书提到：

> 法庭必须激发内部人员的信心以及赢得公众的尊重。它应该配备专家以及具有司法敏锐度的人员，并且由来自相关领域的专家和司法成员一起裁决案件。法庭应该建立有显著影响的和有效的运作机制。

国家绿色法庭的运行是用来检验该想法的一次实践，即经济发展与公共安全、水、空气和土地安全紧密联系在一起（Schrefler 2014）。

在"拉姆达斯·加纳尔丹·库利诉环境和森林部秘书案（判决于2015年2月27日作出）"中，该法庭评论道：

> 我们不能也不可以忽视这样的事实，即在2010年《国家绿色法庭法》附录1中与环境相关的实质性环境纠纷或问题需要采取务实的观点来认定。这种诉讼在本质上并非对抗性的。这不是双方当事人之间的诉讼案件。因此，法院的管辖权是探究性的、调查性的，如果

需要的话，也是以研究为导向的。让专家作为法庭成员的目的是将专家的想法呈现在司法决策过程中。否则仅对于对抗式诉讼来说，立法机关可能不会确定建立国家层面的绿色法庭。

(该案案卷第 48 段)

在"布拉吉基金会诉北方邦政府案（判决于 2014 年 8 月 5 日作出）"中，该法庭评论说：

很显然，国家绿色法庭与其他法庭是不同的，要么是根据印度《宪法》规定所设立的，要么是根据其他法律所设立的。它以具体原则为基础，是一种带有明确目的的宪法产物，这些具体原则包括可持续发展原则、风险预防原则和污染者付费原则。国家绿色法庭由专家成员和司法成员共同组成，对与环境相关的实质性问题的纠纷进行裁决。没有任何理由显示，国家绿色法庭隶属于任何高等法院或任何高等法院监督权力之下。

(该案案卷第 23 和 25 段)

工具性

国家绿色法庭专家相信科学的解决方法对决策过程是十分有益的，法官利用科学来解决问题，这恰恰就会促进环境管理的改善。这种创新发展改变了传统的单一方法，即这指的是一种新的程序。在这种程序中，法官不局限于在双方当事人之间执行传统的决策过程，而是超越这种传统的角色（仅限于法庭），运用以科学为基础的政策来解决纠纷。这就可以确保环境损害最小化，以及保护社会更广泛的利益。例如 4 号专家参考树木砍伐来分析这种方法以及其广泛影响：

当政策中出现缺陷或局限性时，国家绿色法庭就会介入，并且为政府指明方向，将相同的政策规定合并在一起。例如在德里，因为各种开发活动，有人对成年树木砍伐的行为提起了诉讼。而环境和森林部并没有对州政府或城市组织制定政策给予指导方针。4 号专家要求当局探索移植树木的可能性，即依据季节、土壤、物种、年代以及其他因素将树移植到别处。因此，环境和森林部发布了移植树的指导方针,在砍伐树木获得许可之前,这个指导方针是强制性政策规定。[1]

在"考德瓦尼诉区域税吏案(判决于 2014 年 8 月 25 日作出)"中,国家绿色法庭强调,将树木的移植作为砍伐树木的替代选择这是很有必要的。这无疑是一个成本昂贵的提议,但是必须给予适当的权衡和考虑。关于树木的重要性,法院作如下表述:

> 我们必须牢记于心,树木、空地和绿地面积,不仅保护环境而且帮助净化城市空气。由于复杂的因素,特别是车辆使用率的提高,导致城市变得拥挤并且正在一点点被污染。树木、绿地和空地是城市之肺,它们不仅对环境美化起着至关重要的作用,并且对居民的健康具有更重要的意义。呼吸道和哮喘等相关疾病病例的增加也是应该受到关注的问题,因此必须考虑到所有可能的措施,以保持足够的绿色植被和种植树木并使它们得以生存。

(该案案卷第 8 段)

"图尔西·阿德瓦尼诉印度拉贾斯坦邦案(判决于 2015 年 2 月 19 日作出)"中,法庭也承认树木移植是遵循可持续发展原则的。

"池查诉中央邦案(判决于 2014 年 5 月 8 日作出)"中也强调了运用科学知识来帮助受影响的社区恢复已经退化的森林。印度政府 1988 年通过国家森林政策和相关的通知来鼓励人们参与森林的开发和保护活动。在邦层面,必须对森林管理采取参与性方法,并成立有森林社区参与的森林联合管理委员会,这种方式是很必要的。这是一个政策,即一个特定村庄中所有依赖森林生存的村民组织成一个有凝聚力的团体,目标是保护、再生和管理附近的森林。在这种情况下,该地区组织的代表提出了部落居民的理由,认为当地社区没有信心经营森林业。法院接受了该观点,并且强调森林社区应积极主动地维护森林的发展和保护,并且从中获取利益。获取森林和用益物权的好处只应惠及那些被派到乡村机构的受益人,特别是为了森林再生和保护的那些人。此外,重要的是,尽管国家发展,但是中央邦政府却没有更新或修订关于森林联合管理的指导方针。因此该指导

---

[1] Interview 25 July 2014.

方针亟待修订。而且，政府采纳当地社区参与式的方法对森林再生和保护是非常有用的。

"阿希姆·萨鲁德诉马哈拉施特拉污染控制局案（判决于2014年9月6日作出）"确认了8号专家的专业意见，其基于对轮胎处理采取科学的方法进行判断。8号专家认为，根据"生命周期的方法"，鉴于污染潜伏期、轮胎生成数据、技术选择、技术经济可行性以及社会对可持续发展和风险预防原则的影响，政府制定规章制度以系统地处理这个问题，这是目前急需解决的。这一判断反映了8号专家的科学投入，其中包括扩大生产者的责任、高昂的回收费用、公用设施和条形码的使用等，以确保有效的收集和处理使用过的轮胎。

同样地，在"索尼娅巴普诉马哈拉施特拉邦案（判决于2014年2月24日作出）"中，8号专家指出，监管机构缺乏关于传统砖窑排放标准的规定。空气和水立法要求对砖窑排放标准进行强制规定。在许可申请过程中，国家污染控制委员会需要考虑排放标准和必要的污染控制安排的规定。在索尼娅巴普案件中，专家委员认为，在没有设定排放标准的情况下，国家委员会就批准这种传统砖窑的使用，这种做法让人很难理解。因此，根据法律规定，在四个月内，依据空气立法的规定，国家绿色法庭指导州委员会制定以及颁布窑炉的排放标准。

国家绿色法庭通过对法律的扩大解释来干预和扩大环境立法的范围，进一步证明了这一工具性作用。生物医疗垃圾处理厂就是一个例子。生物医疗废弃物本质上是危险的。医疗垃圾焚烧炉可能会向空气中释放各种污染物，包括二噁英、金属、铅、汞、镉颗粒物质、酸性气体等。这会对安全、公共卫生和环境造成严重的不利后果。1998年的《生物医疗废物（管理和处理）规则》仅授权个人或占用人进行生物医疗废物的储存、处理和处置。关于处理厂的建立和运行是否需要具有环境清拆许可，这是没有规定的。然而，据专家介绍，这类处理厂要求获得环境清拆许可，这有助于确保对地理位置及其周围环境的适宜性进行适当的分析，并且可以对开发商的特征和标准以及项目建设对公众健康的影响进行更严格的检测。

2号专家称：

> 环境问题很复杂。我们正在处理自然/环境和未知的未来事件。

在制定规则或条例时没有人预料到生物医疗废物处理设施等活动在不久的将来会出现。然而，在当今世界，生物医疗废物及相关活动需要根据其可能的影响和程度予以认真考虑。因此，如果我们认为这种行为对公众健康和环境有害，我们就会依据建设性的原则，通过适当的扩大规章命令的范围，给予它更广泛的意义，从而达到法案的主要目标和宗旨。这种解释将为公共利益服务，这与私人或个人利益形成鲜明对比。因此，项目建议方要求生物医疗废物处理厂向环境和森林部从地理位置、潜在的环境影响以及拟定的环境保护措施等方面提出环境清拆许可申请。在"哈阿特最高沃斯技术有限公司诉哈里亚纳邦案"中，我们已经下令将环境许可作为申请的强制性要求。①

在类似的情况下，在"阿登特钢铁有限公司诉环境和森林部案（判决于2014年5月27日作出）"中，法庭指示将粒化——一种炼钢工艺——作为主要的冶金工业过程，要求其依据2006年《环境清拆许可条例》实行强制性环境清拆许可。这是一个关于特定项目和行业实行大范围强制性环境清拆许可的告示。钢铁工业需要原材料的准备、烧结矿中细粒的烧结、高炉加料、炉内焦炭的生产、生铁的转化、钢铁的制造或成型、炉渣的皂粒、副产品、工厂的化学反应等。所有这些过程都加重了空气污染、水污染、固体废物污染和噪声污染。钢铁行业的增长和高品位的矿石资源导致对粒化和烧结工艺的强烈需求。球矿的好处是可以降低煤矸石矿的效益。然而，微粒是环境污染的直接来源。在印度这样快速而广泛的工业化和城市化进程中，人们越来越认识到人类生存的最终先决条件是环境保护。因此需要对细矿粒化进行更大的限制。

2号专家说：

> 至于球粒工厂的环境影响，不管它是独立的还是综合的，钢铁工厂在空气、水污染和固体废物方面都产生了重大影响。冶金行业的环境影响评价手册指出，无论它们是独立的，还是作为综合钢铁厂的一部分，都属于冶金行业的范畴，依据2006年环评通知，这些厂都需

---

① Interview 15 July 2014. Judgment of *Haat Supreme Wastech Ltd v State of Haryana* was pronounced on 28 November 2013.

要获得环境清拆许可。①

承诺致力于解决环境问题的国家绿色法庭可能会启动一项调查程序。在由最高法院支持的"环境和森林部诉尼尔玛有限公司案"② 中，该程序涉及专家成员调查受污染的场所③，以比较和对比双方当事人相互矛盾的主张、立场和报告。④ 在城市固体废弃物案件中，1号专家说明了这一点：

> 通常我们会详细讨论案件技术和科学方面的问题。我们还在现场进行现行情况的检查。我们与居住在这个区域的人们探讨这个问题。
>
> 我们向所有当事人提交了解决问题的可行方案。例如，在旁遮普邦城市固体废弃物存在很大的隐患，而且案件就摆在我们眼前。旁遮普邦每天产生4250吨城市固体废弃物垃圾。我们请当地部门把这个案子移交给我们。秘书通知我们，地方政府部门已将旁遮普邦的所有城市中心划分为8个集群，每个集群由8—26个地方部门组成。每个部门都有一个处理城市固体废弃物的方案。然而，我们发现这些方案都是理论上的，并不能实际操作。
>
> 国家绿色法庭的主席请1号专家准备一份关于城市固体废弃物的技术说明，因为他有向印度最高法院报告城市固体废弃物有关问题的经验。基于重要原则，他起草了一份关于处理废弃物的方案，即有效的隔离、收集和运输；最大资源回收、有效治理以及安全处理。这一技术说明即示范方案已分发给旁遮普邦政府，所有工程师都要求参与研究并考虑其可行性。工程师们在有需要的地方进行了修改，并向国家绿色法庭重新提交了意见。国家绿色法庭现在正在审议这个方案，并仔细研究其细节，以便尽早作为一项政策实施。示范方案的副本已分发给博帕尔法庭，中央邦（Madhya Pradesh）（印度中部一个邦）也会收到同样的副本。这是一种与政府打交道的民主方式。印度80%的污染是由于城市化过快而产生的污水所引起的。由于政府没有

---

① In the interview 15 July 2014, the expert member referred me to the judgment *M/S Ardent Steel Ltd v MoEF* dated 27 May 2014.

② Civil Appeal No 8781-83/2013, decided 4 August 2014.

③ *K K Singh v National Ganga River Basin Authority* (Judgment 16 October 2014).

④ See Chapter3.

钱，没有适当的方法来处理污水。印度的污水正以惊人的速度增长，甚至连一个城市都没有能力为垃圾收集和处置提供全面处理的科学方法。这样的设施如果完全建立和优化，不仅有利于广大公众，而且在很大程度上也有利于环境保护。为了解决废物管理的问题，国家绿色法庭赞成使用污染者付费原则，因为公民是最终的受益者。旁遮普邦政府应向每一个家庭、商店、酒店或任何工业建筑收取一定数额的费用，并按月支付物业费，或以任何有关当局允许的方式按月支付。所收集的款项应只用于有效收集和处置城市固体废弃物，并培养有关人士，以协助有关机构及政府当局以适当的方式收集城市固体废弃物。旁遮普邦政府将实施该方案。这是解决该问题的唯一办法。①

在"潘桑克塔福利协会诉旁遮普邦案（判决于 2014 年 11 月 25 日作出）"中，国家绿色法庭宣布将城市固体废弃物处置方案升至为法律，用来处理废弃物污染的各种问题。国家绿色法庭发出指示，建立和实施城市固体废弃物处置项目应由有关当局包括邦政府在内，在一定期限内完成，不允许对该方案进行任何修改。判决书内包含如此广泛的政策，满足了更大的公共利益，并极大地扩大了有关案件之间管理和个别案件处理的传统司法职能。

利益相关者协商裁决程序是国家绿色法庭最近解决环境问题采用的程序。这个程序表明国家绿色法庭处理案件时，内部和外部专家与利益相关者一起发挥了重要作用，这能够更好地理解和寻求解决重要的国家问题的方法。1 号法官说：

> 为了保护和保育环境，参与环境法执行的协商裁决过程的所有利益相关者，必须团结一致行动起来。但利益相关者的协商过程不是针对个别案例，而是针对社会、公共卫生、环境和生态产生重大影响的案件。这一过程适用于存在较大分歧的问题，涉及诸如河流清洁或空气污染等重大问题。这些问题会产生很大的公共影响并且危害公众健康，当利益相关者（包括政府、科学家、非政府组织、公众）与国

---

① Interview 14 July 2014. I was also supplied with a copy of the Model Action Plan-Municipal Solid Waste Management in Punjab- by Expert Member 1 detailing the technical aspects of MSM.

家绿色法庭的科学专家共同协商时，环境或生态问题能够得到更好的处理和解决。利益相关者协商的过程会对判决提供更有利的支持，而不是对判决的反对。①

2号专家通过研究正在进行诉讼的恒河②、亚穆纳河③和空气污染④案例，作为与利益相关者进行协商的例证，与利益相关者进行公开对话。⑤通过这种方式，法庭正在努力确保运用科学知识作出的判决反映利益相关者的利益、期望和计划，从而法庭可以作出支持可持续发展和满足更广泛公共利益的决定。据2号专家说：

> 起初，有利益相关者对协商过程表现出冷漠或不情愿，特别是政府机构，它们未能认真对待这些协商会议。然而，国家绿色法庭解决环境问题的决心和意愿是坚定的，这使得政府当局以适当的方式作出了回应。即政府提出确切的建议和意见，改变以往推卸责任的态度以及花费更多时间解决问题的做法，在明确的期限内解决环境问题。这确实是一个非常成功的实践，不仅能帮助我们理解问题和挑战，并且

---

① Interview 14 April 2015.

② *K K Singh v National Ganga River Basin Authority* (Judgment 16 October 2014). In *Indian Council for Enviro-Legal Action v National Ganga River Basin Authority* Judgment 10 December 2015, the NGT observed: …the Tribunal adopted the mechanism of 'Stakeholder Consultative Process in Adjudication' in order to achieve fast and implementable resolution to this serious and challenging environmental issue facing the country. Secretaries from Government of India, Chief Secretaries of the respective States, concerned Member Secretaries of Pollution Control Boards, Uttarakhand Jal Nigam, Uttar Pradesh Jal Nigam, Urban Development Secretaries from the States, representatives from various Associations of Industries (Big or Small) and even the persons having least stakes were required to participate in the consultative meetings. Various mechanism and remedial steps for preventing and controlling pollution of river Ganga were discussed at length. The purpose of these meetings was primarily to know the intent of the executives and political will of the representative States who were required to take steps in the direction. (Para 3)

③ *Manoj Misra v Union of India* (Judgment 13 January 2015) (now called Maily se Nirmal Yamuna Revitalization Plan 2017).

④ *Vardhaman Kaushik v Union of India* and *Sanjay Kulshrestha v Union of India* (Order 7 April 2015).

⑤ Interview 12 April 2015.

还能找到最好的解决方案。①

斯凯瑞福勒还指出，工具性使用可以被机构采用，"以发展和加强机构在未来"应对棘手的政策问题的能力（Schrefler 2014：315，69）。印度的环境问题反映了其经济发展政策是对国家绿色法庭宗旨提出的一种挑战。在当前和未来的挑战中，4号专家的专家知识在与生物圈保护区相关的问题中发挥了关键作用，特别是在敏感的阿卡玛纳克马—阿玛卡塔克生物圈保护区，该保护区在"纳尔玛达·可汗·斯瓦比曼·塞瓦诉中央邦案（判决于2014年10月1日作出）"中曾提到。一个社会活动组织对阿卡玛纳克马—阿玛卡塔克生物圈保护区内的采矿活动提起诉讼。该组织声称采矿对生态植被和动物造成了不可挽回的破坏，同时污染了纳尔玛达河的源头。

生物圈保护区是联合国教科文组织在国际上指定的自然和文化景观的代表性区域，覆盖陆地或沿海/海洋生态系统的大片地区或两者的结合。②在获得参与国同意后，联合国教科文组织的人类和生物圈计划框架得到了国际认可。生物圈保护区是被指定用来解决生物多样性保护与经济社会发展和维护相关文化价值问题的区域。生物圈保护区被分为三个区域：核心区（致力于保护）、缓冲区（可持续利用）和过渡区（利益合理分配）。阿卡玛纳克马—阿玛卡塔克生物圈保护区（AABR）被列入联合国教科文组织生物圈保护区世界版图中。2007年环境和森林部颁布了指导方针，将环境稳定性、生物多样性监测和管理、恢复受污染地区的生态平衡、改善居民生活条件和居民生活水平等方面作为重点，有效地管理生物圈保护区。但是，环境和森林部的任何一部法律中都没有声明或者公布生物圈保护区，因此其也不可能涉及法律问题。生物圈保护区没有受到法律保护，因此对公民的活动没有任何限制。

在"纳尔玛达·可汗·斯瓦比曼·塞瓦诉中央邦案"中，国家绿色法庭认为：

---

① Interview 12 April 2015.

② www.unesco.org/new/en/natural – sciences/environment/ecological – sciences/man – and – biosphere-programme/.

生物圈保护区是人类和自然特有的生态环境，是人类和自然在尊重彼此需要的同时共存的范例。世界主要的生态系统类型和风景地貌都呈现在这个版图中。在这里，对自然资源的利用没有任何限制，只要它们不对生态多样性产生任何不利影响。所以，这些地区的经济利用应当遵循缓冲区和过渡区的规定。并且，经济利用应与该版图规定条件相适应，更加注重区域恢复和生态恢复，使其成为可持续生产力。除了合理、认真地利用自然资源和造福当地人民外，还必须让当地社区参与进来，为国家的经济发展作出贡献。

（该案案卷第27段）

法庭认可了活动人士关于生物圈保护区十分重要的主张，只允许在缓冲区和过渡区进行采矿活动，前提是监管当局要采取妥当的规划方法。这是为了保护和合理使用生物圈保护区的自然资源，而不损害当地的生物多样性和生活方式。

正是在这种背景下，4号专家的知识运用是十分关键的。他建议实行政策改革，将生物多样性保护和商业活动纳入生物圈保护区，对这些活动的可持续性发展进行严格评估，并且根据可持续发展原则制定环境保护计划，其中包含一些对生物多样性的定性或者分类的说明，同时考虑以下因素：

- 保护和维持生物多样性、可持续利用自然资源、稳固地形；
- 改善和调节水文状况；
- 人们参与自然资源的规划和管理；
- 满足人民的社会经济生活。

尽管采矿业和其他相关产业直接或间接地对生物多样性和社区造成负面影响，但当环境、社会和公司治理问题得到有效管理时，它们可以对可持续发展作出重大贡献。这需要制订详细的环境保护计划，然后进行全面的环境影响评价研究，以确保生态的完整性。

根据法庭判决所述：

在此背景下，环境保护规划是指开发生物圈保护区用地，同时保护自然进程、文化和自然资源。起草一份环境保护规划是一项技术活，需要专业知识。并且，现如今技术高度发达，如遥感、GIS、

GPS、计算和分析系统都可用于筹备工作。更重要的是在筹备规划、评估资源及健全管理的时候可以考虑实时监测生物圈保护区的演变。高质量经济需要高质量的环境,因此保护和美化环境对环境与经济两者都很重要。

(纳尔玛达·可汗·斯瓦比曼·塞瓦诉中央邦案,第 45 段)

考虑到印度地下水污染日益严重,环境损害评估成本是另一个不断变化的问题。① 在"阿绍克·伽巴基·卡吉里诉高德哈瓦里生物燃料有限公司案(判决于 2015 年 5 月 19 日作出)"中,法庭认为:

必须立即采取改善和补救措施,以改善地下水的质量和土地的退化。对地下水质的改善和补救措施需要精湛的技术和丰富的分析经验。但是改善和补救地下水质的过程本身是非常昂贵和耗时的,而且这个过程需要所有利益相关者的协调配合。法庭不会对地下水的补救方法或技术细节进行详细说明,但在这方面,可供查找的文献资料是足够的。法庭注意到,印度的地下水补救工作已经在局部地方开展实施,然而却没有任何重要的文献或史料记载过地下水是如何进行补救的。因此,鉴于这些背景和经验,法庭意识到在某一阶段必须采取主动行动,在一定的时间内以科学的方式改善和补救地下水。所以,法庭认为监管当局必须利用环境条例赋予的权力,确保地下水补救和改善工作能够在一定的时间内完成。

(该案案卷第 44 和 45 段)

在"西里·桑特·达斯贾努·马哈拉杰·西特卡里·桑格·阿考纳诉印度石油有限公司案(判决于 2014 年 11 月 10 日作出)"中,生活在安科纳(Akdner)村,塔卢卡(Taluka)、艾米德纳格(Ahmednagar)区的 24 个家庭提起诉讼,称印度政府安装的石油储罐和管道出现了泄漏,造成地下水污染。原告提出自 2008 年起,他们不得不忍受着来自汽油、柴油和煤油的恶臭气味。在 2012 年,大约 50%的成品油混入到井水中,

---

① Interviews 6 and 8 April 2015. Judge 5 and Expert 8 observed that groundwater remediation and assessment has been practised in India at very limited places and no significant literature is available on actual groundwater remediation. The process is highly expensive and requires skilled and analytical expertise.

这就使得情况变得更加糟糕,直接导致井水无法饮用或无法用于农业灌溉。干净水的缺乏影响了这些家庭的生计,导致农业产量下降,牲畜减少以及对健康的损害。法庭判决,井水被高浓度的油和油脂污染,这种污染物类似于石油公司储存设施中处理的产品。井水的污染与石油公司的行为之间存在着很大的因果关系。

法庭认为:

> 在这种情况下,损害与这个村庄的地下水水质污染有关,农业用地的特征发生了变化以及由于不在农用田中种植作物或饲养牲畜而使农户丧失了生计,因此,国家绿色法庭需要采取多管齐下的办法(直接市场法、代理市场法、建构市场法和实验法)。辨别和界定污染源对烟缕污染的修复和控制起着重要的作用。由于不确定因素以及在大多数情况下缺乏足够的观测数据,对地下水污染源准确的、可靠的探测仍然是一项挑战。地下水的清理十分艰难,特别是在断裂的地质构造中。然而,石油污染具有一些物理和化学特征,使其比可溶性、稠密的非水相液体或金属或盐污染更容易清理。成品油在第一个饱和区积累和漂浮,产生溶解性污染,因此很少扩散到远处。法庭认为,各利益方之间密切配合以及使用科学技术和分析工具来进行适当的评估和补救是十分必要的。马哈拉施特拉邦污染控制委员会与地下水调查和开发理事会都是拥有科学技术和充足人力资源的专门机构,根据相关法律,这些机构都希望查明这种污染源,并采取有效的控制和补救措施。

(该案案卷第 27 和 28 段)

在采纳原告的意见时,法庭命令有关当局确保妥善地处理和处置被污染的水;对受污染的地下水水质和污染状况进行评估;建议在两个月内采取恢复和补救措施;并且向受灾居民支付 50 万卢比(5000 英镑)的赔偿金。

此外,2 号、5 号和 8 号专家认为,在项目规划阶段将环境问题内部解决,是将不利的环境影响降至最低的一种方法。在初期阶段,通过政策干预和财政承诺迅速解决了上述内部问题。在"兰加纳·杰特里诉印度联邦案(判决于 2014 年 4 月 1 日作出)"中,法庭通过指导监管机构认识到，环境和林业问题应该尽早解决，并成为筹建开发项目的一个重要组成部分。

战略性

斯凯瑞福勒的理论框架承认为政治目的和证实目的而运用专家知识。战略性政治运用可以"扩大它的机构权力，提高它的声望和声誉"。通过法庭的权力扩张，专家知识的战略性政治运用在国家绿色法庭中得到了体现，即在环境案件中未经当事人请求就可启动独立司法权力程序（基于国家绿色法庭自己的目的）。通常情况下，国家绿色法庭的诉讼程序是由受害人启动的。在当事人缺席的情况下，法院可以按自己的意志行事。有趣的是，《国家绿色法庭法》并没有明确规定法庭有权启动独立司法程序的权力。此外，在"2012年巴吉纳斯·谱拉贾帕提诉环境和森林部案（判决于2012年1月20日作出）"中，国家绿色法庭强调："此时，我们还没有被授予权力"（该案案卷第9段）。然而在短短几年内，国家绿色法庭的地位就发生了翻天覆地的变化，其通过独立司法管辖权巩固了地位并且强化了权力。

国家绿色法庭通过在媒体上发表独立司法权力的文章来巩固自己的地位以及强化自己的权力。如喜马偕尔邦的车辆流量增加①、甘哈（Kanha）国家公园老虎保护区的白云石矿开采②、德里地下水供水管道和水井的污染③、阿德亚（Adyar）河口附近的大面积污染④、萨蒂亚芒格阿拉姆（Sathyamanglam）老虎保护区的汽油加油站⑤等案例，足以说明国家绿色法庭的独立司法权力的适用。这些案例反映了国家绿色法庭基于环境保护和人类福利的目的适用扩张性权力审查环境问题。根据1号法官的说法，"为了更好和更有效地发挥该制度的作用，独立司法管辖权必须是国家绿色法庭不可分割的部分。有一些内在的权力对于有效工作是至关重要的，

---

① *Court on its Own Motion v State of Himachal Pradesh* (Judgment 6 February 2014).

② *Tribunal on its Own Motion v Secretary, MoEF* (Judgment 4 April 2014).

③ *Tribunal on its Own Motion v Government of NCT*, Delhi Order, 19 June 2015.

④ 'Adyar rivers turns dump yard' *Hindu*, 11 September 2013 www.thehindu.com/news/cities/chennai/adyar-river-turns-dump-yard/article5113580.ece.

⑤ *Tribunal on its Own Motion v Union of India* 2013 SCC Online 1095; 'Ecologists question: right of way for petrol pump' *Hindu*, 1 August 2013 www.thehindu.com/news/national/tamil-nadu/ecologists-question-right-of-way-for-petrol-pump/article4974675.ece.

而独立司法管辖权就是这样的一种权力。"① 虽然法庭主动作出实施管辖权的决定，却正好验证了斯凯瑞福勒的战略性政治运用，同时也引起了外部利益相关者对负面影响的关注。②

斯凯瑞福勒对专家知识的战略性运用涉及缜密的科学知识，这些专家知识用来证明预先决定或优先选择的政策解决方案是合法的，并且支持该方案。在此种背景下，国家绿色法庭的法定任务就是适用可持续发展原则、风险预防原则和污染者付费原则。③ 据1号、2号和8号专家所说：

> 可持续发展的概念已经得到充分论证，但可持续发展原则的适用仍面临巨大挑战。可持续发展依赖于专业技术上合格的法官。实现可持续发展具有挑战性，因为存在着相互竞争的利益（社会、经济和环境利益）。它根据案件的事实和情节而定。如果追求较大的社会利益而对环境的损害是最小的，那么二者之间就可能是平衡的。社会经济利益不能凌驾环境利益之上。例如，住宅和商业基础设施开发就是其中之一。印度的人口逐年增长，这就需要为人民提供足够的住房。农业用地正在转向商业住宅用地。然而，在允许这种开发之前，必须考虑到沿海地区的法规和森林法。环境影响评价法需要严格遵守。这是对可持续发展过程进行评价的首要标准之一。然而，在我们面前的案例中，环境影响评价的过程却是令人大失所望的。受影响者对听证、公布、范围界定和审查问题的参与有限。印度环境影响评价条例中缺少关于美化环境和视觉效果的规定，这些是印度环境影响评估过程中的强制性要求，却没有得到遵守。国家绿色法庭自己来审查这个项目，并让项目开发者对其活动负责。④

为了追求经济发展与环境保护之间的平衡，国家绿色法庭的科学专家在累积环境影响评价中扮演着重要角色。将累积影响分析纳入环境影响评价系统的开发中可以将负面累积影响降到最低，提升资源利用的可持续性

---

① Interview 16 July 2014; Judges 2, 4 and 6 agreed with Judge 1 in interviews 6 and 8 April 2015; see also www.downtoearth.org.in/interviews/ngt-must-have-suo-motu-powers-47542.
② The contentious issue of *suo motu* is discussed in detail in Chapter 7.
③ Section 20 NGT Act. For a detailed discussion on the above-mentioned principles, see Chapter 4.
④ Interviews 15 and 22 July and 4 August 2014.

并为将来的发展留出空间。① 在印度，累积环境影响评价研究的严重失败常常使这一关键过程变得毫无意义，这就违反了2006年9月环评通知中表格1中第9节要求的累积环境影响评价。② 在某些情况下，环境和森林部专家评审委员会采取了一种"随意的方式"，并在没有尽职调查的情况下就对项目授予环境清拆许可。③

专门研究环境和社会影响评价的2号专家表示：

> 累积影响是由环境影响评价项目中评估的项目与在同一邻近地区的其他项目造成相关影响而产生的影响组成的。当该项目影响逐渐增加并与其他过去的、现在的和将来可合理预见的项目的累积效应相结合时，累积影响就会产生。累积影响可能是相同的，也可能是不同的，并且，是由个别活动引起的。而且，这种影响往往更深远、更持久，并在更大范围内传播。因此，这类研究通常被认为是：
>
> 1. 评估对管辖权跨越较大区域的影响；
> 2. 评估对过去和未来较长时期内的影响；
> 3. 考虑到由于与其他行为相互作用而对其他生态系统要素产生的影响，而不是研究单个行为的影响；
> 4. 包括其他过去、现在和将来（可合理预见的）行为；
> 5. 评估除了局部和直接影响之外的重要影响。

在累积环境影响评价过程中，不可低估材料数据的重要性。其中一项是关于所有现有和正在筹建的行业的累积影响的研究。专家收集各现有行业的实际数据，并结合正在筹建行业的资料，说明这些行业对土地、水、声音、陆地生态和社会经济环境的影响。在收集数据过程中，这些行业为了应付审查或评估而故意隐瞒或提交虚假的和误导

---

① See MoEF (2011: chapter 11); also see S Woolley (2014: 184-185). Alternatives in cumulative effect assessment include but are not limited to valuing ecosystem components and strategic environmental analysis.

② http://envfor.nic.in/legis/eia/eia-2006.htm; see also http://sandrp.wordpress.com/2014/02/18/cumulative-impact-assessment-study-of-siang-basin-in-arunachal-needs-urgent-improvement/.

③ *T Muruganandam v MoEF* (Judgment 11 November 2014); *Samata v Union of India* (Judgment 13 December 2013).

性的信息，这会导致要么提交其他环境现状数据，要么拒绝为正在筹建的项目申请环境许可的后果。①

"穆鲁迦南达姆诉环境和森林部案"说明了国家绿色法庭对已获取的累积环境影响评价报告的科学关注和期望。在此背景下，国家绿色法庭认为，项目开发者仅认为只有8个行业的数据是可用的，而上诉人声称在距离该项目半径25公里范围内至少有45个行业，但项目开发者却没有说明为什么其他剩下的行业没有体现在环境影响评价报告中。关于半径10公里的主要基线数据，累积环境影响评价报告中没有提及环境影响评价报告所需要的采样数据和地点。此外，项目开发者没有开展关于排放物对空气质量会产生影响的研究，也没有为将来要开发的项目建立模型。对于规划阶段正在筹建的行业必要信息，如行业性质、产品、可能的排放物以及管理系统和其他相关信息，都可以到污染控制委员会进行收集以及从这些行业可能会对环境产生影响的研究中收集。国家绿色法庭撤销了对泰米尔纳德邦（Tamil Nadu）一个3600兆瓦火电厂授予的许可证，原因是该项目没有进行适当的累积环境影响评价。这个项目的累积环境影响评价是在信息不完整和标准不存在的基础上完成的，而环境和森林部未经考察就授予其环境清拆许可。国家绿色法庭下令在新的累积环境影响评价研究的基础上进行复审。

在"克里希·威戈沿·阿劳格雅·桑沙诉环境和森林部案（判决于2011年9月20日作出）"中，国家绿色法庭对环境和森林部在缺乏充分累积环境影响评价的情况下就对燃煤火力发电工程进行拨款的行为表示担忧：

> 环境和森林部没有对大量的心血管和呼吸疾病死亡率、儿童哮喘和呼吸功能障碍疾病进行预期评估，而这些疾病是由工厂排放的空气污染物所引发的。没有评估因工厂排放的空气污染物而造成的农作物净产量损失。臭氧是一种对人类健康和植被等作物造成巨大损害的次生污染物，但是在环境影响评估报告中却没有加以研究和考量。当然也没有评估污染物对水体的影响。二氧化硫和二氧化氮是酸性的，它

① Interview 15 July 2014.

们会降低水体的 pH 酸碱度,水体 pH 酸碱度的降低会对水生生物造成巨大的损害。然而上述这些污染物却没有经过适当的研究和评估。此外,对工厂排放核辐射所造成的影响也没有研究和考量过。据了解,环境和森林部对不同类型的生态系统并未制定核辐射国家标准。因此,从不同角度来看,环境和森林部对环境清拆许可的授予是在没有进行任何科学研究的情况下作出的。

(该案案卷第 8 段)

因此,国家绿色法庭宣布确认可持续发展原则的决定。这些决定包括启动一项有关核辐射的科学研究,其中涉及火力发电工程产生的煤灰、环境和森林部制定的印度住宅、工业和生态敏感地区允许排放核辐射的国家标准,以及将火力发电工程的调试与污水处理装置的调试同步。污染控制委员会没有同意将处理过的污水用于该工程的运营。此外,项目开发者应对所有将来建设的项目都明确规定可能产生核辐射的细节以及规定火电厂建议用煤来发电的煤的标准。因此,该决定表明国家绿色法庭高度重视任何程序上的失误,如收集和评价授予环境清拆许可的基础科学数据的失误,而这些失误都可能会对环境、生态和自然资源的保护造成威胁。

污染者付费原则和风险预防原则的适用进一步证明了斯凯瑞福勒的战略知识利用的合理性,并且这两种原则也作为实现可持续发展的基本方式。[①] 风险预防原则是实现可持续发展的环境保障。对于国家绿色法庭来说,风险预防原则要求政府机构检查可能发生或造成损害的环境退化的可能性。它包括采取预防措施,以确保不会对环境造成不可挽回的损害。风险预防原则包含预防和禁止两要素。

在"高龄盲人之家诉库玛尔度假村案(判决于 2015 年 5 月 26 日作出)"中,法官审查了申请书,该申请书内容是关于工程建设公司为发展度假胜地和娱乐园在山顶非法挖土和砍树,致使当地遭受季风猛烈的袭击,进而发生山体滑坡的事件。深谷的构造表明山体滑坡和泥石流都是不可避免的,因此一旦发生滑坡和泥石流就会危及山脚下的建筑物和居民的安全,尤其会对盲人福利中心造成严重威胁。国家绿色法庭认为,风险预防原则的适用不需要证明任何活动的性质实际上会导致环境恶化或对环境

---

① See Chapter 4.

造成严重危害。所需要的是，考虑案件的具体情况，是否必须适用风险预防原则，以避免环境退化的可能性。因此，国家绿色法庭决定适用风险预防原则来保护丘陵地带。专家得出的结论是，如果雨水在土壤中流动，伴随着土壤颗粒的迅速流动，那么它很可能会撞击和损坏下层楼房和其他建筑物。预防胜于治理。环境可能存在退化，因此提倡风险预防原则的适用。

在"吉特·辛格·库玛阿尔诉印度联邦案（判决于2013年4月16日作出）"中，摆在国家绿色法庭面前的问题是将风险预防原则和可持续发展原则应用于授予环境清拆许可的提案中，即在恰蒂斯加尔邦（Chattisgarh）建设和运营燃煤热电厂的提案。在解释可持续发展原则时，国家绿色法庭指出：

> 这一概念的提出旨在平衡工业生产与环境保护之间的关系。想要这种平衡的关系就需要妥善地考虑两个方面，即由于工业活动而导致的环境退化与实现经济增长而造成的环境破坏。其实这是很好解决的，即想要发展的人必须承担举证责任，以证明这种受推荐的发展是可持续的。
>
> （该案案卷第25段）

根据坎瓦尔案件的实际情况，法庭认为有必要审查该项目的合法性，因为以煤为燃料的热电厂将会对周围地区造成额外的污染。这种可能性要求谨慎应用风险预防原则。因此，法庭判决认为对热电厂授予的环境清拆许可是不合理的，因为它没有适用可持续发展和风险预防原则来避免未来发生的灾难或不可逆转的环境退化。

该原则在"加纳加戈里提·萨尔尼亚诉印度工会案（判决于2012年3月7日作出）"中再次适用。国家绿色法庭指示卡兰阿塔卡输电公司不要为了架设400千伏双回线路就在契克马加卢（Chikmagalur）地区西高止山脉的芭乐（Baller）森林公园8.3公里范围内砍伐树木或破坏生物多样性。法庭认为这会对西高止山脉丰富和稀有的生物多样性产生不可逆转的损害，并且破坏栖息地的连贯性和降低森林走廊的价值。

污染者付费原则通常指的是污染者必须要减轻污染、修复环境、处理事故和赔偿受害者。如果出现前述任何一种情况，即意味着如果有污染，那么污染者付费原则将被应用。污染者付费原则应该是可持续发展的一个重要组成部分。

在"拉格胡纳什诉马哈拉施特拉邦水污染防止委员会案（判决于2014年3月24日作出）"中，国家绿色法庭在化工业中实施污染者付费原则，因为化工业没有将工业废水在污水处理厂中进行充分处理，并且在开放区域排放废水，从而污染了地下水。

> 法庭备案事项：地下水的补救措施成本昂贵，必须由有关行业支付这些费用。这是一个典型适用污染者付费原则的案例。毋庸置疑，在工业园区内的企业都有责任承担损害赔偿费用，因为工业区内的工业废水排放导致水污染，这些企业应当修复环境并确保不会再排放工业废水对河流和井水造成更严重的污染。
>
> （该案案卷第20和25段）

因此，法院指示国家污染控制委员会秉持公平分配和污染者付费的原则向各行业恢复收取环境补救措施费用，初步金额为每个行业50万卢比（5000英镑）。①

在"马娜吉·米斯拉诉印度工会案（判决于2013年7月22日作出）"中，法庭在马娜吉·米斯拉（Manoj Misra）提起诉讼后通过了一项关于适用污染者付费原则的命令。作为环保主义领导者的马娜吉·米斯拉反对在亚穆纳河沿岸倾倒垃圾和建筑废料。亚穆纳河是印度首都德里的生命河，提供源源不断的水源（Gill 2014a）。国家绿色法庭认为，一旦发现有人在河堤上倾倒垃圾，无论是谁都有责任对其造成的污染支付50万卢比（5000英镑）的罚款。环境恢复所用的资金来自对倾倒垃圾和废弃物人的罚款。

国家绿色法庭判决的结果是，政府机构负责清理垃圾废弃物，并作为

---

① See also M/S NGT Bar Association v Chief Secretary, Tamil Nadu (Judgment 3 February 2015), popularly known as the *Ranipet Effluent* case. The NGT ordered the company operating the CETP to pay Rupees 7500000 (£ 75000) based on the polluter-pays principle. The compensation was to be deposited with the Department of Environment and Forests, Government of Tamil Nadu. INR 2500000 (£ 25000) would go towards relief for the 10 victims' families while the department would retain the balance of INR 5000000 (£ 50000).

主要责任人对向亚穆纳河河岸倾倒的数千吨建筑和拆除废料承担责任。而且，政府也没有安排一个替代废物处理场！德里每天产生 5000 吨垃圾，但只有一个垃圾处理厂每天处理 500 吨垃圾。有证据显示，像德里地铁公司等这样的国有公司在这条河里倾倒了 50400 吨的垃圾废弃物，相当于 8000—9000 辆卡车的垃圾（Singh 2013）。

印度环境法学将污染者付费原则作为一项基本准则，它指的是在企业的经济理性范围内将污染相关成本内部化。它应该是简单的、实用的、适合于该国国情的。然而，在污染者付费原则实施过程中出现了一种困境。5 号法官和 8 号专家强调了实施污染者付费原则的困境：

> ……虽然这一原则非常简单，但其实施却相当困难和复杂，主要是对污染者的认定和对其责任的分配非常困难。实施这一原则的另一个问题是污染者应该如何支付。恢复生态系统存在众多困难，因为生态系统一旦被破坏或被污染，对损失（生物多样性丧失、栖息地丧失、表层土壤流失等）的支付评估就变得困难。而且，对污染的赔偿归根结底可能都是用货币进行支付。这能够很好地证明货币赔偿无法完全弥补生态损失或资源损失，如地下水、表层土壤、生物多样性的损失。所以，至少在某种程度上，污染者永远不会支付污染的实际成本，倒是一些赔偿或补偿是可能的。因此，环境保护论者强调在实施政策中风险预防原则的重要性要胜过污染者付费原则。[①]

本章的这一节将斯凯瑞福勒的理论应用于国家绿色法庭的制度框架和实践中。提出有关生态问题及其影响的假设，通过整理信息发现科学知识与政策之间的分歧，并且提供科学的专业建议来对特定领域的案件进行裁决。上述这一系列连续的过程显示了国家绿色法庭对专家知识的使用。

然而，国家绿色法庭审理各种案件所使用的科学知识的实用性仍然是一个有待解决的问题。一个完善的法庭，独立的司法权力是决策过程中不可缺少的。一方面，专家太多会导致程序缓慢甚至瘫痪；另一方面，专家太少又会影响决策的质量（Gruszcynski 2014：228）。国家绿色法庭的区

[①] In the interview of 6 April 2015, the judges referred me to their judgment *V G Bhungase v G Sugar and Energy* dated 20 July 2014, para 21.

域性法庭面临着只有一个专家和一个司法人员的困窘。专家可能不具备处理特定环境问题的专业知识，这可能导致决策的局限性。在与森林有关的案件中，2号高级律师在法庭上也反映了这一问题：

> 从孟买高等法院传给我的18个涉及森林法律及其他专业问题的案件来看，那位专家对森林法大概并不熟悉。因此，在这种情况下，人们只能依靠司法人员。我觉得国家绿色法庭应该求助熟悉森林问题和法律的专家。但是这些案例超出了该专家擅长的领域，所以他无法处理这些案件。如果国家绿色法庭要以这种方式继续审理案件，并且不让专家小组讨论他们将要处理的不同的环境问题，那么你所看到的基本上就是法官的意见，根本没有体现专家的意见。因此，我觉得这是国家绿色法庭的失败，法庭只任命了一个领域的专家，却期待这个专家会精通所有领域。在普纳，专家提供相关污染问题上的专业意见，如工业污染、垃圾、废物等，因为他具有在污染控制委员会工作的专业经验。专家成员不知道与森林有关的问题，所以司法人员必须自己解决这些问题。这是一个区域性法庭面临的问题，在区域法庭中只配有一个专家成员，而德里的主法庭却拥有六个成员。①

这一观点由区域法庭2号法官和5号法官②共同提出，他们认为卓越的科学眼光会促使对环境问题和环境方法提出假设，并提供一份评估报告用来比较可能支持决策的意见。他们同意通过咨询大学或科学机构来解决这一问题，并且这样做将有助于提高决策的质量，确保专家知识得到有效利用。例如，在"阿绍克·伽巴基·卡吉里诉高德哈瓦里生物燃料有限公司案（判决于2015年5月19日作出）"中，法庭指定巴罗达大学提供有关地下水污染和工业废水管理系统的相关问题的专门意见与报告。③"卡鲁杜特·考利诉海主集装箱公司案（判决于2015年2月3日作出）"中，国家绿色法庭委托马屯格化学技术研究所提交公司给石油、天然气和

---

① Interview 31 July 2014.

② Interviews 29 March and 6 April 2015.

③ See also *Sreeranganathan KP v Union of India* (Judgment 28 May 2014); *Goa Paryavaran Savrakshan Sangharsh Samitee v Sesa Goa* (Order 20 October 2014); *Subhas Datta v State of West Bengal* (Order 28 July 2015).

化工行业提供物流服务时,因装载、存储和卸货产生的挥发性有机化合物从而造成空气污染的报告。在"帕拉米吉特·S.卡尔希诉环境和森林部案(判决于 2015 年 5 月 15 日作出)"中,国家绿色法庭委托采矿地质部门进行实地勘察并向法庭提交一份报告,该报告内容主要是关于非法和未经授权的采砂对河岸、河床和地下水循环造成了不利影响,并造成了河水的污染。

但是,2 号法官和 5 号法官认为任命专家小组来协助国家绿色法庭进行司法决策是行不通的:

> 由于两个原因,国家绿色法庭对普通专家的任命是不可行的。首先,法令中没有明文规定。其次,在决策执行过程中,有指定的专家和专门机构为项目提供咨询。他们是项目的顾问和与项目有关的利益主体。因此,可能存在这样一种偏见,即这些顾问在私人或者其他部门存在利益,而这种偏见会引起利益冲突。这些人的资历尚不确定。我们不确定这些专家小组成员可以独立工作,并协助国家绿色法庭作出决策。[①]

本章回顾了国家绿色法庭对象征性、工具性和战略性科学知识的运用。作为一个最新成立的审判机构,目前这三种运用方法都没有在国家绿色法庭中得到优先使用。它们之间是一种共生关系,这种共生关系共同构建和巩固公众对国家绿色法庭有效决策能力的信任,并致力于制定科学合理的可持续性的环境政策。

小结

本章总结了国家绿色法庭对科学知识运用的实证研究,运用了哈斯提出的理论(认知社群),特别是斯凯瑞福勒对知识利用的分类。虽然他们不在法庭工作,但有人认为国家绿色法庭可以充分地利用这个理论,进而提供一个平台用来展示和检验笔者在印度的实地调查工作以及收集的案例报告数据。通过提供生态、技术和科学知识,国家绿色法庭专家要么制定政策,要么协助各邦执行这些政策。因此,这些专家采用的是政策创新的

[①] Interviews 30 March 2015 and 8 April 2015.

方法来解决问题。合法性不仅包括决策程序（如问责制和透明度）的合法，而且也包括对"环境和公共利益"（与"经济发展利益"相反）产生影响的程序的合法。审查程序和利益相关者协商程序的运用促进了各方积极参与环境争端的解决。尽管如此，国家绿色法庭的科学专家在一个由司法机构主导的平台上，运用他们的专业知识提供了一种以责任为中心的、内部化的方案。在该方案中，政府和地方当局、公司和跨国公司等多方的行为主体都不能损害人类的福祉和生态环境。

参考文献

Ambrus, M, Arts, K, Hey, E and Raulus, H (eds) (2014) *The Role of 'Experts' in International and European Decision-Making Processes* (CUP).

Andresen, S, Skodvin, T, Wettestad, J and Underdal A (eds) (2000) *Science and Politics in International Environmental Regimes* (Manchester UP).

Annison, H (2014) 'Interpreting the politics of the judiciary: the British senior judicial tradition and the pre-emptive turn in criminal law' 41 (3) *JLS* 339–366.

Bocking, S (2006) 'Scientific expertise and environmental politics: cross-border contrasts' conference paper presented at the Canadian Political Science Association, York University, Toronto.

Buchanan, A and Keohane, R O (2003) 'The legitimacy of global governance institutions' 20 (4) *Ethics and International Affairs* 405–438.

Collins, H (2014) *Are We All Scientific Experts Now?* (Polity Press).

Collins, H and Evans, R (2007) *Rethinking Expertise* (University of Chicago Press).

Cooper, S L (2013) 'The collision of law and science: American court responses to developments in forensic science' 33 (1) *Pace LR* 234–301.

Drescher, M, Perera, A H, Johnson, C J, Buse, L J, Drew, C A and Burgman, M A (2013) 'Towards rigorous use of expert knowledge in ecological research' 4 (7) *ECOSPHERE* 1–26.

Edwards, H T (2003) 'The effects of collegiality on judicial decision making' 151 (5) *University of Pennsylvania LR* 1639–1690.

Ericsson, K A, Charness, N, Feltovitch, P J and Hoffman, R R (eds) (2006) *Cambridge Handbook of Expertise and Expert Performance* (CUP).

Faigman, D L (1999) *Legal Alchemy* (WH Freeman).

Feldman, R (2009) *The Role of Science in Law* (OUP).

Gill, G N (2014a) 'Environmental protection and development interests: a case study of the River Yamuna and the Commonwealth Games, Delhi 2010' 6 (1) (2) *International of Law in Built Environment Special Issue on Environmental Law* 69-90.

Gill, G N (2014b) 'National Green Tribunal: judge craft, decision making and collegiality' 2 *NGT International Journal of Environment* 43-53.

Gill, G N (2016) 'Environmental justice in india: the National Green Tribunal and expert menbers' 5 (1) *Transnational Environmental Law* 175-205.

Green, A and Epps, T (2007) 'The WYO, science and the environment: moving towards consistency' 10 (2) *Journal of International Economic Law* 285-316.

Gruszczynski, L (2014) 'The role of experts in environmental and health-related trade disputes in the WTO: deconstructing decision-making process' in M Ambrus, K Arts, E Hey and H Raulus (eds), *The Role of 'Experts' in International and European Decision-Making Processes* (CUP) 216-237.

Gupta, A, Andresen, S, Siebenhuner, B and Biermann, F (2012) 'Science network' in F Biermann and P Pattberg (eds), *Global Environmental Governance Reconsidered* (MIT Press) 69-95.

Haas, P M (2007) 'Epistemic communities' in D Bodansky, J Brunee and E Hey (eds), *Oxford Handbook of International Environmental Law* (OUP) 791-806.

Haas, P M (2014) 'Ideas, experts and governance' in M Ambrus, K Arts, E Hey and H Raulus (eds), *The Role of 'Experts' in International and Eurpoean Decision-Making Processes* (CUP) 19-43.

Huber, P W (1991) *Galileo's Revenge: Junk Science in the Court Room* (Basic Books).

Jasanoff, S (1995) *Science at the Bar* (Harvard UP).

Jasanoff, S (2006) 'Just evidence: the limits of science in legal process' 34 (2) *Journal of Law, Medicine and Ethics* 328–341.

Jasanoff, S (2011) 'Quality control and peer review in advisory science' in J Lentsch and P Weingart (eds), *The Politics of Scientific Advice* (CUP) 19–35.

Kronsell, A and Backstrand, K (2010) 'Rationalities and forms of governance: a framework for analysing the legitimacy of new modes of governance' in K Backstrand, J Khan, A Kronsell and E Lovbrand (eds), *Environmental Politics and Deliberative Democracy* (Edward Elgar) 28–43.

Kuhn, T S (1970) *The Structure of Scientific Revolution* (University of Chicago Press).

Lawrence, J (2014) 'The structural logic of expert participation in WTO decision-making processes' in M Ambrus, K Arts, E Hey and H Raulus (eds), *The Role of 'Experts' in International and European Decision-Making Processes* (CUP) 173–193.

Lesser, L I, Ebbeling, C B, Goozner, M, Wypij, D and Ludwing, D S (2007) 'Relationship between funding source and conclusion among nutrition-related scientific articles' 4 (1) *Public Library of Science Medicine* 41–46.

Limoges, C (1993) 'Expert knowledge and decision-making in controversy contexts' 2 (4) *Public Understanding in Science* 417–426.

Lindquist, E A (1998) 'What do decision models tell us about information use?' 1 (2) *Knowledge, Technology and Policy* 86–111.

Maclean, M (2015) 'The impact of socio legal studies on family justice: from Oxford to Whitehall' 42 (4) *JLS* 637–648.

McGarity, T O (2004) 'Our science is sound science and their science is junk science: science based strategies for avoiding accountability and responsibility for risk-producing products and activities' 52 (4) *Kansas LR* 897–937.

Merton, R K (1945) 'Role of the Intellectual in public bureaucracy' 23 (4) *Social Forces* 405–415.

MoEF (2011) *AHEC/2011: Assessment of Gumulatve Impact of Hydropower Projects in Alaknanda and Bhagirathi Basins* www. moef. nic. in/downloads/public-information/CH-1. pdf.

Oreskes, N and Conway, E (2010) *Merchants of Doubt: How a Handful of Scientists Obscured the Truth on Issues from Tobacco Smoke to Global Warming* (Bloomsbury).

Paterson, A (1982) *The Law Lords* (Palgrave Macmillan).

Paterson, A (2013) *Final Judgment* (Hart).

Schneider, K (2014) 'India's National Green Tribunal challenges government and industry to follow the law' Circle of Blue www. circleofblue. org/2014/world/indias-national-green-tribunal-challenge-government-industry-follow-law/.

Schrefler, L (2010) 'The usage of scientific knowledge by independent regulatory agencies' 23 (2) *Governance* 309–330.

Schrefler, L (2014) 'Reflections on the different roles of expertise in regulatory policy making' in M Ambrus, K Arts, E Hey and H Raulus (eds), *The Role of 'Experts' in International and European Decision-Making Processes* (CUP) 63–81.

Shaffer, G (2010) 'Risk, science and law in the WTO: the centrality of institutional choice' American Society of International Law 104th Annual Meeting, 24–27 March.

Singh, D (2013) 'Metro chokes Yamuna with Debris' *Hindustan Times* www. hindustan times. com/delhi/metro-chokes-yamuna-with-debris/story-aWuMQaATNAAMWqPOXr30dM. html.

Sprujit, P, Knol, A B, Vasileiadou, E, Devilee, J, Lebret, E and Petersen, A C (2014) 'Roles of scientists as policy advisers on complex issues: a literature review' 40 *Environmental Science and Policy* 16–25.

Steffek, J (2003) 'The legitimation of international environmental governance' 9 (2) *European Journal of International Relations* 249–276.

Traweek, S (1992) *Beamtimes and Lifetimes* (Harvard UP).

Twining, W (1992) ' "In my experience most lawyers are innumerate and most law students are terrified of figures": preparing lawyers for the twenty-first century' 3 (1) *Legal Education Review* 1-32.

Union of Concerned Scientists (2004) 'Scientific integrity' www. ucsusa. org/our-work/center-science-and-democracy/promoting-scientific-integrity/reports-scientific-integrity. html#. VwuaB_ krKUk.

Vibert, F (2007) *The Rise of the Unelected Democracy and the New Separation of Powers* (CUP).

Weiss, C H (1979) 'The many meanings of research utilization' (1979) 39 *Public Administration Review* 426-431.

Woolley, S (2014) *Ecological Governance Reappraising Law's Role in Protecting Ecosystem Functionality* (CUP).

第六章

国家绿色法庭：判决与分析

本章对我收集的数据进行探究及分析。数据来源于国家绿色法庭官方网站公布的 1130 份判决。① 判决仅包括判例汇编，排除了法院的日常指令。数据的收集是根据判决中首次出现名称的当事人（原告和被告）的名字进行收集的。本章检视了 2011—2015 年的所有判决，即包括从第一份归档判决"迪帕克·库玛尔·拉伊诉普拉赫·纳斯·拉伊·尤道格有限公司案（判决于 2011 年 7 月 7 日作出）"到 2015 年 9 月 30 日以前的所有判决。从年份、涉诉当事人、争议性质、法庭（主法庭和区域法庭）② 和争议结果的角度，对每个判决进行阅读、分析和分类。数据被录入 SPSS 软件③中，进行频率调查和交叉列表的分析。由于数据库过于庞大而无法列入附件，数据亦过于详细无法全部纳入本章节。因而，本章仅展示 SPSS 文件内的一部分数据。④

本分析聚焦于一些关键事项，包括国家绿色法庭五年内案件数目的增长，案件实质本身以及主法庭和区域法庭处理案件数量的增加，并提出如下问题：寻求环境司法救济的原告是谁？被告是谁？原告基于哪些环境问题向国家绿色法庭提起诉讼？成为原告或被告的通常是哪类当事人？在哪些争议中哪方胜诉，哪方败诉？

为了调查和回答上述问题，我在 SPSS 软件内创建了几个核心变量，并进行编码。通过研究每个案件，并从判决中抽取细节，创建如下核心变量：

---

① www.greentribunal.gov.in.

② 国家绿色法庭由 5 个法庭组成（德里、蒲那、博帕尔、金奈、加尔各答），新德里本部为主法庭，其他 4 个为区域法庭。——译注

③ SPSS 软件是一款统计软件，全称为"统计产品与服务解决方案软件"。——译注

④ To access this database, contact the author personally.

1. 年份（2011—2015）；
2. 法庭（德里、普纳、金奈、博帕尔和加尔各答）；
3. 原告（受影响的个人/团体/居民；非政府组织/社会活动家/热心公益的市民；工厂；建筑商和开发商；政府机关；公营事业单位；法庭依独立司法权力提起的诉讼）；
4. 被告（环境和森林部；成员邦政府；当地政府；污染控制委员会；工厂；建筑商和开发商；政府机关；公营事业单位；个人和私人企业）；
5. 争议（环境清拆许可）；行政管理；污染；诉讼时效延期允许①；建筑/基础设施建设的许可及活动；无异议证明/同意令/终结令；森林许可（包括伐木许可）；海滨地区管理/生态敏感区/未开发区；国家绿色法庭职权外的案件；
6. 争议解决结果[支持；不予支持/驳回；部分支持/部分驳回；不予调停/判决（包括上级法院未判决的案件）；异议；起诉/上诉撤回]。

下面的数据和文字将试图回答如上问题。

2011—2015 年的案件数量

图 6-1 表明已归档判决的年同比增长额。在最初的 2011 年，国家绿色法庭判决了 18 件案件，多数案件来自已解散的国家环境上诉机构。② 国家绿色法庭在成立初期面临着不少关于提供适当基础设施的问题，导致其起步发展尤为缓慢。③ 2012 年，已归档判决数量增至 87 件。2013 年判决数量为 166 件，2014 年为 398 件。最后，截至 2015 年 9 月 30 日，国家绿色法庭同年已归档判决数量达到了 461 件。在这段时间内，国家绿色法庭的案件数量迅猛增长。在 1130 件已归档判决中，2011 年的判决仅占总判决数量的 1.6%，而 2015 年，这个百分比率增长至 40.8%。国家绿色法庭似乎得到了"被侵权人"的支持，他们向其寻求环境司法救济。

法庭（主法庭和区域法庭）

图 6-2 体现了区域法庭已判决案件数量占总案件数量的比例。德里

---

① 初审和上诉案件中，基于充分的理由，法庭可以允许时效延期，但最长不能超过 60 日法定期限。详见第三章。——译注

② Section 38（3）NGT Act.

③ See Chapters 2 and 7.

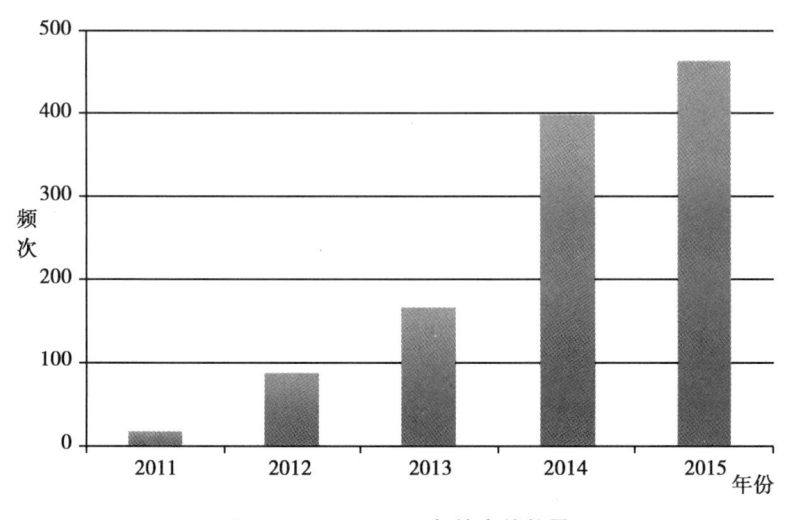

图 6-1　2011—2015 年的案件数量

的主法庭是最早成立的国家绿色法庭。1130 份已归档判决中，475 份（占比 42%）案件在德里判决，350 件（占比 31%）案件在金奈的两家法庭判决，191 件（占比 16.9%）案件在普纳判决，112 件（占比 9.9%）案件在博帕尔判决，2 件（占比 0.2%）案件在加尔各答判决。加尔各答的法庭于 2014 年成立，可能是由于该法庭成立时间较晚，初期基础设施不齐备，故该法庭的案件数量较少。由于德里和金奈的案件数量增加，德里和金奈设置了新的法庭。

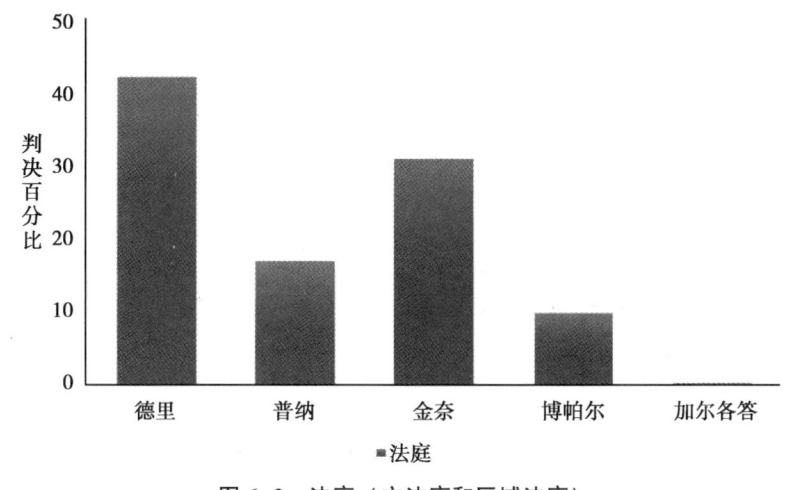

图 6-2　法庭（主法庭和区域法庭）

争议性质

图 6-3 对比了所有法庭各类争议的案件数量。其中，328 件为环境清拆许可案件，占总分析数据的 29%。环境清拆许可的主要目的是评估计划项目对环境和人的影响，并尽力消除或减少影响。① 比如，172 件涉及采矿行业，包括采砂、采煤、采铁矿和采石矿，57 件环境清拆许可案件涉及建筑行业和基础设施发展，35 件涉及热电项目。232 件（占比 20.5%）案件为污染争议，包括大气污染、水污染、噪声污染、废弃物污染和相关的环境退化。其中，105 件为大气污染案件，42 件为水污染案件，27 件为废弃物污染案件，20 件为噪声频率污染案件。

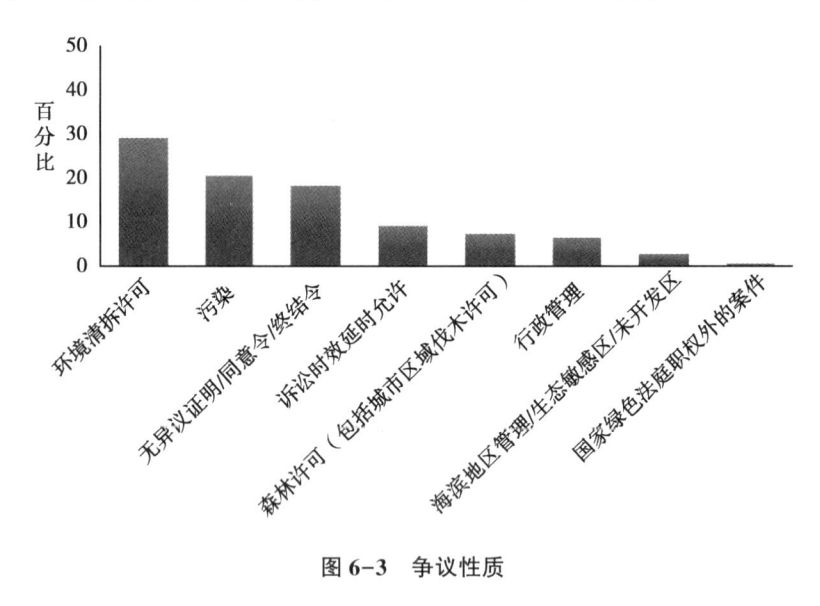

图 6-3 争议性质

208 件（占比 18.4%）案件涉及工厂、企业运营或活动开展的无异议证明/同意令/终结令。比如，102 件案件涉及工厂的无证运营。105 件（占比 9.3%）已归档的判决涉及诉讼时效延期允许。其中，65 件案件涉及爆破作业、采矿活动和工业企业。这些案件未在诉讼时效期限内向国家绿色法庭提起诉讼，国家绿色法庭的司法权未能启动。② 支撑诉讼时效规则的准则最终立足于司法正义和司法便利——每个人都不应在不确定的时

---

① See Chapter 3.
② Ibid.

限内遭受可能被诉的威胁，否则，这将是非正义的。诉讼时效规则要求案件审理公平且迅速。诉讼提起的模糊或不确定与公共利益准则背道而驰。①

86件（占比7.6%）案件涉及森林许可，包括为在城区的开发项目颁发的伐木许可。"森林土地"是指保留林地，受保护森林或其他载于政府记录的地区。② 即便上述区域为私人所有，只要是改变林地用途的计划，均须事先得到中央政府的许可。"树木"的含义与可能实施于森林区域的《森林法》③中的"树木"含义相同。国家绿色法庭对涉及改变林地用途的活动，包括地下采矿活动和线性工程（修建新路、开凿运河、铺设铁路、拓宽高速路和架设输电线路、铺设光纤及其他活动）的争议进行裁判。

75件（占比6.6%）案件涉及生态脆弱区的开发，包括海滨地区和未开发区的开发。环境和森林部在保护区周围划定生态敏感区，以防止国家公园或野生动物保护区周围的开发活动对生态造成损害。通过规制和管理开发活动，这些区域发挥着作为保护区"缓冲带"的作用。其基本目的是通过规制国家公园和野生动物保护区周围的特定活动，减少这些活动对保护区周围的脆弱生态系统的不利影响。在这些区域内，禁止进行如下活动，包括商业采矿、修建可能造成污染的锯木厂和工厂、木材的商业利用与开发大型水力发电项目。环境和森林部还禁止在该区域内开展旅游活动，如禁止搭乘飞机或热气球在保护区上空飞行和禁止向自然水体或陆地排放污水及固体废弃物。伐木、农业系统的重大改变、自然水资源的商业利用，包括地下水的采集以及酒店和度假村的修建活动亦受到规制。④ 在海滨区域，陆地与海洋的过渡区域需要得到保护和维持，以防止过度的人为活动给自然生态系统造成压力。⑤ 在沿海管制区，不得新建或扩建工

---

① See *S K Samanta v West Bengal Pollution Control Board* (Judgment 24 July 2014); *V K Tripathi v MoEF* (Judgment 1 October 2014); *Nikunj Developers v State of Maharashtra* (Judgment 14 March 2013).

② Forest (Conservation) Act 1980.

③ Indian Forest Act 1927.

④ MoEF, Guidelines for Declaration of Eco-Sensitive Zones around National Parks and Wildlife Sanctuaries, F No 1-9/2007 WL-1 (pt).

⑤ Coastal Regulation Zone Notification 2011.

厂。工厂、城市或市镇和其他人类居住地不得排放未处理的废弃物和污水，不得倾倒城市或市镇的废弃物，包括建筑垃圾和工业固体废弃物。

33件（占比2.9%）案件为行政管理案件，包括程序错误和违背自然正义原则的不当行政行为。[①] 有8件（占比7%）案件[②]不在国家绿色法庭的职权范围内。比如，涉及刑事的案件或是超出2010年《国家绿色法庭法》附录1所列范围的案件。还有35件案件数据丢失，占1130件已归档案件总数的3.1%。

争议的法庭分布情况

图6-4以各法庭的各种不同争议类型的案件数量作为变量进行交叉列表。该图对比每个法庭主要争议案件的数量，所选争议的案件数量超过各法庭总案件数量的10%。

德里法庭

在德里法庭，环境清拆许可类争议数量最多。在472件判决中，德里法庭对214件环境清拆许可案件进行了判决，占德里法庭案件总数的45.3%，占全国328件环境清拆许可案件的65.2%。有104件污染类案件在德里法庭判决，占德里法庭案件总数的22%，占全国232件污染类案件的44.8%。有50件案件为诉讼时效延期允许案件，占德里法庭案件总数的10.6%，占全国105件诉讼时效延期允许案件的47.6%。

普纳法庭

在普纳法庭，污染问题和诉讼时效延期允许问题为主要争议类型。185件已归档判决中，49件案件涉及污染，占该法庭案件总数的26.5%，占全国232件污染类案件的21.1%。有41件案件为诉讼时效延期允许案件，占该法庭案件总数的22.2%，占全国105件诉讼时效延期允许案件的39%。23件案件为环境清拆许可案件，占该法庭案件总数的12.4%，占全国328件环境清拆许可案件的7%。

金奈法庭

在金奈，329件已归档判决中，162件案件涉及开办工厂、企业运作等商业活动的无异议证明/同意令/终结令，占该法庭案件总数的49.2%。

---

① See Chapter 3.
② 应为0.7%，此处为作者笔误。——译注

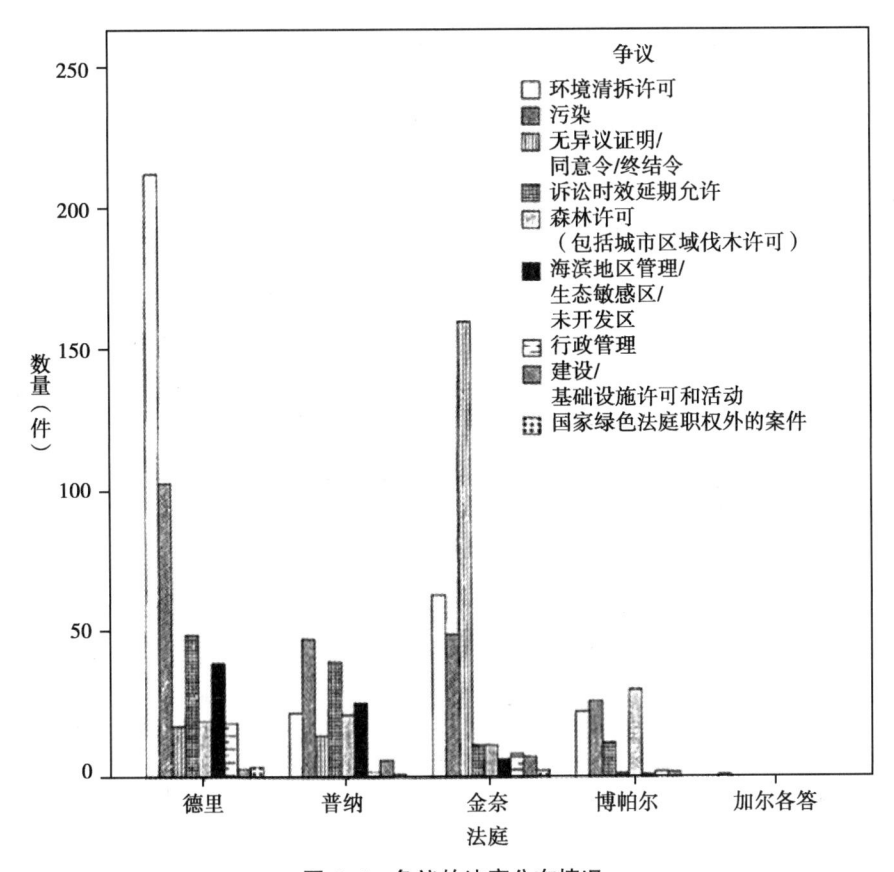

图 6-4 争议的法庭分布情况

在南方的法庭，这类争议的数量最大，占全国所有法庭受理的 208 件该类案件的 77.9%。其中，65 件为环境清拆许可案件，占金奈法庭案件总数的 19.8%，占全国所有法庭受理的 328 件该类案件的 19.8%。51 件案件涉及污染，占金奈法庭案件总数的 15.5%，占全国所有法庭受理的 232 件该类案件的 22%。

博帕尔法庭

博帕尔法庭主要裁判的案件类型涉及森林许可、污染、环境清拆许可和无异议证明/同意令/终结令。其中，32 件案件涉及森林许可（包括城市区域伐木许可），占博帕尔法庭案件总数（107 件）的 29.9%，占全国 86 件涉及森林许可案件的 37.2%。28 件案件涉及污染，占博帕尔法庭案件总数（107 件）的 26.2%，占全国 232 件涉及污染案件的 12.1%。13 件案件涉及开办工厂、企业运作等商业活动的无异议证明/同意令/终结令，占博帕尔法庭案件总数的12.1%，占全国208件该类案件的6.3%。

加尔各答法庭

加尔各答法庭听审两起案件，两件案件均为环境清拆许可案件。

争议的年代分布情况

图6-5通过交叉列表，分析自2011年（2011年7月7日）至2015年（2015年9月30日）全国法庭每年的主要争议类型，从而展现特定类型争议的增长趋势。所选争议类型的案件数量占每年已归档判决数量的10%以上。

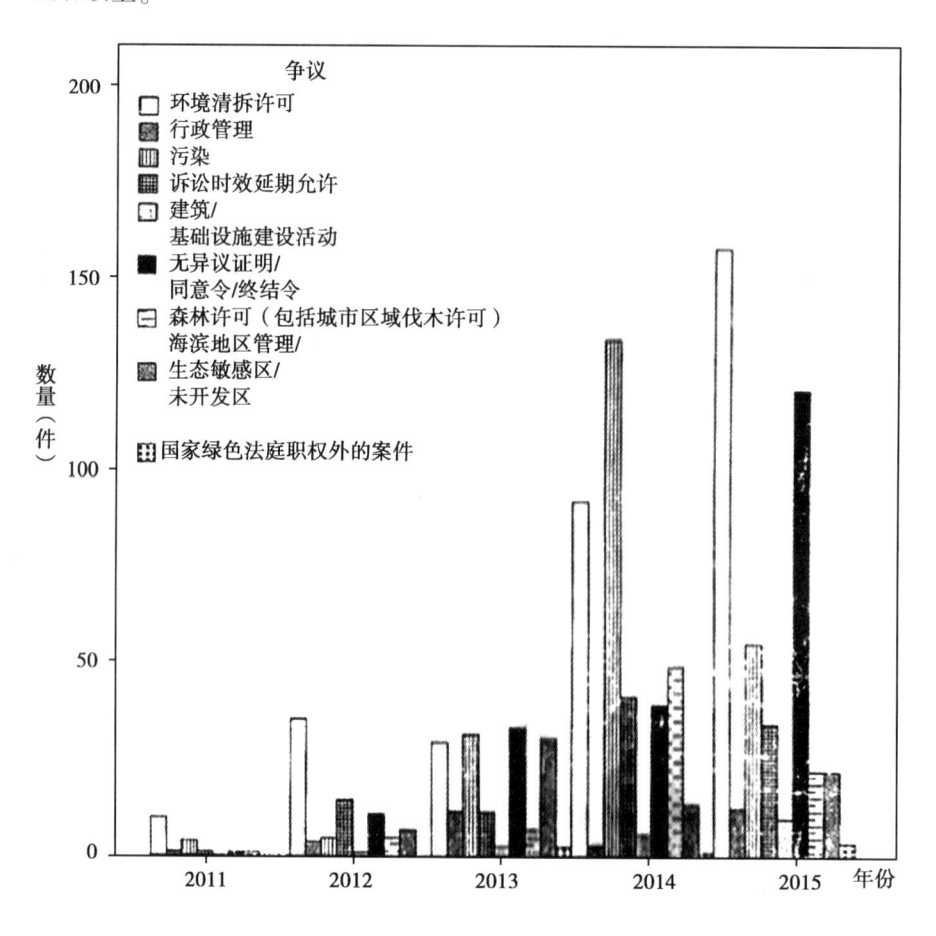

图6-5 争议的年代分布情况

2011 年

2011 年共记录了 18 起案件判决,第一份判决在 2011 年 7 月 7 日[①]作出。其中,有 10 件为环境清拆许可案件;4 件为污染案件;行政管理案件、诉讼时效延期允许案件、建筑/基础设施建设活动案件、无异议证明/同意令/终结令案件和森林许可案件各 1 件。

2012 年

2012 年共作出 84 份判决。其中:36 件案件(占比 42.9%)为环境清拆许可案件——占全部环境清拆许可案件总数(328 件)的 11%(2011—2015 年)。15 件案件(占比 17.9%)为诉讼时效延期允许案件,占全部诉讼时效延期允许案件总数(105 件)的 14.3%(2011—2015 年)。11 件案件(占比 13.1%)为无异议证明/同意令/终结令案件,占全部该类案件总数(208 件)的 5.3%(2011—2015 年)。

2013 年

2013 年共作出 164 份判决。其中:30 件案件(占比 18.3%)为环境清拆许可案件,占全部环境清拆许可案件总数(328 件)的 9.1%(2011—2015 年)。32 件案件(占比 19.5%)为污染案件,占全部污染案件总数(232 件)的 13.8%(2011—2015 年)。34 件案件(占比 20.7%)为无异议证明/同意令/终结令案件,占全部该类案件总数(208 件)的 16.3%(2011—2015 年)。31 件案件(占比 18.9%)为涉海滨地区管理/生态敏感区/未开发区案件,占全部该类案件总数(75 件)的 41.3%(2011—2015 年)。

2014 年

2014 年共作出 384 份判决。其中:93 件案件(占比 24.2%)为环境清拆许可案件,占全部环境清拆许可案件总数(328 件)的 28.4%(2011—2015 年)。135 件案件(占比 35.2%)为污染案件,占全部污染案件总数(232 件)的 58.2%(2011—2015 年)。40 件案件(占比 10.4%)为无异议证明/同意令/终结令案件,占全部该类案件总数(208 件)的 19.2%(2011—2015 年)。50 件案件(占比 13%)为森林许可(包括城市区域伐木许可)案件,占全部该类案件总数(86 件)的 58.1%(2011—2015 年)。

---

① See *Deepak Kumar Rai v M/S Prabhu Nath Rai Udyog Ltd* above.

2015 年

2015 年共作出 445 份判决。其中：159 件案件（占比 35.7%）为环境清拆许可案件，占全部环境清拆许可案件总数的（328 件）48.5%（2011—2015 年）。56 件案件（占比 12.6%）为污染案件，占全部污染案件总数（232 件）的 24.1%（2011—2015 年）。122 件案件（占比 27.4%）为无异议证明/同意令/终结令案件，占全部该类案件总数的（208 件）58.7%（2011—2015 年）。

原告

图 6-6 显示了以"被侵权人"身份向法院提起诉讼的原告类别（案件中的原始起诉人和上诉人）及其案件比例①。在 1130 个案件中，以非政府组织/社会活动家/热心公益的市民作为原告的案件最多，总计 533 件，占案件总数的 47.2%。该数字显示，相较于通过参与耗资巨大的多方诉讼寻求帮助，热心公益的市民和非政府组织更有能力，也更有机会利用国家绿色法庭的集体诉讼程序寻求救济，从而强化参与性司法。

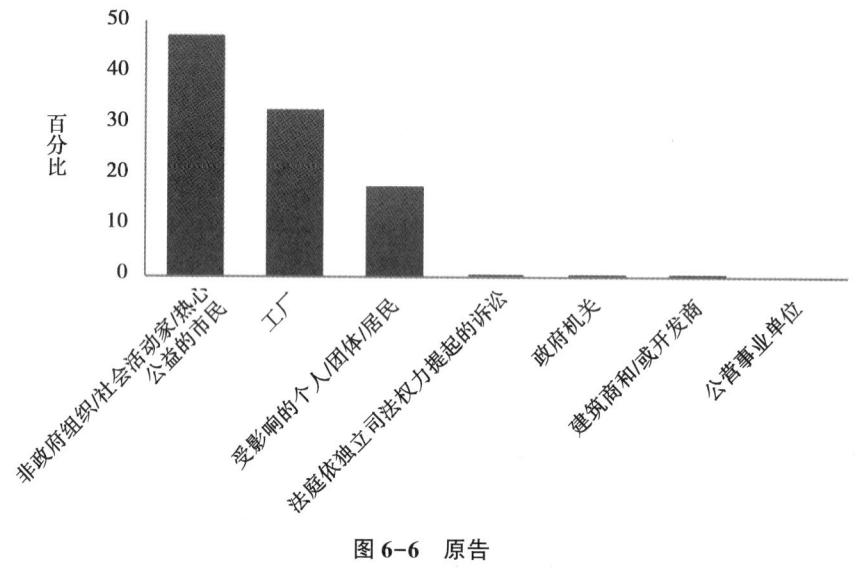

图 6-6 原告

在"羌·切特那诉环境和森林部案（判决于 2012 年 2 月 9 日作

---

① See sections 14, 16 and 18 NGT Act 2010 and Chapter 3.

出）"中，国家绿色法庭支持羌·切特那（非政府组织）提起关于批准钢铁电力工厂环境清拆许可申请的起诉。国家绿色法庭认为非政府组织是被侵权当事人，并指出其提出对环境清拆许可申请的批准进行公开听审的要求是合适的。

以工厂作为原告的案件数量次之，共有 366 件案件是以工厂作为原告在国家绿色法庭的初审法庭和上诉法庭提起诉讼，占案件总数的 32.4%。比如，在"瓦基拉威尔诉泰米尔纳德邦污染控制委员会主席案（判决于 2013 年 2 月 28 日作出）"中，上诉人 M/S 希瓦沙卡蒂染色有限公司（M/S Shiva Shakthi Dyeing Ltd.）质疑污染控制委员会发布断电禁令的合法性。国家绿色法庭支持上诉请求，认为污染控制委员会通过的禁令是考虑欠妥、草率行事的典型，明显违背了自然正义原则。因此，该禁令无效，予以撤销。

有 200 件案件的原告为受直接影响的个人/团体/居民，占案件总数的 17.7%。比如，在"考里诉马哈拉施特拉邦案（判决于 2015 年 2 月 27 日作出）"中，传统渔民①亲自就基础设施建设活动导致的生计损失向法庭提起的起诉，诉请赔偿损失，法庭支持了该起诉。②

有 9 件（占比 0.8%）案件是由国家绿色法庭依独立司法权力提起的诉讼③。比如，在"法庭依独立司法权力就穆图卡都闭塞水域诉印度联邦 2014 最高法院在线案 国家绿色法庭 2346"中，国家绿色法庭在印度快报发布报道后，介入事件并提起关于穆图卡都（Muttukadu）河口的诉讼。由于不加限制的开发和未处理废水的肆意排放，穆图卡都河口爆发铜绿微囊藻水华。在"法庭基于主动审判权诉环境和森林部秘书案（判决于 2015 年 1 月 30 日作出）"中，国家绿色法庭基于一份关于环境利益的纸媒报道，诉请禁止在蒂鲁马拉（Tirumala）山脚建设国际板球场的计划。该地区为富饶的排水区，生长着价值 40 万卢比的成年树木，包括珍贵的本土红檀香。国家绿色法庭指出，在确定国际板球场项目的所有细节后，该待建项目必须取得由环境和森林部或邦级环境影响评价机构核发的法定环境清拆许可。

---

① 传统渔民，是与现代渔民相对的概念，传统渔民进行的捕鱼作业是以家庭为单位的，具有规模小、技术含量低、资金投入小的特征。——译注

② See Chapters 3 and 4.

③ For a detailed discussion, see Chapters 3, 6 and 7.

在分析的数据中，9件案件由政府机关作为原告提起，占总数的0.8%。比如，在"喀拉拉邦环境署诉K.萨瓦德案（判决于2015年5月18日作出）"中，国家绿色法庭支持了喀拉拉邦的诉请，允许其延长时间以通过实地考察识别142个村庄的森林。识别时间由2个月延长至6个月。在"国家污染控制委员会斯瓦丝提可·伊斯帕特诉私人有限公司案（判决于2014年1月9日作出）"中，国家绿色法庭支持污染控制委员会的决定，即要求工程单位为履行工厂运作同意令、安装防污设施和确保单位无污染运作提供银行担保。经检查未能履行上述要求，银行担保启动、兑现，以履行环境补偿和实现修复目的。设置该条款一方面是为了确保工厂防止可控的污染，另一方面是为了确保污染控制委员会能及时并有效地履行其职责。

有7件（占比0.6%）案件由建筑商和/或开发商提起。在"阿阿迪房地产诉邦级环境影响评价机构案（判决于2015年9月26日作出）"中，国家绿色法庭对上诉人阿阿迪房地产的救济请求不予支持，因为大孟买区中心的建设未获得事先的环境清拆许可。国家绿色法庭根据《国家绿色法庭法》第16条受理该上诉案。

有3件（占比0.3%）案件是由公营事业单位提起。在"拉贾斯特汗·拉贾雅·韦德与特·无特帕丹·尼加姆·加依普有限公司诉税率上诉委员会案（判决于2015年7月20日作出）"中，国家绿色法庭支持了上诉人撤销税率上诉委员会通过的税率交付指令的诉请。评估机构未给予受影响当事人听证机会。因此，该指令被撤销，并要求给予上诉人听证机会及予以重新考虑。

被告

图6-7显示了不同类别被告在国家绿色法庭的案件比例。在1130件已归档案件中，942件（占比83.4%）案件的被告为管理机构（包括环境和森林部、成员邦政府、当地政府和污染控制委员会）。其中，284件（占比25.1%）案件以环境和森林部/印度联邦为被告；341件（占比30.2%）案件以成员邦政府为被告；78件（占比6.9%）案件以当地政府为被告；239件（占比21.2%）案件以污染控制委员会为被告。

此外，其余案件中，129件（占比11.9%）案件以工厂为被告；14件（占比1.2%）案件以建筑商/开发商为被告；7件案件（占比0.6%）

以公营事业单位为被告；35件（占比3.1%）案件以个人和私人企业为被告。

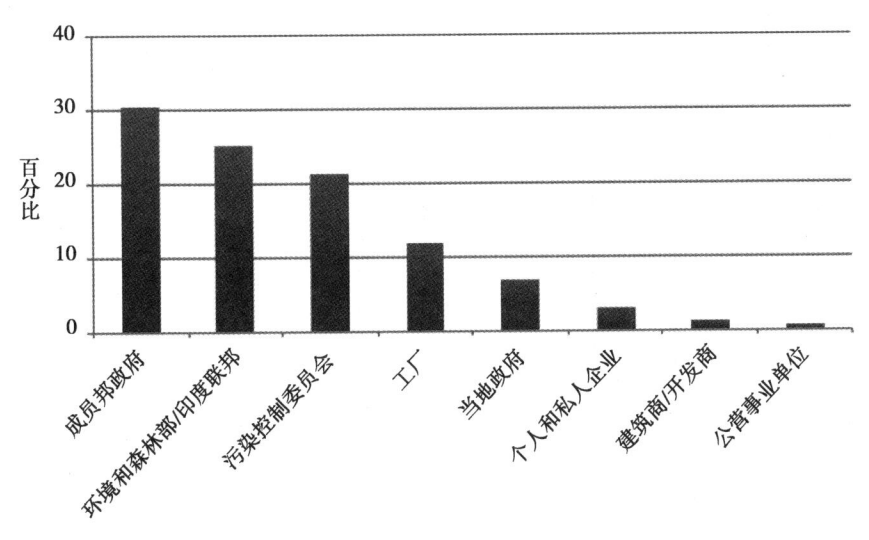

图6-7 被告

原告和被告：共同当事人

图6-8以原、被告为变量进行交叉列表，显示五个法庭中具有共同当事人的案件数量。原告和被告的选取是基于其诉诸法庭的频率。原告包括非政府组织/社会活动家/热心公益的市民、受影响的个人/团体和工厂。被告包括环境和森林部、成员邦政府、当地政府、污染控制委员会和工厂。

原告（非政府组织/社会活动家/热心公益的市民）诉多类被告（环境和森林部、成员邦政府、当地政府、污染控制委员会和工厂）

在284件以环境和森林部作为被告的案件中，203件（占比71.5%）案件由非政府组织/社会活动家/热心公益的市民提起。在533件以非政府组织/社会活动家/热心公益的市民作为原告的案件中，38.1%的案件是以环境和森林部为被告。在341件以成员邦政府作为被告的案件中，135件案件（39.6%）由非政府组织/社会活动家/热心公益的市民提起，占533件以非政府组织/社会活动家/热心公益的市民为原告的案件总数的25.3%。在78件以当地政府作为被告的案件中，37件案件（47.4%）由非政府组织/社会活动家/热心公益的市民提起，占533件以非政府组织/

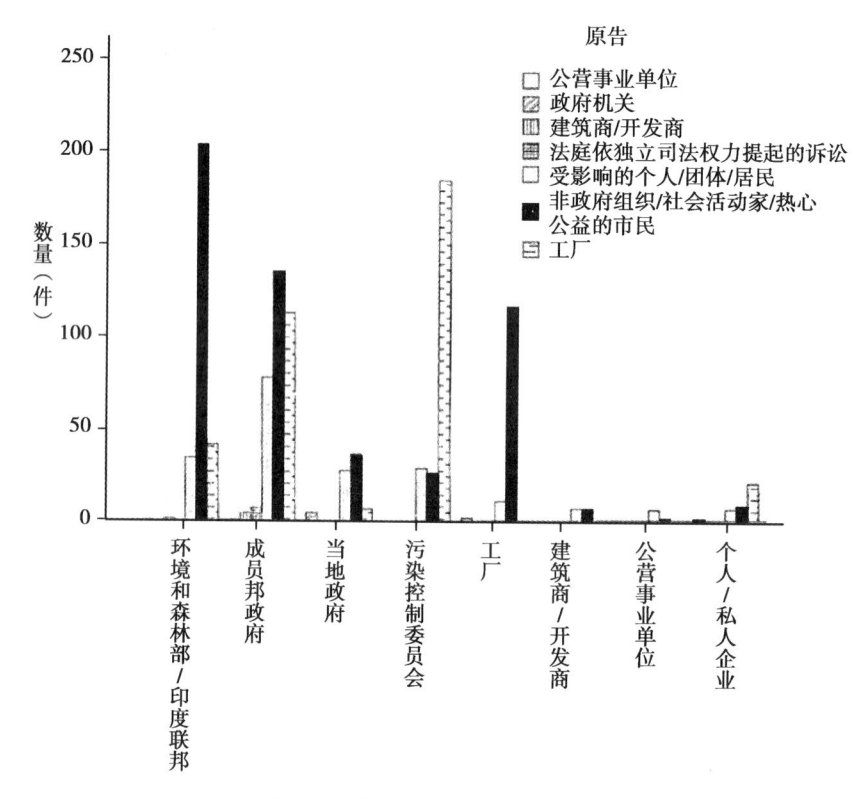

图 6-8　原告和被告：共同当事人

社会活动家/热心公益的市民为原告的案件总数的 6.9%。在 239 件以污染控制委员会作为被告的案件中，26 件案件（10.9%）由非政府组织/社会活动家/热心公益的市民提起，占 533 件以非政府组织/社会活动家/热心公益的市民为原告的案件总数的 4.9%。在 129 件以工厂作为被告的案件中，116 件案件（89.9%）由非政府组织/社会活动家/热心公益的市民提起，占 533 件以非政府组织/社会活动家/热心公益的市民为原告的案件总数的 21.8%。

原告（受影响的个人/团体/居民）诉多类被告（环境和森林部、成员邦政府、当地政府、污染控制委员会和工厂）

在 284 件以环境和森林部作为被告的案件中，35 件（占比 12.3%）案件由受影响的个人/团体/居民提起。共有 200 件案件是以受影响的个人/团体/居民作为原告，以多类主体为被告提起的诉讼。其中，17.5% 的案件是以环境和森林部为被告。在 341 件以成员邦政府为被告的案件中，78

件（占比 22.9%）案件也由受影响的个人/团体/居民提起，占 200 件以受影响的个人/团体/居民为原告的案件总数的 39%。在总数 200 件案件中，受影响的个人/团体/居民作为原告，以当地政府为被告提起的诉讼共有 28 件（占比 35.9%），占以受影响的个人/团体/居民作为原告，以多类主体为被告的案件总数的 14%。在 239 件以污染控制委员会为被告的案件中，29 件（占比 12.1%）案件由受影响的个人/团体/居民提起，占 200 件以受影响的个人/团体/居民为原告的案件总数的 14.5%。在 129 件以工厂作为被告的案件中，11 件（占比 8.5%）案件由受影响的个人/团体/居民提起，占 200 件以受影响的个人/团体/居民为原告的案件总数的 5.5%。

原告（工厂）诉多类被告（环境和森林部、成员邦政府、当地政府、污染控制委员会和工厂）

在 284 件以环境和森林部作为被告的案件中，42 件（占比 14.8%）案件由工厂提起。其中，工厂作为原告针对各类被告的 366 起案件中，11.5% 是以环境和森林部为被告的。在 341 件以成员邦政府作为被告的案件中，113 件（占比 33.1%）案件由工厂提起，占 366 件以工厂为原告的案件总数的 30.9%。在 78 件以当地政府为被告的案件中，7 件（占比 9%）案件由工厂提起，占 366 件以工厂为原告的案件总数的 1.9%。在 239 件以污染控制委员会为被告的案件中，184 件（占比 77%）案件由工厂提起，占 366 件以工厂为原告的案件总数的 50.3%。

争议解决结果

图 6-9 对争议类型和争议解决结果进行交叉列表。争议解决结果可分为支持、不予支持/驳回、部分支持/驳回、异议、起诉/上诉撤回和不予调停或裁决，包括上级法院的待决事项。最后一类案件数量尤其多。这是因为在 2015 年的 1 月[①]，法庭受理了 96 份相关联的起诉，这些诉状涉及相类似的法律事实和诉讼请求，产生同类型的法律问题。由于这些诉讼涉及印度最高法院的待决事项，法庭无法进行裁决。

环境清拆许可

在 327 件环境清拆许可案件中，124 件（占比 37.9%）案件获得支

[①] Goa Paryavaran Savrakshan Sangharsh Samitee V M/S Sociedade Timblo Irmaos Ltd（Judgment 13 January 2015）.

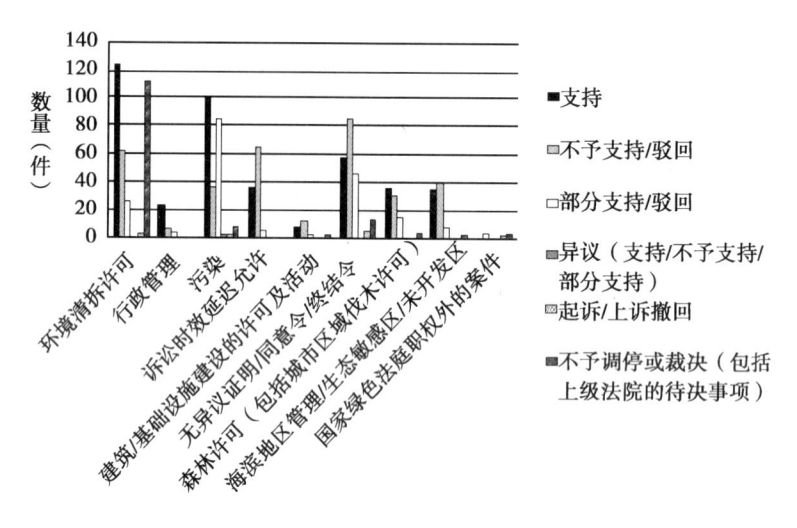

图 6-9 争议解决结果

持，占 411 件支持类案件的 30.2%；63 件（占比 19.3%）案件为不予支持，占 341 件不予支持案件的 18.5%；26 件（占比 8%）案件获得部分支持/驳回，占 188 件部分支持/驳回案件的 13.8%；113 件（占比 34.6%）案件为不予调停/裁判，包括上级法院的待决事项,[①] 占 143 件不予调停/裁判案件的 79%。只有一件案件涉及起诉/上诉撤回。

行政管理

在 33 件涉及行政管理的案件中，24 件（占比 72.7%）案件原告诉请获得支持，占 411 件原告诉请获得支持案件的 5.8%；6 件（占比 18.2%）案件为不予支持原告诉请，占 341 件不予支持原告诉请案件的 1.8%；3 件（占比 9.1%）案件原告诉请获得部分支持/驳回，占 188 件原告诉请获得部分支持/驳回案件的 1.6%。

污染

在 232 件涉污案件中，100 件（占比 43.1%）案件原告诉请获得支持，占 411 件原告诉请获得支持案件的 24.3%；36 件（占比 15.5%）案件为不予支持原告诉请，占 341 件不予支持原告诉请案件的 10.6%；85 件（占比 36.6%）案件原告诉请获得部分支持/驳回，占 188 件原告诉请获得部分支持/驳回案件的 45.2%；8 件（占比 3.4%）案件为法庭不予

---

① See text to n 1 above for this unusually high figure.

调停/裁判，包括上级法院的待决事项，占 143 件法院不予调停/裁判案件的 5.6%。只有 1 件案件为异议判决。① 但是，该判决作了两次记录，因为两位法官分别写了判决书。只有一件案件涉及原告起诉/上诉撤回。

诉讼时效延期允许

在 105 件涉及诉讼时效延期允许案件中，36 件（占比 34.3%）案件原告诉请获得支持，占 411 件原告诉请获得支持案件的 8.8%；65 件（占比 61.9%）案件为不予支持原告诉请，占 341 件不予支持原告诉请案件的 19.1%；4 件（占比 3.8%）案件原告诉请获得部分支持/驳回，占 188 件原告诉请获得部分支持/驳回案件的 2.1%。

建筑/基础设施建设的许可及活动

在 20 件涉及建筑/基础设施建设的许可及活动案件中，7 件（35%）案件原告诉请获得支持，占 411 件原告诉请获得支持案件的 1.7%；11 件（55%）案件为不予支持原告诉请，占 341 件不予支持原告诉请案件的 3.2%。原告获得部分支持/驳回的判决和包括上级法院的待决事项的法庭不予调停/裁判案件各 1 件。

无异议证明/同意令/终结令

在 208 件涉及无异议证明/同意令/终结令的案件中，58 件（占比 27.9%）案件原告获得支持，占 411 件原告诉请获得支持案件的 14.1%；85 件（占比 40.9%）案件为不予支持原告诉请，占 341 件不予支持原告诉请案件的 24.9%；47 件（占比 22.6%）案件原告诉请获得部分支持/驳回，占 188 件原告诉请获得部分支持/驳回案件的 25%；13 件（占比 6.3%）案件为法庭不予调停/裁判，包括上级法院的待决事项，占 143 件法庭不予调停/裁判案件的 9.1%；5 件案件涉及原告起诉/上诉撤回。

森林许可（包括城市区域伐木许可）

在 86 件涉及森林许可的案件中，37 件（占比 43%）案件原告诉请获得支持，占 411 件原告诉请获得支持案件的 9%；31 件（占比 36%）案件为不予支持原告诉请，占 341 件不予支持原告诉请案件的 9.1%；15 件（占比 17.4%）案件原告诉请获得部分支持/驳回，占 188 件原告诉请获得部分支持/驳回案件的 8%；3 件案件为不予调停/裁判，包括上级法院的待决事项。

---

① *Jal Biradari v MoEF*（Judgment 22 January 2015）; see also Chapter 6.

海滨地区管理/生态敏感区/未开发区

在 75 件涉及海滨地区管理/生态敏感区/未开发区案件中，25 件（占比 33.3%）案件原告诉请获得支持，占 411 件判决原告诉请获得支持案件的 6.1%；41 件（占比 54.7%）案件为不予支持原告诉请，占 341 件不予支持原告诉请案件的 12%；7 件（占比 9.3%）案件获得部分支持/驳回，占 188 件原告诉请获得部分支持/驳回案件的 3.7%；2 件案件为法庭不予调停/裁判，包括上级法院的待决事项。

国家绿色法庭职权外的案件

在 8 件涉及国家绿色法庭职权外的案件中，3 件案件为原告诉请不予支持/驳回；3 件案件为法庭不予调停/裁判，包括上级法院的待决事项；2 件案件涉及原告起诉/上诉撤回。

原告结果

图 6-10 对原告类别和法庭解决结果进行交叉列表。通过整理所有法庭的争议解决结果，对在案件中胜诉或得到其他诉讼结果的原告身份进行识别。原告包括受影响的个人/团体/居民；非政府组织/社会活动家/热心公益的市民；工厂；建筑商/开发商；政府机关；公营事业单位和法庭依独立司法权力提起的诉讼。

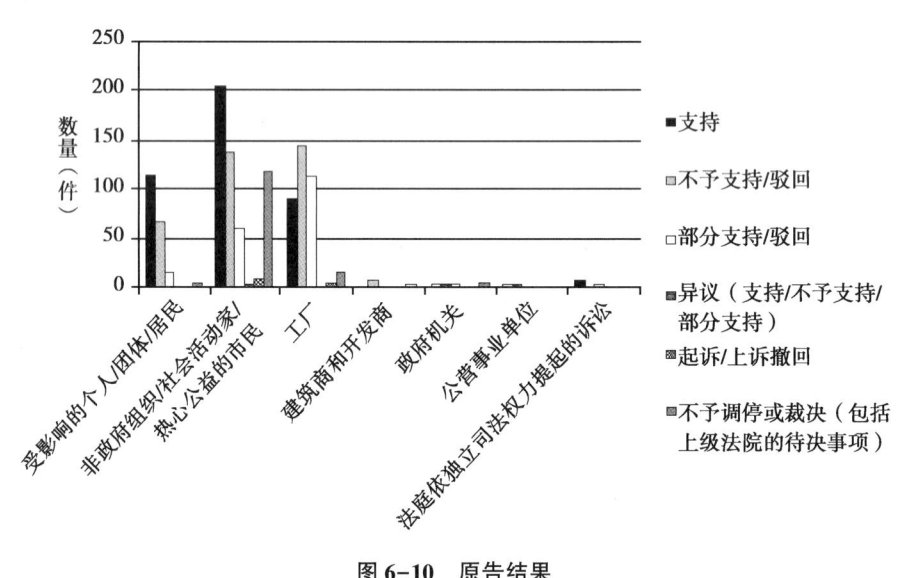

图 6-10 原告结果

受影响的个人/团体/居民

在199件以受影响的个人/团体/居民为原告的案件中，112件（占比56.3%）案件原告诉请获得支持，占416件原告诉请获得支持案件的26.9%；66件（占比33.2%）案件原告诉请未得到支持，占357件不予支持原告诉请案件的18.5%；16件（占比8%）案件原告诉请获得部分支持/驳回，占192件原告诉请获得部分支持/驳回案件的8.3%；5件案件为法庭不予调停/裁判，包括上级法院的待决事项。

非政府组织/社会活动家/热心公益的市民

在532件以非政府组织/社会活动家/热心公益的市民为原告的案件中，204件（占比38.4%）案件原告诉请获得支持，占416件判决支持案件的49%；138件（占比26%）案件原告诉请未得到支持，占357件不予支持原告诉请案件的38.7%；59件（占比11.1%）案件原告诉请获得部分支持/驳回，占192件原告诉请获得部分支持/驳回案件的30.7%；118件（占比22.2%）案件为法庭不予调停/裁判，包括上级法院的待决事项①，占144件法庭不予调停/裁判案件的82.5%；1件案件为异议判决②；10件（占比1.9%）案件涉及原告起诉/上诉撤回，占14件原告起诉/上诉撤回案件的71.4%。

工厂

在366件由工厂提起的案件中，90件（占比24.6%）案件原告诉请获得支持，占416件原告诉请获得支持案件的21.6%；145件（占比39.6%）案件原告诉请未得到支持，占357件不予支持原告诉请案件的40.6%；112件（占比30.6%）案件原告诉请获得部分支持/驳回，占192件原告诉请获得部分支持/驳回案件的58.3%；15件（占比4.1%）案件为法庭不予调停/裁判，包括上级法院的待决事项，占144件法庭不予调停/裁判案件的10.5%；4件案件涉及原告起诉/上诉撤回。

建筑商和开发商

在7件由建筑商和开发商提起的案件中，6件案件原告诉请被驳回，1件为不予介入案件。

政府机关

在9件由政府机关提起的案件中，2件案件原告诉请被支持；1件案

---

① See text to n 2 (Page 216) above for this unusually high figure.

② See above n 2 (Page 216).

件原告诉请被驳回；2件案件原告诉请被部分支持/驳回；4件为不予介入案件。

公营事业单位

在3件由公营事业单位提起的案件中，2件原告诉请被支持，1件被驳回。

法庭依独立司法权力提起的诉讼

在9件法庭依独立司法权力提起的案件中，6件原告诉请被支持，3件被部分支持。①

小结

上述10幅图所提供的证据可以回答本章开始所提出的问题。5个法庭案件数量的增长是显著的，其中德里的主法庭和金奈的区域法庭案件数量的增长尤其明显，两个法庭判决的案件总数占5个法庭所判1130件案件总数的73%。为应对庞大的工作量，德里和金奈建立了新的法庭。整体案件数量的增加显示了该专业法庭得到了寻求环境司法救济的人们的广泛关注。诉讼"资格"被重新阐述为有权在法庭的管辖范围内提起诉讼的"被侵权人"。随着公众对国家绿色法庭了解与信任的加深，案件数量可能会继续攀升。但是，目前并没有按照《国家绿色法庭法》建立新法庭或任命新法官的想法。如果不扩充机构，国际绿色法庭的巡回法庭无法启动，案件堆积如山，处理不畅，所有印度法院面临的障碍症结都将表现无疑，这将为国家绿色法庭的高效运行及正义价值理念的实现蒙上潜在的阴影。

在国家层面，环境清拆许可和污染相关事项为主要的争议类型。环境清拆许可案件几乎占据过去5年案件总和的1/3（29%）。涉及污染的案件占所有案件的1/5。上述两类案件占所有跟踪到的判决的一半。不同的法庭的主要争议类型有所区别。在德里，环境清拆许可案件占该法庭案件总数的45.3%。在金奈，法庭特别关注工厂，特别是染色厂。在金奈，有一半的案件是涉及受影响工厂的无异议证明/同意令/终结令。在普纳，涉及污染的案件，特别是涉及地下水污染的案件约占该地法庭案件总数的1/4（26.5%）。在博帕尔，绝大多数案件涉及森林许可（包括城市区域

---

① See Chapter 3 and 6 for a discussion of *suo motu*.

伐木许可),几乎占该地案件总数的1/3(30%)。在该法庭的管辖范围内,覆盖着印度最大的森林。

最积极且最成功的原告是非政府组织/社会活动家/热心公益的市民,有47.2%的案件是由这个群体提起的。由于公益诉讼的历史和宽松的出庭资格使得该群体成为经验丰富且积极主动的原告,[①] 因此他们时常出现在各个国家绿色法庭中,并且常常胜诉,胜诉率达38.3%。有17.7%的案件是由受影响的个人/团体/居民提起的,胜诉率为56%。较低的诉讼成本和国家绿色法庭对诉讼人的积极鼓励反映了法庭为拓宽环境司法救济渠道而有意作出的努力。法庭(特别是区域法庭)鼓励贫困的和不识字的诉讼人使用本地方言宣泄不满以及说明个人和社区经验。国家绿色法庭的自信建设鼓励并且将继续鼓励过去那些很难获得司法救济的群体提起诉讼。这些措施体现了国家绿色法庭立足于深厚的基础并且以人为本。

主要的被告群体为环境和森林部(占比25.1%)以及成员邦政府(占比30.2%)。此外,当地政府和污染控制委员会也常常被诉。这些政府机关常常作为第一被告人出现在法庭,但在许多案件中工厂也参与进来。[②] 比如,在POSCO一案中,[③] 印度联邦(环境和森林部)是第一被告,M/S POSCO印度有限公司(M/S POSCO-India Ltd.)则作为第二被告加入诉讼。环境和森林部常常被诉的事实体现了其行政规制的失败,比如其在批准环境清拆许可和其他许可时,存在随意性和违法性。数据显示,行政机关多次未能履行法定的环境保护职责,不能承担起与环境相关的社会责任。

有许多案件的诉讼当事人是重合的。比如在284件以森林和环境部作为被告的案件中,203件(占比71.5%)案件是由非政府组织/社会活动家/热心公益的市民提起的。此外,在341件以成员邦政府作为被告的案件中,135件(占比39.6%)案件是由非政府组织/社会活动家/热心公益的市民提起的。该发现显示了特定类别原告的主要诉讼模式,即经常就有权机关不履行程序保障机制以及管理不善提起诉讼。

---

① See Chapter 2.

② All cases were classified by the first named plaintiff and first named defendant due to the complexity and number of parties to the dispute. Some cases had as many as 96 defendants.

③ *Prafulla Samantray v Union of India* (Judgment 30 March 2012).

本质上，这些数据体现了国家绿色法庭的案件数量从过去的极少发展至今天的庞大，并且继续呈增加趋势。除了加尔各答法庭外，各法庭都十分积极并且处理了各种各样的环境案件，案件也体现了区域性特色。出庭资格和"被侵权人"的宽松解释开辟了向法庭寻求司法救济的途径，促进分散的和超出个体权利的实现。这是目前已知当事人，包括原告和被告，常常诉诸法庭的原因。

第七章

国家绿色法庭发展历程：挑战与成功

2015年，联合国环境规划署法律司司长伊丽莎白·姆雷玛（Elizabeth Mrema）指出：

> ……法治在公正司法中居核心地位，乃和平社会之先决条件。在和平社会中，所有成员都应当尊重环境义务、法律面前人人平等，以及遵循公正和问责原则。法律本身加上强有力的机构，不仅是社会回应环境压力所必需的，也是国际社会应对当今环境挑战至关重要的。
>
> （Mrema 2015：7）

诉诸司法是实现环境正义的第一步。它包括设立专门的环境法院和其他有效的争端解决机制，保证所有受害者和利益相关方拥有法律地位上的平等话语权、上诉权或重审权。

一些国际宣言和国际机构均倡导司法专门化，并设想建立专业的环境法院。环境法院的法官和参与环境案件的律师应当接受环境事务的相关培训，从而促进环境法律法规的完善，达到可持续发展的目的。[①] 澳大利亚新南威尔士州土地和环境法院首席大法官布莱恩·普雷斯顿（Brian Preston）指出：

> 环境法院能够更好地解决当前社会面临的紧迫、普遍及恶性的环境问题（如全球变暖、生物多样性减少等）。应对这些问题，创新观念及设立新机构是必需的。在解决环境问题的程序上和实质上，专门化的环境法院为司法人员和技术专家充分运用他们所拥有的专业知识

---

① See Chapter 1 for details.

和专业技术提供了平台。同时，环境法院也提高了环境救济措施的有效性，能够提出一些新颖的、灵活的救济措施以及应对环境问题的整体性解决方案。

(Preston 2012: 427-428)

目前，已经有1200个环境法院和法庭分布在全球的44个国家和地区（Pring and Pring 2016）[①]。普林教授夫妇指出：

……建立环境法院和法庭并不存在一个适合于所有情形的最佳模式。对每个国家而言，"最好的"环境法院和法庭要能适合这个国家特有的历史、生态、法律、司法、宗教、经济、文化和政治环境，这一点是一目了然的。只有这样的模式才能促成所有利益相关方都能诉诸司法，通过最有效率的过程使得纠纷得以解决。最佳可行的模式应该是通过一个公开、透明的过程进行深入分析的模式……

(Pring and Pring 2016)

在此语境下，印度致力于"绿色法庭"的设立，具有重大的实践意义。印度创设了一系列具有前瞻性、进步意义的司法制度，卓有远见地扩大了对环境事务的管辖权，得到了国际社会的广泛认同（Peiris 1991；同见 Anderson 1998: 1-23）。印度环境司法的发展，体现为其日益完善的司法权及认识到人权与环境保护之间的关系。早期，为了应对环境监管的不足、制度的矛盾和漏洞、行政执法效率的低下、多层腐败（包括为获取个人利益的政治腐败）等问题，印度最高法院采用公益诉讼的方式来充当环境问题的"守门员"。公益诉讼开创了司法能动主义的新时代，法官积极地创新司法程序及救济措施，极大地促进了环境司法的发展。[②]

然而，随着环境公益诉讼的发展，出现了一些问题：司法人员过度参与环境司法事务，迅猛增加的环境诉求，复杂的科学与技术问题，不合理的法院指示，法官个人的司法偏好，判决结果更多是由个别法官主

[①] See Chapter 1 for details.

[②] See Chapter 2 for a detailed discussion.

导而非法官集体意志的体现以及公益诉讼管辖权的扩张。人们开始对环境公益诉讼的效果表示担忧。因此，印度最高法院主张设立"环境法院"，印度最高法院的多份判决均提及此观点，包括："安得拉邦污染控制委员会诉纳尤都教授案（一）（判决于 1999 年作出）"和"安得拉邦污染控制委员会诉纳尤都教授案（二）（判决于 2001 年作出）"；"米合塔诉印度联邦案（判决于 1987 年作出）"；"印度环境法律行动委员会诉印度联邦案（判决于 1996 年作出）。"印度最高法院认为，环境法院可以参考环境科学家和技术专家的意见作出判决，这有助于案件审理。印度法律委员会（2003）赞同印度最高法院的建议，强烈主张设立"环境法院"。印度国会于 2010 年 6 月通过了《国家绿色法庭法》。《国家绿色法庭法》规定设立国家绿色法庭，将环境司法的程序制度化。此法案进一步体现了环境民主原则（环境民主原则包括公平、公众参与、透明度和问责制）。

国家绿色法庭——官方描述为"一个配有必要专业知识、处理涉及多学科环境纠纷的机构"[1]——一个提供环境司法多元化的平台。国家绿色法庭拥有广泛的权力，它由司法人员和技术专家组成，他们可以在一个公开的平台里讨论和审判案件。国家绿色法庭的审判程序包括对抗性、询问性、调查性、合作性的程序。[2] 在本章中，笔者简略阐述上文提到的国家绿色法庭的特征，并在此背景下论述它对印度司法和行政系统的影响，对环境保护的有效性以及社会对它的接受度。本章将回顾国家绿色法庭自 2010 年建立至今的发展历程，并对它经历的挑战和取得的成功作一综述。

国家绿色法庭：挑战

如果一个机构要实现全面有效的运行，就必须准备好必要的基础设施、审判室及配套的相关工作人员。国家绿色法庭成立之初，由于联邦政府和各邦政府对运行国家绿色法庭的承诺犹豫不决以及合作的有限性，致使法庭在制度层面面临巨大的挑战。例如，国家绿色法庭德里法庭在仅具

---

[1] See the NGT website http://greentribunal.gov.in.

[2] See *Vitthal Gopichand Bhungase v Gangakhed Sugar and Energy Ltd* (Judgment 20 December 2013).

备一个临时办公室和一个临时替代性法庭的情况下就开始了工作。① 实质上，国家绿色法庭的开端并不理想。

法庭工作人员严重不足、后勤和基础设施欠缺以及没有为法庭任命人员提供适宜的居住条件，三位司法人员因此辞职：拉木鲁（C V Ramulu）法官、阿米特·塔鲁达（Amit Talukdar）法官和奈杜（A S Naidu）法官。解决这些问题需要印度最高法院干预邦政府的不作为行为。高级法律顾问科尔·苏布拉曼亚姆（Gopal Subramaniam）从国家绿色法庭的利益出发，向印度最高法院提交了一份关于影响国家绿色法庭发展的情况报告，其中描述了一系列"非常令人遗憾的事件"。科尔·苏布拉曼亚姆（Gopal Subramaniam）在报告中指出：

> ……国家绿色法庭员工的住处被安排在德里三等和四等公务员②住宿的范·维吉尼亚（Van Vigyan Bhavan）大楼。员工福利待遇的经费预算也从最初3.2亿卢比减少到1亿卢比，再进一步被降到6000万卢比。每位员工都得自己支付差旅费用。法庭甚至没有提供工作餐，员工们不得不自己购买。政府打算这样对待印度最高法院和高等法院的现任和前任法官吗？③

印度最高法院用"十分困难"来描述这段纠正国家绿色法庭糟糕状况的经历。④ 印度最高法院成立了两个工作组，分别由辛维（G S Singhvi）法官和德耶谬（J Mukhopadnhaya）法官领导。工作组要求：

> 政府为国家绿色法庭所有司法人员提供必要的设施和场所，以确保法庭有效运行，包括为高等法院前任法官和技术专家提供与现

---

① 'Green tribunal gets short shrift' DownToEarth 30 June 2012 www.downtoearth.org.in/news/green-tribunal-gets-short-shrift-38426；'A new era for environmental litigation in India' India in Transition, 30 January 2012 https://casi.sas.upenn.edu/iit/ghosh.

② Class III and IV employees. 印度公务员分为四等：一等为高级公务员，二等为中级公务员，三等为普通公务员，四等为勤杂人员；公务员的福利待遇依据等级安排。参见吴永年《论印度特色的公务员制度》，《深圳大学学报》（人文社会科学版）2008年第5期。——译注

③ 'SC slams poor facilities for green tribunal' Legal India, 20 September 2012 www.legalindia.com/news/sc-slams-poor-facilities-for-green-tribunal.

④ Ibid.

任法官相同的待遇。简而言之，国家绿色法庭成员必须有自己的尊严。①

印度最高法院要求所有的国家绿色法庭必须于2013年4月30日前全面运行。主法庭是德里法庭，其已于2013年1月搬到了一个具有永久使用权、宽敞明亮及现代化基础设施齐备的办公场所。目前，德里法庭运行良好，待处理的案件与日俱增，需要其他区域性法庭协助处理。②

金奈绿色法庭于2012年11月开始运行。目前，它有两个审判庭在审理案件，但考虑到其管辖地区日益增长的案件量，应当进一步改善基础设施。③尽管博帕尔绿色法庭所在地政府承诺要给法庭提供合适的办公场所，并向印度最高法院递交了宣誓书，但法庭刚设立时政府提供的办公场所是一个地下室。辛维法官对此提出了严厉的批评："我们不接受博帕尔政府向最高法院提供的欺骗性宣誓书。我们可以依据这个欺骗性宣誓书，向法庭提起诉讼。地下室不能叫办公场所。"④ 如今，博帕尔绿色法庭已经有了合适的办公场所和基础设施。

普纳绿色法庭的设立也遇到了和其他绿色法庭类似的困难，得到的支持少得可怜。普纳绿色法庭于2012年2月17日筹备设立，但由于缺乏政府的支持，迟至2013年3月才成立。加尔各答绿色法庭的情况更糟，简直让人愤怒，它受到三个邦政府的冷漠对待，分别是中央邦（博帕尔绿色法庭的管辖区域）、马哈拉施特拉邦（普纳绿色法庭的管辖区域）和西孟加拉邦（加尔各答绿色法庭的管辖区域）。2013年3月，印度最高法院发布命令，要求所有的国家绿色法庭全面运行，并要求副总检察长联系相关部门的秘书处，确保各个部门为法庭的运行履行自己的职责。发文指出：

……我们希望相关的国家工作人员知晓国家绿色法庭的重要性，避免出现被起诉的情况。为了不让公众利益受到损害，我们必须设立

---

① 'SC slams poor facilities for green tribunal' Legal India, 20 September 2012 www.legalindia.com/news/sc-slams-poor-facilities-for-green-tribunal.

② See Chapter 6 for caseload growth in all benches.

③ See Chapter 6 for figures demonstrating the caseload growth of the Chennai Bench.

④ See nl page 227.

国家绿色法庭。①

印度最高法院的命令促使邦政府采取了一系列的必要措施，保障博帕尔绿色法庭和普纳绿色法庭的运行。这包括提供合适的办公空间、配有足够工作人员的审判庭、立案庭，设立行政部门、会计部门，配备员工休息室、图书馆及一个方便不能亲自到庭的当事人参加法庭审理的多媒体会议室。

西孟加拉邦政府没有执行印度最高法院的命令。国家绿色法庭庭长视察加尔各答绿色法庭时发现邦政府提供的条件很差，尤其是提供给法官的住处，可谓"破旧不堪，甚至没有卫生间，无法居住"。由于西孟加拉邦政府对印度最高法院命令的无视，印度最高法院向中央政府建议把加尔各答绿色法庭搬到古瓦哈蒂（Guwahati）或者兰契（Ranchi）。印度最高法院认为：

> 争论这些问题是没有必要的，纯粹是浪费法院的时间和精力。庭长完全没有必要去视察加尔各答绿色法庭，它的设立是因为一些政治原因。但是，鉴于西孟加拉邦政府完全不合作的态度，我们建议把加尔各答绿色法庭搬到古瓦哈蒂或者兰契。②

影响国家绿色法庭设立和运行效力的负面原因，可以从两个方面来解释。其一，反应迟钝且功能失调的行政机关没有意识到环境问题的重要性。例如，2013年印度审计总长报告指出，环境和森林部在森林采伐许可方面出现了严重的监管失误，它监管的部分林地被改变了土地性质，林地被用作了非林地用途（包括工业、商业和其他用途的开发项目）。环境和森林部未能适当地履行其对林地的监管职责，违反了1980年通过的《森林保护法案》中关于改变林地用途条件的规定。该报告还指出，某些案件涉及的项目不符合法定条件。例如，拉贾斯坦邦（Rajasthan）和奥

---

① 'SC asks states to provide offices to green tribunal' TwoCircles.net, 15 March 2016 http://twocircles.net/2013mar15/sc_ asks_ states_ provide_ offices_ green_ tribunal.html#.VuqqvuaHjdM.

② 'Kolkata may lose green tribunal bench to Guwahati or Ranchi' Times of India, 10 July 2016 http://timesofindia.indiatimes.com/city/kolkata/Kolkata-may-lose -green- tribunal-bench-to-Guwahati-or-Ranchi/articleshow/20996616.cms.

利萨邦（Odisha）没有得到中央政府预先许可就续展采矿合约，属于租约未经授权。该报告认为，目前存在许多问题：未经授权就续展合约、非法采矿、尽管环境监管报告中有不良评论仍继续签订采矿协议、开发项目没有获得环境清拆许可、未经批准就改变林地的用途、擅自砍伐森林。据印度审计总长报告所示，邦政府未经环境和森林部的批准就续展采矿合约的案例达219件。[1]

其二，更为重要的是，环境和森林部及相关行政机关对环境问题漠不关心，并存在超越职权或疏忽职责的情况，国家绿色法庭的多个判决均谈及此问题。[2] 环境和森林部经常由于未能遵守自己的程序规则，而受到国家绿色法庭的严厉批评。例如，对没有事先完成环境影响评价、环评程序不正确、环评专家评审委员会成员没有相应资质的项目授予许可。[3] 国家绿色法庭已经做好准备举行听证会，让环境和森林部对其不合适或不合情理的决定作出解释，并召集高级公务人员到庭听证。[4] 事实上，在"苏迪普·希里瓦斯塔瓦诉恰蒂斯加尔邦案（判决于2014年3月24日作出）"中，国家绿色法庭就已经迈出了这一步，它以环境和森林部某些肆意的行为以及忽视影响环境问题整体评价的重要事项为由，批评了主管邦环境和森林部的部长。

在德里的空气污染案["瓦尔德赫曼·考西柯诉印度联邦案（判决于2015年4月7日作出）"]中，国家绿色法庭认为：

---

[1] 'Environment ministry failed to monitor forest diversion: CAG' Down To Earth, 8 September 2013 www. downtoearth. org. in/news/environment-ministry-failed-to-monitor-forest-diversion-cag-42131.

[2] *Sarpanch , Grampanchayat Tiroda v State of Maharashtra* (Judgment 12 September 2011); *Jan Chetna v MoEF* (Judgment 9 February 2012); *Prafulla Samantray Union of India* (Judgment 30 March 2012); *Adivasi Mazdoor Kisan Ekta Sangathan v MoEF* (Judgment 20 April 2012); *Osie Fernandes v MoEF* (Judgment 30 May 2012); *Rohit Choudhary v Union of India* (Judgment 7 September 2012).

[3] *Sreeranganathan K P , Aranmula v Union of India* (Judgment 28 May 2014); *Prafulla Samantray v Union of India* (n 16 above); *Rohit Choudhary v Union of India* (n 16 above); *Samata v Union of India* (NGT Judgment 13 December 2013); *Kalpavriksh v Union of India* (Judgment 17 July 2014).

[4] 'NGT issues warrant against MoEF secretary' *Hindustan Times*, 27 March 2015 www. hindustantimes. com/india-news/ngt-issues-warrant-agianst-moef-secretary/article1-1331135. aspx; NGT summons Environment Secretary over MoEF's absence from hearings' Times of India, 1 December 2013 http: //articles. economictimes. indiatimes. com/2013-12-01/ news/44619558_1_joint-secretary-the-ngt-moef.

……当局、相关部门及邦政府甚至都没有开始执行国家绿色法庭发布的早期指令。随着空气污染的日益严重，生活在印度首都的居民，也就是德里的居民越来越多地受到各种疾病的困扰，这些污染物的最大受害者是今天的儿童和印度的明天。目前，空气污染不断加剧且污染程度已达到骇人听闻的程度，德里的居民甚至难以自由呼吸，更不用说呼吸新鲜空气，这样的事实也充分体现出邦政府对环境问题懈怠和随意的态度。

（该案案卷第 2 段）

在"贾伊·辛格诉印度联邦案（判决于 2016 年 2 月 18 日作出）"中，国家绿色法庭明确指出，政府和环境监管机关没有履行预防和控制环境污染的职责，这些污染来源于非法和未经授权的采矿、运输砂石、运营碎石场以及经营发电厂等活动。国家绿色法庭认为：

……这些污染行为必须纳入法律法规的监管范围之内。政府、议会和有关部门不仅要意识到自己的责任和法定义务，并且应当确保不存在无序开发自然资源的行为和不出现环境退化问题。调查发现，尽管国家最高级别的法院和法庭，即令人尊敬的印度最高法院已经颁布了相关命令，邦政府、当局、环境和森林部及其他相关部门仍然允许这些污染环境的行为。有明确的证据表明，非法采矿活动仍然在持续……责任方仅以证据伪造为借口，否认照片、视频和其他书面证据的真实性，并不能免除被起诉……

（该案案卷第 93 段）

据报道，国家绿色法庭的早期遭遇十分窘迫，国家机关工作人员及政治家们不愿意给法庭提供适当的支持，他们希望用这种方式限制法庭的发展。无论中央部门、邦政府还是各法定环境团体都尚未习惯以一种探索的、有根据的、系统的方式被质询，并且也尚未习惯依据规律的、公开的"实质审查"来作决定。[①] 以前，这些当局部门都很享受直接考虑各专家

---

① 'Law of the jungle' *The Hindu*, 18 October 2013 www.thehindu.com/opinion/op-ed/law-of-the-jungle/article5244600.ece.

委员会、行政官员和部长的意见就可作出官方或非官方决策的权力。结果是出现未经过适当的环境和社会影响评价就任意批准项目的情况，更令人不安的是这些项目经常违反相关的法律法规。事实上，第六章的案例数据分析指出，受害者向国家绿色法庭寻求救济的一个主要原因，就是中央和地方机关未能遵守法定的程序办事。

一旦有适当的理由，国家绿色法庭就会采取行动批评政府部门。环境和森林部意识到此情况，认为自己容易受到攻击，从而采取了实际措施，组建了一个高级委员会负责审查与森林和环境相关的法律法规。苏巴马廉（T S R Subramaninm）被任命为高级委员会的主席。高级委员会的职权范围包括：

1. 评估六部法律的实施情况；[1]
2. 审查和研究与这些法律相关的法院命令和司法判决；
3. 建议这些法律进行必要的修订，以符合当前的状况及更好地实现立法目的；
4. 起草上述这些法律修订案，落实拟议的建议。

高级委员会的报告令人惊讶，它批评了监管机关在处理环境事务中的表现。报告指出：

> ……行政机关，正如被指出的那样，没有发挥自身本应该引以为荣的特点……事实上，还因为基本能力的不足，引起了司法机关的关注……包括：执行力不够，管理制度有缺陷，资源管理不善，技术使用不足，可靠性缺失，强制执行措施效力薄弱，政府管理的掣肘，政策存在空白或漏洞，存在环境保护的不利因素等。
>
> （HLC 2014：8 and 22）

高级委员会的职权范围受到限制，未被授权审查《国家绿色法庭法》。然而，高级委员会超越授权指出："如果《国家绿色法庭法》生效，建议设立另外的机构——地方环境法院和上诉委员会，严格限制国家绿色法庭的权能。"

---

[1] *Environment（Protection）Act* 1986；*Forest（Conservation）Act* 1980；*Wildlife（Pro-tection）Act* 1972；*Water（Prevention and Control of Pollution）Act* 1974；*Air（Prevention and Control of Pollution）Act* 1981；*and Indian Forest Act* 1927.

高级委员会建议在每个区设立专门的地方环境法院，并由一名具有地区法院主审法官级别的法官领导。此外，高级委员会建议在环境保护领域设立新的"保护伞式"的法律——《环境法（环境管理法案）》。依据《环境法（环境管理法案）》的规定设立两级新的部门，中央设立国家环境管理局，各成员邦设立邦级环境管理局，专职处理环境问题、审批环境清拆许可、进行环境监测（HLC 2014：62，63 and 68-71）。《环境法（环境管理法案）》规定设立一个上诉委员会，审理当事人对国家环境管理局、邦级环境管理局及环境、森林和气候变化部作出的项目清拆决议不服提起上诉的案件，并规定审理时限为三个月。上诉委员会由政府设立，由一名退休的高等法院法官主持，配备两名资深的政府退休或在职的秘书人员（HLC 2014：64，65，74 and 75）。在法院询问或法庭行使独立司法权力，或当事人依法定事由起诉前，政府、国家环境管理局、邦级环境管理局依据《环境法（环境管理法案）》作出的决定不容置疑（HLC 2014：75）。国家绿色法庭的管辖权受到限制，仅限于审查上诉委员会审理的国家环境管理局和邦级环境管理局的上诉案件，且必须依据印度最高法院和高等法院关于行政行为司法审查的规定（HLC 2014）。

如果高级委员会的建议得到采纳并付诸执行，则国家绿色法庭将被剥夺一审的权力，沦为一个只能进行司法审查的上诉法院，且不能行使独立司法权力。高级委员会的这个建议是倒退的，其将显著地削弱国家绿色法庭的权力，包括实质审查的权力。实质审查在环境事务中很重要，因为它能暴露出环境监管机关的违规行为和错误决策。正如首席大法官普雷斯顿所言：

> 实质审查有许多好处，包括：为审议重要问题提供一个全面且开放的平台；增强决策者的责任感；明确立法的意义；确保立法原则与立法目的得到遵守；注重政策文件、指导方针及规划战略的准确性和质量；强调应该通过法律改革解决问题。

（Preston 2012：404）

这样的变化不可避免地限制了国家绿色法庭的权能。高级委员会的报告是在3个月内完成的，并于2014年11月18日提交给政府。随后，由议会的科技、环境和森林常务委员会对高级委员会的报告进行审议。议会常务委员会于 2015 年 7 月 3 日提交了审议结果。议会常务委员会决定不采纳高级委员会的报告，理由是高级委员会没有与利益相关者进行充分、有意义及广泛的协商，仅用 3 个月就审查了 6 部环境法律，用时太少，过于仓促（议会常务委员会 2015：9）。对议会常务委员会提交的文本进行进一步解读，可以看出，议会常务委员会支持现有的环境司法框架，特别是国家绿色法庭，并且认为其不应当遭到破坏。议会常务委员会指出：

> 高级委员会报告中的一些基本建议是令人疑惑的，它会导致为保护环境而构建的现有法律和政策体系遭到破坏，这样的结果是不能被接受的。此外，高级委员会不应该给人们留下这样的印象，即在一个委员会的组成和管辖权本身存在疑问的情况下，还惯于胡乱地修改既定的法律和政策。如果政府想要重新考虑环境领域的政策，可以考虑任命另一个委员会，其按照既定的程序设立且由知名专家组成……
>
> （议会常务委员会 2015：9）

此外，民间社会、非政府组织和专家均对高级委员会报告中的建议持保留意见。例如，森林和环境法律倡议组织的瑞特维克·杜塔（Ritwick Dutta）认为：

> 高级委员会知道……《国家绿色法庭法》已经开始施行，它是环保运动的希望，给予环保事业以新的声音和新的法律权利……国家绿色法庭已经处理了 5000 余起环境案件。
>
> （议会常务委员会 2015：7.10）

环境与科学研究中心的钱德拉·布尚（Chandra Bhushan）认为：

> 需要更多的思考，再去决定这个国家今后到底需要什么样的机构。目前，已经有了国家绿色法庭、区域法院、高等法院和最高法院。高级委员会还建议增加更多的机构，如上诉机构以及地方环境

法院。

（议会常务委员会 2015：7.4）

然而，国家绿色法庭在最高法院的支持下还是克服了这些略有敌意的怀疑，并承诺在印度全国均会实现《国家绿色法庭法》规定的实际效果。国家绿色法庭虽然遭遇了设立初期的挫折以及受到了强大机构的持续干涉，但这仍然是一个通过努力而获得成功的故事，国家绿色法庭的实力和公众认可度都得到了显著的提高。

国家绿色法庭：成功

在最后一章中，笔者将国家绿色法庭的历史放在管理学学者罗伊·萨德达比（Roy Suddaby）和蒂里·维亚莱（Thierry Viale）提出的理论框架内进行讨论。① 本书将国家绿色法庭的相关材料、实地调查结果和案例分析数据与两位学者2011年提出的"组织理论"放在一起分析。两位学者提出了四个原则，涉及专业人员、机构变革和外部效应。所谓外部效应，即专业人员与机构之间的交互作用所带来的领域变化：

1. 专业人员利用他们的专业知识和专业地位挑战现行秩序，释义一个崭新的、开放的、未被界定的领域或者占领并重新释义一个已被界定的领域；

2. 专业人员利用他们固有的社会资本和技能，引入新参与者以及给新参与者赋予新身份，丰富此领域；

3. 专业人员引进刚出现的、新的规则和标准，此新的规则和标准可以重构领域之间的界限；

4. 专业人员在一个领域内操纵社会资本并促进社会资本的再生产，从而在该领域建立新的等级制度或社会秩序（Suddaby and Viale 2011：424）。

从四个原则来分析，国家绿色法庭的成员是专业人员（Jowitt 1977：1442）。

第一个原则，可以用德扎莱（Deazlay）和加思（Garth）提出的以经验研究和应用研究为方法的"组织理论"进行解释（Dezalay and Garth

---

① I am grateful to Professor Suddaby for bringing his work to my attention.

1996)。德扎莱和加思论证了法官、商人和律师如何界定新的业务领域。①法官、商人和律师对经济生活以及知识更替中出现的一些新领域进行创造性研究，如国际商事纠纷。这些新领域是现有司法制度既定管辖范围之外的。重新定义争端解决的方式，为包括学者和退休法官在内的边缘行为者创造了一个机会，其有可能成为新领域的法律专家。

具体来说，国家绿色法庭内部的程序改变引起了新的领域变化。换言之，由于受到机构变革的内部影响，外部环境也发生了改变。国家绿色法庭积极行动，主动扩大管辖权，采取有效措施保护环境法益及利益相关者的利益，尤其是原住居民的利益，以此占领了部分环境司法领域。国家绿色法庭对"受害人"一词进行扩大解释，为被剥夺诉诸司法权利的人和非政府组织代表提供了一个诉诸司法的机会。从而，创造了一个包容性的司法环境，法庭乐于探索并有能力关注、解决及回应申请者担忧的环境问题。② 此外，公共利益、福利和环境保护权益的制度化均大力提倡和支持公众参与。司法机关必须致力于消除不平等现象、提高公众认同感、积极发挥个人和社区的作用，这也是印度环境司法所面临的难题。例如，在"帕雅瓦兰·桑拉克尚·桑戛西·撒米提·里帕诉印度联邦案（判决于2016年5月4日作出）"中，国家绿色法庭承认了村民的权利，即喀山综合水电工程建设项目应当事先征求村民的意见。③ 法庭要求环境和森林部与邦政府在批准该项目的森林采伐许可前，确保将项目安排在格拉姆·萨博哈（Gram Sabha），④ 即喜马偕尔邦科努尔区（Kinnaur）的一

---

① This change has been experienced in India with the growth of the mega-law, practices such as Amarchand & Mangaldas, Suresh A Shroff & Co, AZB & Partners, J Sagar Associates, Luthra & Luthra, Khaitan & Co and Trilegal that focus on inter-national commercial work and cross-border dispute settlements. These large specialised practices present a dramatic contrast to the traditional, sole-practice Indian lawyer who focuses on litigation within the established Indian courts.

② See Chapter 3 for a detailed discussion.

③ The construction of the 130 megawatt Kashang Integrated Hydro Electric Project involved the acquisition of forest land, thereby affecting the forest cover, valuable pine trees and jeopardising the livelihood of the community. See, generally, the Scheduled Tribes and Other Traditional Forest Dwellers (Recognition of Forest Rights) Act 2006 and condition 16 of the 'In Principle' forest clearance.

④ Gram Sabha is described as the foundation of the Panchayati Raj system. It consists of all the adult members of a village and keeps a check on the activities of Gram Panchayat and inuences their decisions for the welfare of the village.

个村庄。① 在此案的审判过程中，当地社区居民积极参与，表示对国家绿色法庭的认同。法庭广泛征求公众意见以及平衡社会与经济发展之间关系的行为，也进一步体现了环境司法的进步。因此，国家绿色法庭逐渐得到公众的认可，环境司法领域的状况得以改善，这也是国家绿色法庭内部改革的结果。

正如我们所知，印度曾是殖民地，殖民从来都是充满斗争和需要付出代价的。很少有殖民地在被殖民前没有其他占领者。在殖民过程中，有赢家也有输家。然而，国家绿色法庭仅通过内部的程序扩张和变革就占领了环境司法领域，没有与以前的占领者发生斗争，尤其是已经被印度最高法院和高等法院受理的环境案件。国家绿色法庭是先占领环境司法领域后，才开始设立法庭。印度最高法院把环境案件移交给国家绿色法庭，并建议高等法院也把案件移交给国家绿色法庭，因为这些案件都是难处理、长期积压的案件。② 但是，高等法院对此表示担忧，认为环境案件单方面由国家绿色法庭作出裁决，可能导致国家绿色法庭的权力扩大，包括独立司法

---

① In a landmark judgment, *Orissa Mining Corporation v MoEF* on 18 April 2013, the Supreme Court directed that the smallest units of local governance use their powers and take a decision on whether the Vedanta Group's $1.7 billion bauxite mining project in Odisha's Niyamgiri Hills should go forward. The decision validated the Gram Sabha's power under the Scheduled Tribes and Other Traditional Forest Dwellers (Recognition of Forest Rights) Act 2006.

② *Bhopal Gas Peedith Mahila Udyog Sangathan v Union of India* (2012) 8 SCC 326. The Supreme Court observed:

keeping in view the provisions of the NGT Act 2010... it can be safely concluded that the environmental issues and matters covered under the NGT Act, Schedule 1 should be instituted and litigated before the National Green Tribunal. Such approach may be necessary to avoid likelihood of conflict of orders between the High Court and NGT. Thus, in unambiguous terms, we direct that all the matters instituted after coming into force of the NGT Act and which are covered under the provisions of the NGT Act and/or in Schedule 1 of the NGT Act shall stand transferred and can be instituted only before the NGT. This will help in rendering expeditious and specialised justice in the field of environment to all concerned. (347)

In *Adarsh Cooperative Housing Society Ltd v Union of India* (Order 10 March 2014), the Supreme Court of India stayed its own order by which it had transferred all environmental cases from High Courts to the NGT. In *Vellore Citizen Welfare Forum v Union of India* 2016 SCC OnLine Mad 1881 the Madras High Court stated. '... however, it appears that the application was withdrawn on 11.8.2014' (para 78). Additionally, the Supreme Court transferred more than 300 cases to the NGT in 2015. The Green Bench, headed by the then Chief Justice H L Dattu, decided to let go of several cases for swift decisions, thereby also shedding its pendency. See Chapter 3 for further details.

权力，而独立司法权力先前仅由高等法院行使。① 因此，在国家绿色法庭与环境和森林部早期持续的冲突中，当国家绿色法庭开始行使独立司法权力时，部分高等法院要求参与案件审理，原因是担心国家绿色法庭赋予自己进一步的司法权力。

关于国家绿色法庭行使独立司法权力的问题，环境和森林部最先提出质疑。尽管国家绿色法庭多次要求这样做，但政府部门都拒绝将这项权力赋予它。在2013年印度最高法院发布关于国家绿色法庭全面运行的命令之前，环境和森林部指出："印度政府并没有同意赋予独立司法权力给法庭。国家绿色法庭是一个审判机构，应当遵守2010年的《国家绿色法庭法》。"②

国家绿色法庭庭长为它行使独立司法权力作出辩护："我们的工作是保护环境。太阳下的任何事情都属于环境范畴。我们在程序上是自由的，并且我们是为了民众的利益。"③

马德拉斯高等法院限制金奈绿色法庭行使独立司法权力，称绿色法庭的司法权超过了边界。马德拉斯高等法院认为：

> 国家绿色法庭不能替代高等法院。国家绿色法庭必须在2010年《国家绿色法庭法》规定的范围内运行。国家绿色法庭应当在法律的框架内采取行动。在《国家绿色法庭法》或依据此法制定的规则里，没有相关规定表明国家绿色法庭可以对包括法定机关在内的任何人行

---

① In suo motu proceedings a court acts on its own volition in the absence of parties. Interestingly, the NGT Act 2010 does not expressly provide the authority to initiate suo motu proceedings. *In Baijnath Prajapati v MoEF* (Judgment 20 January 2012), the NGT commented that 'at the same time it is mentionable that we are not conferred with suo motu powers' (para 9). However, recently a further controversy has arisen in *Manoj Misra v DDA* (Order 25 May 2016) concerning the legitimate usage of contempt powers by the NGT. The matter is pending awaiting hearing.

② 'No suo moto powers provided for you, MoEF tells green tribunal' *Indian Express*, 26 August 2013 http://archive.indianexpress.com/news/no-suo-motu-powers-provided-for-you-moef-tells-green-tribunal/1160046/.

③ www.oneindia.com/india/government-should-focus-on-cleanliness-of-environment-national-green-tribunal-1681721.html. Additionally, the chairperson had previously informed me in an interview, dated 16 July 2014, regarding his position on suo motu power. Judges 2, 4 and 6 agreed with the chairperson in their interviews, dated 6 and 8 April 2015, on exercising suo motu.

使独立司法权力。①

马德拉斯高等法院于 2015 年 7 月 7 日颁布相关命令,② 认为国家绿色法庭不应当进一步行使独立司法权力。

一些受访的律师表示,他们对国家绿色法庭行使独立司法权力的行为持保留意见。例如,在国家绿色法庭出庭过的(本书调查中的受访人)4 号律师和 5 号律师认为:"法庭是一个法定机关,司法权必须依据法律规定行使。法庭不能自己扩大司法权。"③ 国家绿色法庭行使独立司法权力的合法性颇具争议,国家绿色法庭称其行使合法,但高等法院的法官及环境和森林部提出了质疑。④ 尽管国家绿色法庭行使独立司法权力具有重大的程序价值,但这方面的司法权扩张问题仍然悬而未决。国家绿色法庭仅被授权制定自身的程序,允许法庭从四面八方寻找迫在眉睫、涉及公众利益的环境案件。⑤

此外,国家绿色法庭在程序和权能方面,另一个重要并具有争议的问

---

① 'Green tribunal's wings clipped, Madras High Court halts suo motu proceedings', *Times of India*, 3 January 2014 http://timeso ndia. indiatimes. com/city/chennai/ Green – tribunals – wings – clipped–Madras–high–court–halts–suo–motu–proceedings/article show/28346066. cms.

② P Sundarajan v Deputy Registrar NGT (2015) 4 LW 23 at 27; *Vellore Citizen Welfare Forum* (n 27 above).

③ Interviews 10 and 16 April 2015.

④ See above n 31 and n 32. In an affidavit filed before the Supreme Court, the MoEF stated that: '…the government of India has not agreed to confer suo motu powers on the Tribunal. It is for the NGT, an adjudicatory body, to follow the provisions of the NGT Act 2010'. 'No suo motu powers provided for you, MoEF tells green tribunal', *Indian Express* (Archive), 26 August 2013 http://archive. indianexpress. com/news/no– suo–motupowers–provided–for–you–moef–tells–green–tribunal/1160046.

⑤ *Tribunal on its Own Motion v District Collector*, Sivaganga District 2014 SCC OnLine 1450 to prevent pollution of the Sambai; *Tribunal on its Own Motion v Union of India* 2014 SCC OnLine 1433 on a news item published in *The Hindu* dated 21 November 2013 under the caption 'Plan for stadium at Tirupathi raises eyebrows'; *Tribunal on its Own Motion v Union of India* 2014 SCC OnLine 2352 about 'Setting up of petrol bunk in Sathyamangalam Reserve forest' published in *The Hindu*, dated 1 August 2013; *Tribunal on its Own Motion v The Secretary*, MoEF 2013 SCC OnLine 1086 regarding unauthorised constructions in Muttukadu coastal zone, report in *New Indian Express* dated 7 July 2013; *Tribunal on its Own Motion v State of Tamil Nadu*, Municipal Administration and Water Supply Department 2013 SCC Online 1105 regarding quality water to be delivered by public tap, based on letter dated 24 July 2013 from Shri Ramchandra Srivatsav.

题是赋予它自己司法审查权。① 国家绿色法庭自主扩大其权能，主要体现在司法权的扩张上。但是，此种扩张伴随着传统机关对它的不断质疑和挑战，因为这些传统机关先前一直垄断性地控制着上述权力的行使。在"威尔弗雷德诉环境和森林部案（判决于2014年作出）"和"卡尔帕夫里克奇诉印度联邦案（判决于2014年7月17日作出）"中，国家绿色法庭认为：

> 法庭必须行使一些权力，这些权力是公正司法所必需的……部分争议涉及的事实和法律是在设立法庭之前就发生的，法庭不得不扩大它的权力去裁决。法庭具有内在的权力，国家绿色法庭也是法庭，可被默许适用上述法律原则。此外，国家绿色法庭依据《国家绿色法庭法》的规定，特别是第19条的规定，它在遵循自然正义原则的前提下，有权制定自己的程序。
>
> （该案案卷第44段）

为进一步支持自己行使权力，国家绿色法庭认为：

> ……如果一项通知涉及《国家绿色法庭法》附录中的法律规定，而国家绿色法庭没有权力审查此通知的正确性、合理性和合宪性，这将是对司法的歪曲。此外，国家绿色法庭依据《国家绿色法庭法》的规定行使其既定司法权，如果缺乏司法审查权，就不能对它设立之前产生的实质性环境问题作出有效的、完善的裁决。
>
> （该案案卷第58段）

宪法专家认为，国家绿色法庭适用司法审查权超越了其法定职权，非正当地获得了仅限于上级法院享有的权力。一般而言，程序法里规定的司法审查，指高等法院有权对各自司法管辖区内的法院和法庭进行司法监督，这是印度《宪法》基本结构的一部分。在"尚德拉·库玛尔诉印度联邦案（判决于1997年作出）"中，印度最高法院认为：

---

① See Chapter 3.

……法庭不能代替高等法院，他们只能起到补充作用，而非替代作用，因为高等法院和印度最高法院对政府法令及行政法规进行合宪性审查的权力决不能被剥夺或排除。因此，除了高等法院和印度最高法院之外，法庭不能享有既定的司法审查权。

(该案案卷第 302 段)

宪法专家认为，上级法院才能决定法律的实质性问题。借用拉吉夫·达万（Rajeev Dhawan）所言："……国家绿色法庭不能违反法律。它只能审查它自己作出的判决，并考虑判决是否符合《国家绿色法庭法》第20条规定的三项原则。"[1] 印度最高法院的前法官如玛·帕尔（Ruma Pal）表示质疑："我们的'司法机关'到底包括哪些主体？是限于宪法法院，还是包括那些具有裁决权的法庭及那些仅仅有法院外部标志的法庭？"[2] 面对越来越严重的法庭化趋势，一部分人，特别是直接利害关系人认为此现象严重侵犯了上级司法机关的独立性和司法权，导致司法机关之间组织混乱、职权重叠、关系复杂。

国家绿色法庭采取并实施了"调查程序"[3] 和"利益相关者协商裁决程序"[4]。此程序为所有利益相关者提供了一个平台，他们可以对案件涉及的事实和专门知识进行了解、沟通及交流，以此提高各方参与案件的积极性和主动性。正在审理的"亚穆纳河案"[5] 和"空气污染案"[6] 可以进一步解释这种参与机制。国家绿色法庭的主席斯瓦坦·库马尔指出：

……我们打电话给每一个人。我们打电话给哈里亚纳邦（Haryana）的首席秘书，德里的首席秘书，北方邦的首席秘书，所有

---

[1] 'Tribunal on trial' Down To Earth, 30 November 2014 www.downtoearth.org.in/coverage/tribunal-on-trial-47400.

[2] 'When tribunals undermine the judiciary' Rediff News, 25 October 2013 www.rediff.81 com/news/column/when-tribunals-undermine-the-judiciary/20131025.htm.

[3] See Chapter 5.

[4] Ibid.

[5] *Manoj Misra v Union of India* Judgment 13 January 2015, now referred to as the Maily se Nirmal Yamuna Revitalization Plan 2017.

[6] *Vardhaman Kaushik v Union of India and Sanjay Kulshrestha v Union of India* (Order 7 April 2015).

环境污染控制委员会，所有尼噶人①，德里法律委员会（监管机构）……我们试图从他们那里了解，如果要执行判决，他们将面临什么困难或障碍。我们处理的是公众关心的问题，所有利益相关者的参与很重要……我们必须建立一个机制，此机制能促进利益相关者参与案件，因为我们处理的大部分案件都涉及公众利益，只有极少数案件仅仅涉及个体利益。总的来说，我们正向着一个结果努力，那就是作出更实用、更易执行、更持续及更有效的裁决。这就是我们处理当前问题的方式。②

综上所述，为了扫清程序障碍以确保更好地处理环境案件，国家绿色法庭充分行使有权制定自己程序的权力，积极创立各种程序规则。③ 国家绿色法庭程序的扩张导致了一系列变化，包括法庭内部制度变革以及外部环境改变。国家绿色法庭通过程序改革和专业知识的运用，获得了现有的地位、权力和公众认可度，扩大并重新界定了法庭的管辖范围。国家绿色法庭为了获得更多的司法权和管辖权，挑战既有的公共机关④，特别是环境和森林部及高等法院。挑战的结果虽悬而未决，但在此过程中，公众对国家绿色法庭的认可度不断增强。

第二个原则，指专业人员利用他们固有的社会资本和技能，引入新参与者以及给新参与者赋予新的法律地位，丰富此领域。萨德达比（Suddaby）和维亚莱（Viale）指出，学者们对领域变革进行研究，主要以专业人员参与的制度性工作以及新机构的产生过程为研究内容（Suddaby and

---

① 尼噶人（nigams），维基百科的解释是印度北部的卡雅斯塔（Kayastha）氏族。https://en.wikipedia.org/wiki/Nigam。——译注

② Speech of Justice Swatanter Kumar, Orientation Programme on Environment and Law, Delhi Judicial Academy http://judicialacademy.nic.in/index.php?option=speech&view=content&id=1.

③ Section 19 NGT Act.

④ For example, the Chief Minister of Meghalaya, Mukul Sangma, urged Prime Minister Modi to allow the state government the right to regulate the previously largely unregulated mining activities in view of the peculiar ground conditions in the Hill state. This intervention was the result of a wave of protests against the NGT's ban on unscientific rat-hole mining in Meghalaya. Coal-mining is a major source of livelihood for people and of revenue for the government. However, the NGT decided that the unscientific, unlicensed and illegal coal-mining affected water sources and the landscape, and overall it degraded the ecology: *Impulse NGO Network v State of Meg-halaya* (Order 9 June 2014).

Viale 2011：430）。萨德达比和维亚莱进一步深化研究，以专业人员引入新参与者为研究内容，指出新参与者是具有一定专业知识的人或具有特定价值的人，人们先前不重视这些新参与者；在专业人员引入新参与者的过程中，人们开始了解这些新参与者，并认同新参与者对领域发展的贡献。国家绿色法庭的人员是专业人员，其引入新的外部专业人员①的过程，就是领域变革中专业人员引入新参与者的一个例证。国家绿色法庭为增加判决的可靠性，引入外部技术专家参与法庭的调查活动，以专家意见作为审判依据。所有的国家绿色法庭都有权力任命外部技术专家，外部技术专家可以对法庭咨询的问题提供独立、公正、科学的意见。虽然每个国家绿色法庭内部都有一位技术专家，但此内部技术专家的专业知识仅限于特定的某个领域或某些领域。一个研究水污染及有关事项的内部技术专家，不能对涉及森林问题的案件提供适当的意见。② 因此，法庭精心挑选外部技术专家，此外部技术专家必须具备相关资质，且与双方当事人无利害关系。国家绿色法庭引入新的、非法律的技术专家参与案件的事实调查和科学评估，尤其是大学和独立研究机构。③ 某位法官形容这个过程如下：

> 如果一个案件所需要的科学知识是法庭现有体制下难以获得的，我们就向大学或研究机构寻求帮助，如农业大学、国家环境工程研究所。大学或研究机构远离联邦及成员邦的控制，他们能够更好地为我们提供独立、适当的反馈意见。例如，如果案件涉及农业用地，我们任命外部技术专家作为法院专员，亲自到现场进行勘查并作出评估。法院专员作出关于农业土地和农作物损失以及支付给农民适当赔偿金的技术评估，为我们案件审理提供帮助。我们一直谨慎地选择外部技术专家，保证外部技术专家的独立性。如果专家在某个项目上因为一些历史的原因存在一定利害关系，就可能导致冲突，我们对其提供的

---

① 外部专业人员，是与国家绿色法庭的内部工作人员相对的一个范畴，包括外部技术专家及外部法律人员等。——译注

② This illustration was given to me by a judge, interview 30 March 2015.

③ *Ashok Gabaji Kajale v M/S Godhavari Bio-Refineries Ltd* (Judgment 19 May 2015); *Subhas Datta v State of West Bengal* (Order 28 July 2015); *Paramjeet S Kalsi v MoEF* (Judgment 15 May 2015).

专业知识及独立性没有信心。①

一位法院内部技术专家指出，他仅仅具有某个领域的专业知识，如果案件需要其他领域的专业科学评估，他就不能胜任。这体现了外部技术专家的价值：

>我们得到了很好的支持，可以获得来自技术机构和大学的评估报告。如果我的专业知识没有涉及这一点，我们愿意指定第三方技术专家。例如，我们最近刚刚邀请了巴罗达大学的专家给我们提供技术支持。②

事实调查委员会，是外部技术专家参加国家绿色法庭审理程序的另一种机制。在"阿姆里特·马哈尔·卡瓦尔案"中③，国家绿色法庭任命了一个由外部技术专家组成的事实调查委员会，对案件中涉及的环境问题进行评估。国家绿色法庭指出：

>……法庭对事实调查委员会的报告进行了彻底的审查，并对各方提出的意见进行了考量。法庭认为事实调查委员会的报告有助于理清此案的环境问题，报告是完全令人满意的，可以依据此报告作出判决。

（该案案卷第 160 段）

外部法律人员的任命，进一步阐明了国家绿色法庭如何让外部专业人员参与案件。④

新参与者的加入和机构的发展之间存在共生关系。我们必须认识到，

---

① See n 2 page 241.
② Interview 31 March 2015.
③ *Environment Support Group v Union of India*（Judgment 27 August 2014）.
④ See *Mahalaxmi Bekar v SEIAA*, *Mumbai* Order 27 February 2015. amicus curiae 原译为"法庭之友"，此处指外部法律人员，即在"玛哈拉克西姆·贝卡尔诉邦级环境影响评价机构（判决于 2015 年 2 月 27 日作出）"中，国家绿色法庭任命了一位律师作为"法庭之友"为经济困难的申请人提供法律服务。——译注

这些外部、独立、科学及非法律的技术专家,增强了国家绿色法庭的专业性,强化了国家绿色法庭在环境司法领域的地位。同时,法庭也认可外部技术专家的价值和重要性。[①] 综上所述,国家绿色法庭内部的发展和变革,引起了环境司法领域的改变,即国家绿色法庭获得了更多的公众认可和支持。

第三个原则,指专业人员引入新的规则和标准,重新定义领域之间的界限。萨德达比和维亚莱指出:"专业人员利用他们的专业性,挑战领域界限,同时,进一步利用他们的专业知识构建新的规则制度。此新规则制度考虑到更广泛的公众利益……"(Suddaby and Viale 2011:432)。

具有法学背景的法官和具有环境科学技术背景的专家,同时作为决策者共同审理案件,跨学科的决策过程导致该类案件的判决不同于传统的判决,即判决结果通常涉及创新性的环境救济措施。法院的实质是作出对争端各方具有约束力的判决。然而,国家绿色法庭进一步扩张权能,重新定义了它的管辖权界限。国家绿色法庭通过有进步意义的、创新性的判决,将其影响力扩展至法院之外,并产生了广泛的社会和经济影响。国家绿色法庭判决的创新性,体现在法庭针对行政机关管理不善、无效监管及缺乏对监管的状况提供科学的、系统的规划和政策,帮助行政机关改善环境管理。还体现在相关案件审理过程中,制定和颁布关于废物管理[②]、噪声污染[③]、轮胎燃烧[④]和环境影响评价[⑤]的指导政策。借用(本书调查中的受访人)4号专家所言:"当政策中出现缺陷或漏洞时,国家绿色法庭就会介入,并且为政府指明方向,将相同的政策合并在一起……"[⑥] (本书调

[①] See n 4 page 240. Chairperson Kumar in his speech stated: we call experts, we appoint technical teams, consisting of members from Indian Institute of Technology to give their opinion. The recommendations of these Committees are further vetted by the expert members we have at NGT. So we have double check method that means we collect something from outside which is filtered through expert members and then converted into a judgment.

[②] *Pathankot Welfare Association v State of Punjab* (Judgment 25 November 2014).

[③] *D B Nevatia v State of Maharashtra* (Judgment 9 January 2013); *Indian Spinal Injuries Hospital v Union of India NGT* (Judgment 27 January 2016).

[④] *Asim Sarode v Maharashtra Pollution Control Board* (Judgment 6 September 2014).

[⑤] *T Muruganandam v MoEF* (Judgment 11 November 2014); *Samata v Union of India* (n 3 page 229).

[⑥] Interview 25 July 2014.

查中的受访人）2号专家向我们提供了另一个创新性的例子，他指出：

> ……环境问题很复杂。我们正在处理受影响的自然系统和未来事件。以前制定规章制度，没有人能预料到在不久的将来会出现生物医疗废弃物处理等问题。然而，在当今社会，我们可以根据生物医疗废弃物的数量和可能带来的影响，对生物医疗废弃物及相关活动进行认真的考虑。因此，如果我们认为此活动对公众健康和环境有害，则可以运用扩充解释的方法，通过发布命令适当地扩大法案的适用范围，赋予法案更广泛的意义，从而达到法案的主要目标和宗旨。这种解释更有利于保障公众利益。①

这些环境与社会政策，表明国家绿色法庭认可公众具有更广泛的公共利益、福利及环境权益，也表明国家绿色法庭希望通过内部机构变革，引起环境司法领域的变化。综上所述，国家绿色法庭在制度构建方面具有很强的创新性，进一步扩大了法庭的权能，提升了法庭的地位，提供了更好的环境解决方案。

第四个原则，指专业人员对其拥有的社会资本进行充分的利用，促进社会资本再生产，提高专业人员在该领域内的职业地位和声望。萨德达比和维亚莱指出，社会资本不是指收入或经济资本，而是指通过教育与培训获得的专业知识以及实际运用知识的能力（Suddaby and Viale 2011：433）。② 在国家绿色法庭中，司法人员和技术专家基于他们拥有的专门知识和专业地位行使权力，事实上，他们有能力也能够运用他们拥有的法律、技术或科学知识解决环境问题。

国家绿色法庭的司法人员均拥有多年的法院工作经验。例如，司法人员通常是高等法院的法官，庭长通常是印度最高法院的前任法官或高等法院的首席法官。③ 现任庭长斯瓦坦·库马尔法官，是印度最高法院前法官和孟买高等法院前首席大法官。司法人员丰富的司法经验及对环境问题的

---

① Interview 15 July 2014.

② Suddaby and Viale quoted Friedson（1994：104）as：I suspect that the prestige attached to professions stems less from the social origin of their members than from the fact of their attending institutions of higher education…Aristocratic origins have not been characteristic of those drawn into the professions.

③ See Chapter 3.

高度敏感性，使他们在环境司法领域具有权威的地位，他们利用此优势改革依法设立的国家绿色法庭的制度框架，将其转变为一个动态灵活的法律框架，从而使司法人员可以充分发挥和运用他们拥有的专业知识。

国家绿色法庭的技术专家，构成了哈斯描述的一个"认知社群"。[①] 认知社群由经过专业培训、公平中立、享有一定社会权威的专家组成。[②] 国家绿色法庭的技术专家，或称"建设性的科学学者"，为环境法理学的发展作出了重大的贡献，环境法理学包括法律学说和解决特定问题的科学知识。[③]

研究制度构建的学者指出："存在一种能力，此能力可以激发他人合作的积极性……促使他人参与集体活动"（Suddaby and Viale 2011：434）。国家绿色法庭综合运用法律和科学两个学科进行审理，哈里·爱德华兹（Harry T Edwards）把法庭的这种合作活动称为"共治"（Edwards 2003）。国家绿色法庭设立了共治审理程序，构建跨学科的讨论模式，鼓励法官与技术专家进行合作。法官与技术专家之间强有力、积极的合作关系，应当确保法官具有独立的司法意识，应当确保法官与技术专家讨论问题的独立性，最终形成了即相互独立又合作分工的决策制定过程。因此，"共治"促进了法官与技术专家拥有的专业资本的再生产，也提高了国家绿色法庭在环境司法领域的可信度。引用一位法官的话来说：

> 只有把法律观点和技术观点相结合，才能作出一个合乎逻辑的、明智的判决。我们有两类成员，即司法人员和技术专家。我们定期地在上午、下午及晚上开会。沟通不是问题。在听证会之前、在作出任何判决或对判决涉及的争议点作结论之前，我们都会采取一些正式和非正式的方式讨论相关问题。虽然法律观点和技术观点由不同类别的成员提供，但我们之间的讨论总是很默契。这是因为我们进行了定期的沟通，思维过程是相同的。法律和科学的融合意味着高质量的判决，从这样的共治中可以感受到正义。[④]

---

① See Chapter 5.

② Ibid., Haas 2007：19-43；and 2014：19-43.

③ Ibid., and for a detailed discussion see Chapter 5. See also Schrefler 2010；and 2014.

④ Interview dated 30 July 2014.

萨德达比和维亚莱提出的四个原则提供了一个框架，借此我们可以更清楚地了解国家绿色法庭的设立过程和发展状况。国家绿色法庭从最初的举步维艰到逐步设立再到如今的成功运行，在这过程中，专业人员的参与十分重要。专业人员的参与，从内部带来了国家绿色法庭的变革，从外部引起了环境司法领域的变化，这些变化被证明是成功的。国家绿色法庭将持续在公众利益和环境保护领域发挥积极作用。

小结

国家绿色法庭通过内部的制度变革，设立灵活的决策程序，把环境可持续发展原则合法化（Voss and Kemp：2006）。[①] 国家绿色法庭的法官和技术专家运用他们拥有的生态、技术及科学的知识，制定政策或协助各成员邦实施政策。可见，国家绿色法庭以解决环境问题及构建环境政策为目的。国家绿色法庭合理的判决具有广泛的社会影响，其合理性不仅体现在决策制定过程（问责制和透明度），还体现在平衡环境保护及经济发展之间的关系的过程。在国家绿色法庭的司法体系内，法官和技术专家运用他们拥有的专业知识，建立了一个内在的责任体系，政府、地方当局、公司、跨国企业等众多行为者必须在保护公众利益及生态环境的条件下活动。

国家绿色法庭已经改变或者正在改变印度的环境法理学。国家绿色法庭对印度的环境法理学的改变，并不仅仅体现在扩大"受害者"的定义上，还为公众提供更多诉诸司法的途径。起初，国家绿色法庭的审理速度博得了诉讼当事人的好感。随后，国家绿色法庭的法官严格遵循法律规定，依据可持续性发展原则作出判决和政策指令的行为极大地提升了公众对法庭的认可度。国家绿色法庭的组成和技术专家的参与，为法庭的审理提供了新的维度。换言之，此种新的、截然不同的法庭组成方式，使法律的适用更加灵活。此外，科学在我们理解和处理环境问题时产生了很重要的作用。相类似的是，科学也能帮助国家绿色法庭的法官更好地审理环境案件。技术专家提供的独立、专业及科学的知识已经成为案件分析的一部分，这些分析会产生具有司法约束力的判决。

---

① Reflexive governance implies 'one calls into question the foundation of governance itself, that is, the concepts, practices and institutions by which societal development is governed, and that one envisions alternatives and reinvents and shapes those foundations' (Voss and Kemp 2006: 4).

国家绿色法庭作出一系列具有进步意义的判决及创新性的救济措施，产生了广泛的影响，在印度获得了巨大的成功。与此同时，国家绿色法庭的成功在一定程度上也引起了人们的顾虑，因为国家绿色法庭只用了很短的时间，就占领了大部分的环境司法领域。希望没有修昔底德陷阱①，即各主体为占领环境司法领域发生战争。

本书描绘和分析了一个强有力的司法机构的发展历程，此机构由司法人员和技术专家组成，它不仅是参与判决过程的实体机关，而且还是超越传统、单一的法律问题及普通法救济的审判机关，即不仅依据双方当事人提供的证据作出判决，还依据技术专家出具的科学意见作出判决，并提出创新性的救济措施。法庭有能力参与、制定和执行符合科学规律的政策，尽管这些政策涉及的事项已经超越法庭职权而进入更为广泛的领域。综上，国家绿色法庭产生了广泛的影响，它扩大了印度环境法理学的边界，拓宽了环境政策的范围，揭露了环境行政管理的弱点。它给印度的环境法理学留下了不可磨灭的印记。国家绿色法庭具有很强的公信力，它的判决在整个印度都产生了深远的影响。

参考文献

Ambrus, M, Arts, K, Hey, E and Raulus, H (eds) (2014) *The Role of 'Experts' in Inter‐national and European Decision-Making Processes* (CUP).

Anderson, M R (1998) 'Individual rights to environmental protection in India' in A E Boyle and M R Anderson (eds), *Human Rights Approaches to Environmental Protection* (OUP).

Dezalay, Y and Garth, B (1996) 'Merchants of law as moral entrepreneurs: constructing international justice from the competition for transnational business disputes' 29 (1) *Law and Society Review* 27.

Edwards, H T (2003) 'The effects of collegiality on judicial decision-making' 151 (5) *University of Pennsylvania LR* 1639-1690.

Friedson, E (1994) *Professionalism Reborn* (University of Chicago

---

① Thucydides trap，维基百科解释为修昔底德陷阱，是指一个新崛起的大国必然要挑战现存大国，而现存大国也必然会回应这种威胁，这样战争变得不可避免。https://en.wikipedia.org/wiki/Thucydides。——译注

Press).

Haas, P M (2007) 'Epistemic communities' in D Bodansky, J Brunee and E Hey (eds), *Oxford Handbook of International Environmental Law* (OUP).

Haas, P M (2014) 'Ideas, experts and governance' in M Ambrus, K Arts, E Hey and H Raulus (eds), *The Role of 'Experts' in International and European Decision-Making Processes* (CUP) 19-43.

High Level Committee on Forest and Environment Related Laws (2014) Report (MoEF&CC) http://envfor.nic.in/sites/default/les/press-releases/Final_Report_of_HLC.pdf.

Jowitt, E (1977) *Dictionary of English Law* (Sweet & Maxwell).

Law Commission of India (2003) Proposal to Constitute Environment Courts 186th Report http://lawcommissiono ndia.nic.in/reports/186th%20report.pdf.

Mrema, E (2015) *Environmental Rule of Law: Trends from the Americas* (Organization of American States) www.oas.org/en/sedi/dsd/Environmental-RuleOfLaw_SelectedEssay_English.PDF.

Parliamentary Standing Committee on Science and Technology, Environment and Forests (2015) *263rd Report on High Level Committee Report to Review Various Acts Administered by MoEF&CC* (Parliament of India).

Peiris, G L (1991) 'Public interest litigation in the Indian subcontinent: current dimensions' 40 (1) *International and Comparative Law Quarterly* 66-90.

Preston, B J (2012) 'Benefits of judicial specialisation in environmental law: the Land and Environment Court of New South Wales as a case study' 29 (2) *Pace Environmental* LR 396.

Pring, G and Pring, C (2016) *The ABCs of the ECTs* (UNEP).

Schrefler, L (2010) 'The usage of scientific knowledge by independent regulatory agencies' 23 (2) *Governance* 309-330.

Schrefler, L (2014) 'Reflections on the different roles of expertise in regulatory policy making' in M Ambrus, K Arts, E Hey and H Raulus (eds), *The Role of 'Experts' in International and European Decision-Making*

Processes (CUP) 63-81.

Suddaby, R and Viale, T (2011) 'Professionals and field-level change: institutional work and the professional project' 59 (4) *Current Sociology* 423-442.

Voss, J and Kemp, R (2006) 'Sustainability and reflexive governance: introduction' in J Voss, D Bauknecht and R Kemp (eds), *Reflexive Governance for Sustainable Development* (Edward Elgar).

译 后 记

自澳大利亚新南威尔士州土地和环境法院设立以来，全球环境法院和法庭的数量呈"井喷式"发展。美国学者乔治·普林教授和凯瑟琳·普林教授通过《环境法院和法庭：决策者指南》一书对全球环境法院和法庭的发展作了一个较为全面的介绍和分析，同时，英国学者吉檀迦利·纳因·吉尔博士则多年专注于印度的环境司法发展。在过去的五六年间，吉尔博士通过跟踪调查、实地访问等多种方式对印度的国家绿色法庭进行细致研究，并于2016年11月1日出版了《印度环境司法：国家绿色法庭》英文版著作，与前者"遥相呼应"。该书详细介绍了印度的国家绿色法庭，并从实践层面研究印度国家绿色法庭在理论适用和实践案例方面的创新，其中印度国家绿色法庭的司法能动模式为显著亮点。

国家"2011计划"司法文明协同创新中心联席主任、最高人民法院环境资源司法理论研究基地（武汉大学）主任王树义教授是我国最早提出环境司法专门化概念的学者，长期呼吁并推动环境司法专门化的研究。其在得知吉尔博士出版该书的信息后，便设法与其取得联系，提出了翻译该书的想法。在获得吉尔博士的支持后，便组织了一个由武汉大学、吉林大学、上海财经大学、中山大学等高校环境法专业的博士生和硕士生组成的翻译团队，着手该书的翻译工作。

该书的译文始终坚持"信、达、雅"的翻译原则，力求将原著精神准确表达。对拿捏不准的词或句，及时与吉尔博士本人进行沟通，使译文忠于原文。严格要求译文表达通畅，通过反复校对使译文更好地符合现代汉语语法及法律专业术语的表达，努力追求译文表达的优美自然。在王树义教授的翻译指导和严格审订下，使译文能够最佳地还原原文风采。

本书的翻译由团队合作分工完成，总负责人为李华琪，具体分工如下：缩略词、简介和第一章：李华琪；前言、致谢和第二章：王文卓；第三章：王翼妍、王一彧；案例目录和第四章：彭中遥；第五章：唐一境；第六章：陈曦珩；第七章：田雯娟。

在此特别感谢：武汉大学环境法研究所周迪博士，从初期联络到翻译全书，她都给予了我们非常大的专业支持和精神鼓励；武汉大学环境法研究所硕士生王晓雨，她为本书的序言翻译付出了辛勤劳动；中国社会科学出版社梁剑琴博士，她不仅通过电话多次与我们沟通交流，在翻译初稿完成之时更亲赴武大为我们讲授翻译著作的相关技巧，给予我们全方位的支持，从而使得本书的中文版能够得以顺利出版。

然而，由于水平有限和经验不足，译文中难免有错误和不足之处，敬请读者批评指正，以期今后订正。

译　者

于珞珈山武汉大学法学院

2018 年 8 月 31 日